青山学院大学総合研究所叢書

発話の
はじめと終わり

語用論的調節のなされる場所

小野寺典子 編

Joseph V. Dias
（岩井恵利奈 訳）
東泉裕子
小野寺典子
澤田淳
Elizabeth Closs Traugott
（柴﨑礼士郎 訳）

ひつじ書房

まえがき

　人がことばをかわすことは、基本的・原始的なコミュニケーションである。人は、伝えねばならない情報がある時以外でも、ことばをかわす。私たちはことばによって、相手を呼び止めたり、話し出すタイミングをはかったり、また、人間関係を再確認したりする。

　本書は、青山学院大学総合研究所 領域別研究部門 人文科学研究部研究プロジェクト「英日語の「周辺部」とその機能に関する総合的対照研究」の研究成果を書籍としてまとめ、刊行したものである。

　2014年4月から2016年3月までの2年間、発話の周辺部（発話頭と発話末）で人は何をしているのか、どのような表現を用いて、その機能はどのようなものなのかについて観察した。英語については青山学院大学 Joseph V. Dias, スタンフォード大学 Elizabeth Closs Traugott によって、日本語は青山学院大学 澤田淳、小野寺典子、そして東泉裕子により研究が進められ、二言語を対照させた考察は、各言語の母語話者が協力して行った。

　発話のはじめと終わり（周辺部; peripheries）は、ここ30年余り、注目を集めてきた「文法化」（さらには「構文化」）がしばしば起きる場所であり、話者が「語用論的調節をする」場所でもある。発話の周辺部の問題は、そもそも言語研究の2つの大きな潮流の接点として起きてきたが、1995年に periphery という表現が歴史語用論の論文（Traugott (1995a) "The Role of the Development of Discourse Markers in a Theory of Grammaticalization." Paper Presented at the 12th International Conference on Historical Linguistics, Manchester, August.）の中に登場している。潮流の1つは、過去30年に渡り研究されてきた「文法化・意味変遷」に関する歴史語用論的研究であり、もう1つは1980年代から盛んになった「話しことば」研究（主に談話分析と

会話分析、また相互行為言語学)である。

　文法化は、日本語・韓国語で敬語が文法化されている事例に顕著に見られるように、その社会・文化の特徴や現象が文法に入り込んでくる可能性を示している。文法化は、人々がことばを使ってコミュニケーションをする中で、表現の形式・機能が段々と変化することで起きるが、時に、社会 (speech community) の特徴やニーズも吸い取りながら、新しい形・意味へと変遷するのである。

　一方、私達が行う「会話」にも、さまざまな規則性・メカニズム (Grice 理論など) が働いていることが明らかにされてきた。こうした2つの言語研究の潮流が出会ったところで、「発話の周辺部」、すなわち、発話のはじめ (left periphery; LP) と終わり (right periphery; RP) という問題が湧きおこっている。「発話のはじめと終わり」—「そこに出現する形式」—「機能」の対応 (mapping) はどうなっているのか。そこには人類共通の、言語文化的普遍性は見られるのか。

　本書の構成は、第Ⅰ部「理論・方法」と第Ⅱ部「ケーススタディ」からなる。第Ⅰ部第1章「周辺部研究の基礎知識」では、周辺部の定義、何の周辺部を問題にするのかという論争点、発話の周辺部で生起する形式・機能の特徴、研究史などを述べ、周辺部研究の全体像を提示している。

　第Ⅱ部は第2章 Traugott 氏による「「節周辺」と同領域に生起する語用論標識の構文的考察」で始まる。周辺部の定義を提供し、また、構文文法の視点から周辺部を概念化することを試みている。最近は、氏の論文を日本語で読みたいという読者も増えていることから、氏による英語論文と共に、柴﨑礼士郎氏による和訳論文を付した。このあと、語用論標識についての論文が2本続く。

　第3章「語用論的調節・文法化・構文化の起きる周辺部—「こと」の発達を例に」(小野寺) は、発話のはじめと終わりで、話し手が語用論的調節をすると同時に、文法化・構文化が起きやすいことを述べている。そして、形式名詞「こと」が終助詞化するプロセスを観察している。古来、日本語の発話 (文) は言い切り (断定) の形で終わることが少なく、ほぼ常に右の周辺部で発

話(文)を終結させる形式が求められてきた点も考察する。

　つづく第 4 章の東泉氏による「近代日本語における左右の周辺部表現の発達―『太陽コーパス』に見る接続助詞「から」の用法を中心に―」では、発話頭で用いられる接続詞「だから」と発話末で用いられる「から」の機能と機能拡張について論じられている。日本語の「左の周辺部表現」は、「右の周辺部表現」から発達する傾向が指摘されてきたが、「だから」「から」のケースもこれに当てはまることが示される。

　第 5 章の澤田氏論文「日本語の卑罵語の歴史語用論的研究―「～やがる(あがる)」の発達を中心に―」では、「～やがる(あがる)」を中心とする補助動詞型の卑罵語(軽蔑語・反敬語)の歴史に焦点を当てた考察を行い、日本語が歴史的に発話末(右の周辺部)において待遇機能の幅を広げてきたことを論じている。他者による平常心や慎みを失った(度を越えた)行為に対し、話し手の卑罵的感情が会話的推意として生じ、その意味が慣習化したことで、「～あがる」が卑罵用法を獲得したとする試論などを提示している。

　そして、第 6 章の Dias 氏による「周辺部の *sort/kind of*―台本の対話に見られるメタ語用論的遊びと複雑な相互作用／テクスト的効果」(岩井恵利奈氏訳)では、［NP1 ［of NP2］］から［［NP1 of］ NP2］へと文法化した程度の修飾要素 *sort/kind of* の周辺部用法を観察している。他の言語形式同様、使用頻度は文中用法が圧倒的に多い *sort/kind of* だが、自然発話より台本作家による用例に発話頭／末用法が多いことから、台本作家がこうした語用論的表現(ヘッジなど)の潜在機能を駆使しているという結論に達している。

　本研究プロジェクトでは、2014 年度は、12 月 3 − 10 日、青山キャンパスのクリスマスツリーが赤・緑・黄・青とあざやかに点火する中、米国から Elizabeth Closs Traugott 氏がプロジェクトのため来日され、滞在中は、一般公開講演会も含め毎日研究会を開き、年間計 16 回に及ぶ会合を重ねた。2015 年度は 6 回の会合を開き、共時的分析から通時的分析へと発展させた。いずれも、青山学院大学総研ビル 2 階の研究室で夜遅くまで議論は続いた。

　2 年間のプロジェクトと本書の刊行は、青山学院大学総合研究所からの助

成を受けたものであり、この間、総合研究所の先生方・職員の皆様に多大なるご支援を賜った。また、ひつじ書房の松本功社長、海老澤絵莉氏にも数多くのお骨折りを頂いた。ここに深く感謝の意を表したい。
　2017 年 3 月

青山学院大学　2014-2015 総研プロジェクト
「英日語の「周辺部」とその機能に関する総合的対照研究」
代表　小野寺典子

目　次

まえがき ー iii

第 I 部
理論・方法

第 1 章
周辺部研究の基礎知識
澤田淳・小野寺典子・東泉裕子 ─────────── 3

第 II 部
ケーススタディ

第 2 章
A constructional exploration into "clausal periphery" and the pragmatic markers that occur there
Elizabeth Closs Traugott ─────────── 55

第 2 章（日本語訳）
「節周辺」と同領域に生起する語用論標識の構文的考察
エリザベス・クロス・トラウゴット／柴﨑礼士郎 訳 ─────────── 75

第3章
語用論的調節・文法化・構文化の起きる周辺部
―「こと」の発達を例に
小野寺典子 ―――― 99

第4章
近代日本語における左右の周辺部表現の発達
―『太陽コーパス』に見る接続助詞「から」の用法を中心に
東泉裕子 ―――― 119

第5章
日本語の卑罵語の歴史語用論的研究
―「～やがる(あがる)」の発達を中心に
澤田淳 ―――― 145

第6章
Sort/kind of at the peripheries
Metapragmatic play and complex interactional/textual effects in scripted dialog
Joseph V. Dias ―――― 187

第6章(日本語訳)
周辺部の sort/kind of
―台本の対話に見られるメタ語用論的遊びと複雑な相互作用／テクスト的効果
ジョセフ・V・ディアス／岩井恵利奈 訳 ―――― 221

あとがき 259
索引 261
執筆者・訳者紹介 267

第Ⅰ部
理論・方法

第1章
周辺部研究の基礎知識

澤田淳・小野寺典子・東泉裕子

1. 周辺部とは何か

1.1 はじめに

　本書は、歴史語用論・話しことば研究（談話研究）・文法化・（間）主観化といった研究領域の発展という、言語学における潮流の中から1995年頃に始まった「周辺部（発話のはじめと終わり）」研究の最近の成果をまとめたものである（本書「まえがき」も参照のこと）。

　話しことばは、書きことばとは異なり、発話参与者の相互作用（interaction）の様相を直接的に反映している。話しことばは発話参与者間の相互作用の中で用いられ、意味が交渉され、命題的意味以外にも、表出的意味（expressive meaning）や社会的意味も含む場合がある。特に、1つ1つの発話の冒頭（発話頭）と発話の終わり（発話末）で、人は何を意図し、何を言って、何をしているのか。周辺部研究では、そうした問いに迫る。

　本書の構成は、第Ⅰ部「理論・方法」と第Ⅱ部「ケーススタディ」から成る。第Ⅱ部のケーススタディに先立ち、この第Ⅰ部第1章「周辺部研究の基礎知識」では、まず、周辺部研究についての大枠を提示したい。「周辺部の定義」（1.2節）、議論の続いてきた問題点である「何の周辺部」に私たちは注目しているのか（1.3節）、周辺部の「形式・機能の特徴」（1.4節）を述べ、研究史・研究例（2.1節、2.2節）、さらには、周辺部研究の関連領域（日

本語研究の階層構造論・構文化・グライス理論）と近年の動向（3.1 節から 3.4 節）について、概観する。大学院生や学部生は、第 II 部の各論を読まれる前にこの第 I 部を読まれると、周辺部研究の全容が捉えやすいだろう。そして、第 II 部において、英語・日本語のケーススタディを含めた 5 本の論考を報告する。

　そもそもの前提として、典型的な発話は、概念的な核（ideational core）として一連の形態統語的要素を配しており、その周辺に、相互作用（言い換えれば、コミュニケーション）にとって重要な語用論的要素を有している。この語用論的要素は、従来の言語学の考え方では、随意的に付加される要素（adjuncts）と呼ばれるものだろうが、人のダイナミックな相互作用を含む発話においては、相互作用を成り立たせるための極めて重要な要素だと考えられる。英語の自然発話の実際例を考えてみよう。誰かが発話（utterance）(1)を発したとして、ここでの発話の周辺部と概念的核を見てみよう（Onodera and Traugott（in press）も参照のこと）。

（1）　*Hey, Bill, you dropped your wallet, didn't you?*
　　　LP　　｜　　概念的核　　｜　　RP

　(1)において、話者の中心的メッセージ（発話の概念的核）は *you dropped your wallet*（あなたが財布を落とした）である。その左に、*Hey*（感嘆詞 interjection）と *Bill*（呼びかけ語 address term）があり、共に、発話頭（話順の頭でもある）で、「相手の関心を引く」(attention-getting) 呼びかけ (summons) をしている。(1)では、この 2 語が左の周辺部(LP; left periphery)にある。一方、話者は、発話末で付加疑問 *didn't you?* によって、概念的核つまり命題を確認しようとしている。この確認という行為は、間主観的なものと言える。（間）主観的とは、意味が主観的または間主観的だということである。主観的とは、人なら誰でも持っているその人自身の見方・判断・態度を帯びた意味を指し、間主観的とは、主観性を持つ人ともう一人の人の間のことがらを指す。間主観的な意味とは、ふつう話し手の相手（聞き手）に対する配慮や関心を帯び

た、聞き手指向的な意味である。(1)では、付加疑問 *didn't you?* が右の周辺部 (RP; right periphery)に現れている。

　こうした基本的な前提を踏まえて、次節では周辺部の定義について述べる。

1.2　周辺部の定義

　「周辺部」(periphery)という用語は、様々な理論やアプローチの中で使われているが、それが指す内容は一様ではない。ここでは、代表的な 3 つのアプローチを取り上げつつ、本書が想定する周辺部の定義について述べることにする。

　第 1 に、役割・指示文法(Role and Reference Grammar)におけるアプローチがある。役割・指示文法では、文は、「構成要素構造」(constituent structure)、「操作子構造」(operator structure)、「語彙・論理構造」(lexical/logical structure)、「情報構造」(information structure)という異なる種類の構造の組み合わせで表示される。大堀(2014: 651)の簡潔なまとめによれば、構成要素構造は、文の基本となる句構造を表示し、操作子構造は、いわゆる助動詞成分にあたる、相、時制、モダリティ等を表示する。また、語彙・論理構造は、語の論理的意味を語彙分解して得られた情報を表示し、情報構造は焦点の範囲(潜在的な範囲と実際に使用された例における範囲の両方)を表示する(ibid.: 651)。

　役割・指示文法において周辺部の概念が用いられるのは、構成要素構造においてである。そこでは、節が大きく「中核部」(core)と「周辺部」(periphery)に分けられる。「中核部」は、「核」(nucleus)(動詞に相当)と「中核項」(core argument)(動詞の項に相当)から構成される。一方の「周辺部」は、「非項」(non-argument)、すなわち、付加詞(adjuncts)のこととされる(Van Valin 2005: 4–5)。たとえば、次の例において、saw は核、Dana と Pat は中核項として中核部を形成しており、付加詞である yesterday と in the library は周辺部の要素となっている。

（2） Dana saw Pat yesterday in the library. 　　　　（Van Valin 2005: 4）

　第2に、統語的カートグラフィーにおけるアプローチがある。カートグラフィーは、Rizzi（1997）以降、生成文法の一流派として台頭してきた統語理論であり、「機能範疇とそれと関わる要素を詳細に観察・記述し、その観点から言語の構造を地図製作になぞらえて精緻化、体系化する試み」（長谷川 2010: 23）である。たとえば、Rizzi（2010: 333）では、文（ないしは節）の構造が次の3層からなると想定されている。

（3）　a.　語彙階層：動詞を主要部とし、θ役割の付与が行われる階層構造である。
　　　b.　Inflectional layer（屈折辞階層）：動詞の特性を述べる形態素（例えば時制辞要素など）に相当し、項を認可する格や一致要素などに関わる機能範疇を主要部とする。
　　　c.　Complementizer layer（補文標示階層）：自由機能形態素（従属接続詞の that など）が典型的な主要部であるが、主題となる要素や、疑問詞や関係代名詞、焦点要素といった演算子となる要素がここに現れる。　　　　　　（Rizzi 2010: 333［長谷部郁子 訳］）

　このうち、構造上最も高い位置にある(3c)の「補文標示階層」は「語用論的・談話的な領域」とされ、文の周辺部として位置づけられている。Rizzi（2010）では、左の周辺部に典型的に現れる4つの要素（疑問代名詞、関係代名詞、話題要素、焦点要素）の相互作用、および、それらの階層的配列などについて議論されている。
　たとえば、次の例では、左の周辺部に、話題化要素、焦点化要素が現れている（例文内にある t は、Your book / YOUR BOOK が話題化／焦点化される前に位置していた痕跡となる場所を示す）。

（4）　Your book, you should give t to Paul (not to Bill).（話題化）

（5） YOUR BOOK you should give *t* to Paul (not mine).（焦点化）

（Rizzi 2010: 341）

　補文標示階層にいかなる機能範疇を想定するかについては、近年、日本語からも様々な議論がなされている。長谷川（2010: 8–9）では、いわゆる「南モデル」（(6)は、南モデルを簡潔に表示した田窪(1987)によるもの）のうち、A類は動詞句（verb phrase: VP）、B類は屈折句（inflectional phrase: IP）、D類は補文標識句（complementizer phrase: CP）とみなすことができるとしているが、「C類については、IPともCPとも考えられる可能性がある」として判断を保留している（南モデルについては、3.1節も参照）。一方、C類に現れるモーダルを積極的に補文標示階層（ないしは、CP領域）の機能範疇として位置づけることを提案している井上（2009）のような研究もある。

（6）　A＝様態・頻度の副詞＋補語＋述語
　　　B＝制限的修飾句＋主格＋A＋（否定）＋時制
　　　C＝非制限的修飾句＋主題＋B＋モーダル
　　　D＝呼掛け＋C＋終助詞　　　　　　　　　　　（田窪 1987: 38）

　補文標示階層（ないしは、CP領域）である周辺部にどのような機能範疇が組み込まれていくかは、今後、理論の展開と共に変わり得るであろうが、カートグラフィー研究では、役割・指示文法よりも、より文（ないしは節）の「外側」の領域が周辺部領域として想定されていることがわかる（カートグラフィーによる周辺部研究の近年の成果としては、遠藤（2009）、Haegeman (2012)、Cardinaletti, Cinque, and Endo (eds.) (2014) などを参照）。
　第3に、本書のアプローチでもある歴史語用論的・談話的アプローチがある。このアプローチは、従来の(i)談話標識（discourse marker）を含む語用論標識（pragmatic marker）の研究、(ii)文法化や（間）主観化などの歴史語用論的研究（1.4節参照）、(iii)談話分析に基づく話しことばの研究、という相互に関連性を有する3つの研究潮流が緩やかに合流する形で発展したアプロー

チである (Onodera and Traugott (in press) も参照)。このような経緯から、このアプローチでは、言語の変化やゆらぎ (歴史的な変化や会話の中での文法のゆらぎ) や聞き手との相互作用など、言語の動的な側面に注目した研究がなされる。近年刊行された Beeching and Detges (eds.) (2014) は、この歴史語用論的・談話的観点からの周辺部研究の論文集であり、次のような明確なリサーチ・クエスチョンのもと、日本語の談話標識「だけど／だから」等、韓国語の談話標識 *kuntey* 'but'、フランス語の談話標識 *alors* 'then, at that time, so'、*donc* 'so'、英語の法副詞 *surely/no doubt*、イタリア語の語用論標識 *guarda* 'look'、*prego* 'please, you're welcome'、*dai* 'come on!'、フランス語の強勢代名詞 (tonic pronoun) *moi* 'me' など、様々な言語の語用論的な機能を果たす周辺部要素が考察されている (LP、RP は、それぞれ、左の周辺部、右の周辺部を指す)。

(7) リサーチ・クエスチョン
(a) 共時的
1. LP に現れることができるが、RP には現れることができない「項目」(items) はあるか。逆に、RP に現れることができるが、LP には現れることができない項目はあるか。LP、RP の双方に現れることができる項目、ないしは、LP、RP の双方に現れることができない項目はあるか。
2. RP では観察されず、LP でのみ認められる (文法的、または、伝達的)「機能」(function) はあるか。逆に、LP では観察されず、RP でのみ認められる機能はあるか。LP、RP の双方で認められる機能、ないしは LP、RP の双方で認められない機能はあるか。
3. 「レベル」(levels) の相互作用性：異なるレベルの発話や言語の単位からなる周辺部は、互いに相互作用を起こすか。より具体的に言うならば、ターン (会話的単位)、談話的単位、文におけるそれぞれの LP は、互いに相互作用を起こすか。同様なことは、RP でも認められるか。
4. 主観性と間主観性：LP と RP は、主観的・間主観的機能との関係で

いかなる振る舞いを示すか。主観的機能・間主観的機能が好まれる場所はあるか。
(b) 通時的
1. LP/RP 構文は、それぞれ、通時的にどのように発生するのか。
2. LP/RP 構文にとって、典型的な源泉（sources）と標的（targets）とは何か。
3. LP/RP 構文の発達を動機づける要因とは何か。
4. 二者の視点的な項目（dialogic items）を生み出す際の LP/RP それぞれの役割とは何か[1]。　　（Beeching and Detges 2014: 12–13 [澤田淳 訳]）

歴史語用論的・談話的なアプローチでは、次の例の *well* や *you know* のような（談話標識を含む）語用論標識に代表されるように、「節から独立した」表現も周辺部の考察対象に含められる点に特徴が認められる。この点で、カートグラフィー研究で(少なくとも現時点で)考察対象とされている周辺部の範囲よりも広いと言うことができる[2]。

（8）　*Well you know*, I was really interested in biofeedback.
　　　　（2009 NPR Science Program, How Stanley Milgram shocked the world ［COCA］）(Traugott 2015a: 119)

このアプローチにおいても、周辺部をどのように定義するか、中核部と周辺部の境界をどのあたりに設定するかなど、統一的な枠組みの構築はこれからという段階である。Traugott（本書所収論文）は、Onodera, Higashiizumi, and Sawada (2015) で提示された作業仮説を踏まえ、周辺部に対して暫定的に次のような定義を与えている[3]。

（9）　周辺部とは談話ユニットの最初あるいは最後の位置であり、そこではメタテクスト的ならびに／ないしはメタ語用論的構文が好まれ、ユニット全体を作用域とする (Traugott 本書所収論文 5 節、柴﨑 本書所

収翻訳論文 5 節)。

　詳しくは、本書所収の Traugott 氏の論文を参照されたいが、この定義は、本書で暫定的に採用する周辺部の定義でもあるので、若干の説明を加えておこう。
　まず、左の周辺部(LP)、右の周辺部(RP)は、「談話ユニット」(discourse unit)のはじめと終わりの部分を指す。ここでいう「談話ユニット」(discourse unit)とは、基本的には、書きことばであれば「節」(clause)、話しことばであれば「発話」(utterance)(または「ターン」(turn))を指すが、節や発話が連鎖したより大きな談話のまとまりも想定している(大きな談話のまとまりを射程に含んだ構文としては、たとえば、Shibasaki (2015) が考察している the question is (that) 構文、that is the question 構文などを参照されたい)。
　次に、周辺部での使用が好まれる表現として、「メタテクスト的な構文」(metatextual constructions) と「メタ語用論的な構文」(metapragmatic constructions) の 2 つが想定されている。メタテクスト的な構文とは、主として談話標識に代表されるような「言語的な道路標識」(Traugott(本書所収論文参照))として機能する構文を指す。一方、メタ語用論的な構文とは、話者の態度や対人的機能を表す構文のことである。Traugott(本書所収論文参照)では、発話の概念空間(conceptual space)として次の 3 つの次元を想定しているが、メタテクスト的な構文、メタ語用論的な構文は、それぞれ、このうちの(10b)、(10c)の領域に関わるものと想定されている。

(10)　a.　事象の報告、つまり、何について話されているのか。換言すれば、観念構成的〔訳注：原語は ideational〕命題空間、伝統的には「中核」(core)を示す。
　　　b.　伝達事象のマネージメント、つまり、情報とインタラクションの構造化。換言すれば、主にメタテクスト的なものを示す。
　　　c.　目前のテクストを話者スタンスへ取り込むこと。換言すれば、主にメタ語用論的であり、観念構成的要素に対する話者の主観

的スタンス、および、同要素に対する受け手〔訳注：原語は addressee。以下、話しことばの場合には「対話者」、書きことばの場合には「読み手」と訳す〕のスタンスを対人関係的に予測することを含む（Traugott 本書所収論文 2 節、柴﨑本書所収翻訳論文 2 節）。

なお、この (10a)、(10b)、(10c) の 3 つの概念空間は、それぞれ、Sweetser (1991) における「現実世界（＝内容）領域」、「言語行為（＝会話）領域」、「認識領域」とも部分的に重なる領域と考えられる。

ここで、メタテクスト的な構文とメタ語用論的な構文の違いについて、副詞類を例に見てみよう。よく知られているように、Greenbaum (1969) は、副詞類を大きく (i) 付加詞 (adjunct)（例：politely、yesterday）、(ii) 離接詞 (disjunct)（例：surely、surprisingly）、(iii) 接合詞 (conjunct)（例：however、anyway）の 3 種に分けた。付加詞は、命題内部において、出来事の様態・方法や時間・場所を表す副詞類である。離接詞は、命題に対する話し手の心的態度や伝達態度を表す副詞類である。接合詞は、主として談話的な接続関係（追加、説明、要約、反論、等）を表す副詞類である（詳細は、Greenbaum (1969) を参照）。離接詞はメタ語用論的な構文、接合詞はメタテクスト的な構文に含めることができる。

副詞の中には、英語の well のように、付加詞、離接詞、接合詞のいずれとしても用いられるものもある。

(11)　a.　David may play chess *well*.
　　　b.　David may *well* play chess.
　　　c.　*Well*, David may play chess.　　　　　　（Greenbaum 1969: 4）

これら 3 種の副詞類は、付加詞、離接詞、接合詞へと進むに従い、周辺部要素らしさが強まっていくと見ることができる。すなわち、副詞類のタイプと文・発話内で生起する位置にはある程度の相関が認められる。

副詞類という点で言えば、Lenker (2010) や Traugott (2014b) で提示されている TRUTH/FACT を源泉領域とする副詞類（例：surely）にみられる次のような「副詞類の連続的推移」(adverbial cline) の仮説も注目される（ここで言う「節内部の副詞類」(clause-internal adverbial)、「文副詞類」(sentence adverbial)、「談話不変化詞」(discourse particle) は、それぞれ、Greenbaum (1969) の言う「付加詞」、「離接詞」、「接合詞」に概ね対応する）。

(12)　副詞類の連続的推移
　　　節内部の副詞類　＞　文副詞類　＞　談話不変化詞
　　　　　　　　　　　(Lenker 2010: 117, Traugott 2014b: 87 ［澤田淳 訳］)

「副詞類の漸次的変異」は、周辺部の要素（とりわけ、左の周辺部の要素）が、歴史的にどのように生み出されてきたのかを探る際の1つの重要な仮説となるものである（主観化の観点からの英語副詞類の通時的考察については、Traugott (1995b) を参照）。

1.3　何の周辺部か

周辺部という用語を使う場合、「何の」周辺部かという問題が付いて回る。本書では、1.1 節の例 (1) で示したように、発話の中心的メッセージの前の部分、あるいは後の部分を周辺部と呼ぶことにしたが、研究の目的や関心に応じて、様々な単位の周辺部を想定することができる (Beeching and Detges 2014: 1–4)。具体的には、項構造 (argument structure) や文 (sentence) などの統語的レベル、発話 (utterance) やターン (turn) などの談話や相互作用のレベル、音調曲線 (intonation contour) や韻律の境界 (prosodic boundary) などの音声的レベルといった単位の周辺部について研究がなされてきた。表1は、主に Rhee (in press) に基づくこれまでの研究事例である。

表1の研究事例に加え、本書で考察の対象とする周辺部表現と関わりの深い論考を以下に挙げる。発話やターンといった単位の周辺部については、Detges and Waltereit (2014: 24–26)、Degand (2014: 154–159)、Onodera

表 1　様々な単位の周辺部表現に関する研究事例

句(phrase)	Adamson (2000), Narrog (2007, 2010)
節(clause)	Austin et al. (2004), Degand and Fagard (2011), Suzuki (2007, 2011), Traugott (2014a)
項構造(argument structure)	Degand and Traugott (2013), Traugott (2014b)
文(sentence)	Ernst (2004), Blakemore (2005), Shinzato (2007), Bestgen (2009)
発話(utterance)	Park (1999), Onodera (2007, 2014), Haugh (2008), Onodera and Suzuki (2007), Kim and Jahnke (2010), Haselow (2011, 2012), Beeching (2011), Degand (2014a), Higashiizumi and Onodera (2013)
発話および節	Traugott (本書所収論文), Onodera and Traugott (in press)[4]
ターン(turn)	Sohn and Kim (2014), Haselow (2012)
韻律(prosody)	Haselow (2012), Degand, et al. (2014), Degand and Simon (2009, 2014)

（「発話および節」以外は、Rhee (in press, Table1)に基づく）

(2014: 111–112)、小野寺 (2014: 20–22)、Traugott (2015a)がある（なお、小野寺 (2014)については3.1 節で取り上げる）。また、音調曲線といった韻律的特徴に基づく単位の周辺部については、Sohn and Kim (2014)、Sohn (2016)がある。現代語の話しことばの分析では、韻律的特徴を根拠にした単位を設定することも可能であり、そのような単位に基づく周辺部表現の研究も今後も増えるであろう。

　さらに、最近は、より大きな談話的単位の周辺部に現れる表現の研究にまで、周辺部という考え方が広がりを見せている。例えば、柴崎 (2014, 2015)、Shibasaki (2015, to appear) は、英語の (*The*) *fact/problem/question is* (*that*) などの「(*the* +) 抽象名詞 + *is* (+ *that*)」という構文(construction)の生起位置が話者の見解を述べる直前、すなわち談話的単位の左の周辺部に限られることを確認している[5]。また、Rhee (in press)による韓国語の *mwe* 'what' とそれを含む条件節、Brinton (2016a)による英語の評言節(comment clause) (*I'm*) *just saying* なども、より大きな談話的単位の周辺部表現に相当すると考えられ、周辺部表現の機能は談話構造と密接に関係していることがうかがえる。

1.4　形式・機能の特徴
1.4.1　コミュニケーションの中で用いられ、そして変化する言語

　周辺部の形式・機能の特徴をまとめるために、周辺部が、文法化も(間)主観化もよく起きる場所である（1.4.2〜1.4.3節）ことを述べる前に、この節では、言語研究の前提として「言語はつねにコミュニケーションの中で用いられ、そして、コミュニケーションの中で変化するものだ」という点について、記しておきたい。

　「言語は［そもそも］人のコミュニケーションを表すためにある」(Schiffrin 1987: 3)。これは、Schiffrin が談話分析をする際の、言語の基本的な捉え方として示した4つの前提の4番目のものである。

(13)　a.　Language always occurs in a context
 　　　　　「言語はつねにコンテクストの中で起きる」
　　　b.　Language is context sensitive
 　　　　　「言語はコンテクストに左右される」
　　　c.　Language is always communicative
 　　　　　「言語はつねにコミュニケーション的なものである」
　　　d.　Language is designed for communication
 　　　　　「言語はコミュニケーションを表すためにある」
　　　　　　　　　　　　　　　（Schiffrin 1987: 3［小野寺典子 訳］)

　こうした言語の見方は、機能や構造といった、言語についての真理を追及しようとするとき、最も重要なものであろう。

　談話分析と言うと、通常、現代語による会話の分析など、言語の共時的研究を指すが、言語の通時的研究、つまり、ことばの変化などを歴史的に見る際にも、ことばは使用されるものであり、「使用の中での言語」(language in use)、使用される言語という見方が大切だということに注意しなければならない。Traugott (2007: 296 他) は、「［ことばの］変化は、社会の中で起きるものだ」(Change occurs in a community) と述べているが、私たちは、言語変

化が常に社会、また、より厳密には、ことば共同体の中で使われる中で、変化を遂げていくものだ、という点を忘れてはならないだろう。「ことば共同体」(speech community) とは、同じ言語変種を共有し、「それを用いたり解釈したりする上で同じ規則や規範、価値観などをもつ人々の集団」(荒木 1999: 588–589) であるため、社会言語学や語用論で捉えようとする言語が使われる場所を指すのに、社会 (society) よりふさわしい。たとえば、ポルトガル語は1つの言語だが、ポルトガルとブラジルで話されているポルトガル語は、別々のことば共同体で話されているため、人称代名詞の使用などで、異なる言語変化が報告されている。

1.4.2 文法化

言語変化のうち、文法化や (間) 主観化は、発話頭や発話末 (書きことばにおいては、文頭や文末) でよく起きている。最近の文法化の考え方では、語用論標識などが機能の作用域 (scope) を拡大させる発達も文法化に含まれるようになってきたが (Traugott (2010a, 2010b)、Onodera (2011)、小野寺 (2014: 3.2 節 (pp.13–16)) など参照)、伝統的な文法化とは「[自立性を持った] 語彙項目が、文法機能を持つようになる」変化を指し (Hopper and Traugott (2003: xv) より)、作用域が縮小する、機能語への発達が具体例として挙げられる。例えば、移動動詞 *go* から未来 (意志や推測) を表す疑似法助動詞 *be going to* への発達は伝統的な文法化の典型例と数えられる。

文法化の考え方を紹介するために、多くの定義の中から1つを挙げておこう。

(14) 語彙項目が、時間の経過を経て、新しい文法的・形態統語的立場を獲得する、動的で一方向的な歴史的プロセスであり、そのプロセスにおいては、以前は表されていなかった関係や、異なるさまで表されていた関係を表すようになる (Traugott and König 1991: 189 [小野寺典子訳])。

文法化は、特に伝統的な考え方において、言語の一形式(語)が次第に文法機能を備えていくプロセスと簡約することができる。談話標識・語用論標識の発達は、伝統的文法化ではなく、広義の(より最近の)文法化の考え方にあてはまる。そこでは、発達後の表現は、他要素への依存性が増すのではなく、自由な発話頭(文頭)の形式となり、機能の作用域が拡大する(scope expansion)。談話標識の文法化・作用域が拡大する文法化についての議論は、紙幅の関係からここでは詳述せず、Tabor and Traugott (1998)、Traugott (2010a, 2010b)、Onodera (2011)、小野寺 (2014: 3.2 節 (pp.13–16))を参照されたい。

　一方、「(間)主観化」と言った場合、主観化または間主観化を起こす意味変遷を指す。文法化が起きる時、しばしば意味の面では(間)主観化が共起することがある。主観化とは、語の意味が、話し手の、より主観的な見方・判断・評価などを表すようになる変化であり、間主観化は、話し手の、聞き手の主観性に対する配慮などを表すようになる変化である(トラウゴット (2011)、小野寺 (2011)、Onodera and Suzuki (eds.) (2007)、Traugott (2003) など)。

　言語は社会の中で、そして、対人的なコミュニケーションの中で用いられており、そのため言語は、それが用いられている社会の構造や、人々のコミュニケーションの様相をよく反映している。言語は、実に、社会やコミュニケーションをよく映し出したものだと思われるが、そうさせるメカニズムに、文法化や(間)主観化があると説明することもできるだろう。社会構造を言語の内部性質にまで取り込んだ例、すなわち、文法化した例として、日本語や韓国語の敬語が挙げられる。

　日本や韓国といった東アジアでは、儒教思想の影響から、血族関係をはじめとした上下関係の感覚が強く、「年齢・経験・教育・性差・地域・肩書き」や、ほぼ「いかなる関係においても、上下関係があると、人々が捉える」(Scollon and Scollon 2011: 143)。この上下関係は階層(hierarchy)とも言われるものである。Scollon and Scollon (2011)では、西洋で、平等主義につながるヨコ関係を重視することと対照的に、東アジアでは、上下関係・タテ

関係の感覚が根強いと述べている。世界に 5000 から 6000 の言語があると言われるが、明確な敬語体系（honorifics）を持つ言語はそれほど多くなく、よく知られているのが韓国語と日本語である。東アジアで、儒教に基づく上下関係が尊ばれてきた文化と、韓国語・日本語と中国の一部の言語変種には敬語が見られることは、偶然の一致ではないだろう。社会構造（social organization）は文化の一部であるが、毎日繰り返される人々のコミュニケーションの中で、瞬間ごとに上下関係が意識されることで、徐々に、他者への配慮表現が発話の中で形を成していったのであろう。次節で述べるが、「〜ます、〜です、おります、ございます」他の表現が、長い年月をかけて素材敬語（尊敬語、謙譲語）から対者敬語（丁寧・丁重語）へと文法化（さらには、(間)主観化）されていくさまが金水（2011）、Traugott and Dasher（2002）などで報告されている。

1.4.3　(間)主観化

　(間)主観化は、主観化または間主観化という意味変化が起きる場合に、まとめて「(間)主観化」と記されることが多い。文法化という変化に伴って、よく起きる意味変遷でもある（Traugott and Dasher（2002: 89–90）他、参照）。前述の通り、主観化は、言語形式の意味がより主観的になるプロセスであり、間主観化は、意味がより間主観的になるプロセスである（1.4.2 節も参照のこと）。前者は、話し手の、より主観的なものの見方・態度・判断などが意味に入っていく。後者では、話し手の聞き手の主観性に対する配慮などが、意味に入っていく。前者では、話し手に焦点が置かれているのに対し、後者は「話し手―聞き手」関係が注目されている（Shinzato 2007: 173）。Traugott（2003: 129–130）は、主観化・間主観化について次のように述べている。

(15)　主観化は、意味の焦点がより話し手／書き手に置かれるようになるメカニズムであるのに対し、間主観化は、意味の焦点がより聞き手に置かれるようになるメカニズムである（中略）。仮説としては、どのよう

な語彙素 L にとっても、その間主観化は主観化より歴史的に後で起こるものであり、また、間主観化は主観化から起こってくる［小野寺典子 訳］。

また、Traugott は、より最近の論文（Traugott 2014a: 9）でも以下のように述べている。

(16) 間主観化とは、話し手（書き手）から受け手の認知的スタンスや社会的アイデンティティへの注意をコード化するマーカーの発達という変化である（Traugott 2003: 124 を参照）。［また］主観化とは、話し手の信念や、言われていることに対するスタンスを表す表現が生じるという変化である［小野寺典子 訳］。

この（間）主観化によっても、人がコミュニケーションの中で実践していることが、時間をかけて、言語の内部性質である意味に取り入れられる。間主観化の例を 3 つ報告する（トラウゴット 2011: 67）。
　最初の例は bathroom である。「語の禁忌（タブー）的意味の発達」から見られるようになった意味で、風呂場がついているものもいないものも含めて、bathroom がトイレを表すようになった。2 番目の例は、英語の副詞だった well が、「さて」「えーと」のように、話し手の言う内容を和らげる垣根表現になった例である。3 番目の例は、*if you please*（*if it please you*）（よろしければ）から、副詞 please（どうぞ）への変化が間主観化にあたる。さらには日本語の対者敬語「です・ます・ございます」などの発達が例として挙げられ、どれもコミュニケーションの相手の主観性に対する配慮から発達した間主観的意味と考えられる。
　このように、文法化や（間）主観化により、その地域特有の社会構造（social organization）や、コミュニケーションの中で繰り返されてきた配慮が言語の内部性質に取り込まれていくさまが見て取れる。

1.4.4 「やりとり構造」「行為構造」が働く場所

周辺部は、また、「やりとり構造」(exchange-structure) と「行為構造」(action-structure) が働く場所でもある。1.4.1 節では、Schiffrin (1987) の談話分析の際の言語の基本的な捉え方について述べたが、ここでは、周辺部（発話頭と発話末）に大きく関わる、やりとり構造・行為構造を Schiffrin (1987) の談話モデルから説明する（小野寺 本書所収論文 6.1 節も参照されたい）。

Schiffrin (1987: 24–29、特に p.25 の図 1.1) は、談話が異なる要素から成る複数の面 (plane, また structure) から構成されていると考え、談話モデルを提唱した。つまり、談話の構造とは、下の 5 つの互いに関係しあう側面（構造 (structure)）から成り立っているとして、複数の性質の異なる要素がメッセージとコンテクストを成り立たせていることを整理してみせた。

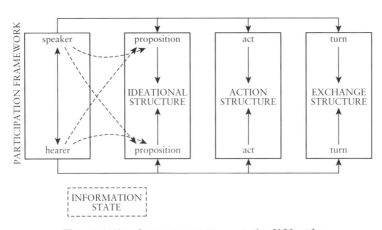

図1 Schiffrin (1987: 24–29, Figure 1.1) の談話モデル

(17) a. 概念的構造 (ideational structure)：命題 (proposition) が単位。

b. 行為構造 (action structure)：行為（対話者の発話行為、会話管理の為の行為、社会的行為（エスノメソドロジーが言うところの行為、Thompson and Couper-Kuhlen (2005) 参照）が単位。

c. やりとり構造 (exchange structure)：話順交代システム (Sacks, Schegloff and Jefferson (1974) が言うところの turn-taking system)。

単位は話順（turn）や隣接応答ペア（adjacency pair）。
d. 参加者構造（participation framework）：話し手・聞き手・聴衆とその関係。
e. 情報構造（information state）：この構造では、情報（information）が分析の単位となる。

　すなわち、こうした5つほどの構造（図の中の structure）が互いに作用しながら、コミュニケーションの中で談話というものを成り立たせている。概念構造では「命題」(proposition)、行為構造では「行為」(act)、やりとり構造では「話順」(turn)、参加者構造では「話し手・聞き手・聴衆」、情報構造では「情報」がそれぞれ単位となって作用し、談話の意味の一貫性(coherence)を作り出している。
　この命題レベル、情報レベル、行為レベル、また談話につきものの話順交代、そして話し手・聞き手などの参加者までをも取り込んだモデルを前提として、談話の中で発現される発話の意味をつかもうとしないと、談話の意味の総体は把握できない。図1および(17)に集約される Schiffrin の談話モデルは、いくつもの面（planes また structures）が、重なる層のように談話を構成しているのがわかるモデルである。
　このうち、周辺部（発話頭と発話末）では、特に「やりとり構造」と「行為構造」がよく働くことを提案したい。やりとり構造とは、言い換えればエスノメソドロジーが提唱した「話順交代システム」（turn-taking system）のことである。発話の冒頭で、Well や「だけど」といった談話標識で言い始めて、話順を取ったり、発話末で付加疑問や「…じゃない？」といった表現で、次の話順を促すことがあるのは想像しやすいだろう。周辺部についての初めての論文集 Beeching and Detges (eds.) (2014) の序章（Beeching and Detges (2014: 11, Table.1.4)）でも、左の周辺部（発話頭：left periphery, LP）と右の周辺部（発話末：right periphery, RP）の機能について表（本章2.2節の表2参照のこと）にまとめているが、LP は「話順を取る」(turn-taking)、RP は「話順を（譲り、次の話順を）生み出す」(turn-yielding) と書かれている。やはり周

辺部では、典型的な話順取りに関する機能が働いているということだろう。

　「行為構造」の行為（actions）には、さまざまな行為が含まれる。話題転換（topic change）や、会話切り出し（open conversation）などの会話管理の為の行為・発話行為などである。発話頭には談話標識・語用論標識がよく用いられるが、そうした標識が話者の意図的なストラテジーを伝えようとして、行為と見なされるものもある（例：話題転換）。概念的メッセージの核が在る発話の中ほどの場所ではなく、発話頭や発話末で、話し手の発話行為や、さまざまなコミュニケーション上の意図を伴った行為がなされやすい。先行研究では、同じく「周辺部」を特集したHigashiizumi, Onodera, and Sohn (eds.) (in press)で、広東語・フランス語・英語・韓国語・日本語・イタリア語のケーススタディからわかった行為（actions）とLP・RPの関係が示された。そこでは、RP（発話末）で用いられる広東語（*ne1, aa4, me1, ho2*）・フランス語（*alors, donc*）・英語（*then*）・韓国語（*mwe*）・日本語（でしょ（う）／だろ（う））の各形式が「聞き手への確認（seeking confirmation）」という行為をそろって行っていることがわかった（Onodera and Traugott in press: Table 2）。

　本書でも、「周辺部」研究の青山学院大学総研プロジェクトメンバーが各論文で報告するが、発話頭・発話末で行為がなされることもご覧いただきたい。Traugott論文では、周辺部（LP・RP）の基本的な性質としてメタ語用論的（metapragmatic）機能とメタテクスト的（metatextual）機能があると指摘している。前者は、会話参与者の行為も含めた機能であり、後者は、意味一貫性（coherence）に貢献する話順交代と関係する機能であり、やはり「周辺部と行為構造・やりとり構造の関連性」という点を支持する。

　小野寺論文では、基本的な名詞から発達した「こと（事）」が、形式名詞という機能語への変化を経て、（時間的推移においては）より最近、穏やかな「命令」という行為を右の周辺部で作用するようになることを報告している。

　Dias論文では、*sort/kind of*が緩和語（downtoners）、程度の修飾要素（degree modifiers）、また時には、言い過ぎであった時の打消し（disclaimers）として機能するさまが報告されている。これらは、話者と対話者の間で細かい「面子保持」（facework）の調節をしようとする際、現れると言える。人と他者が「面

子を威嚇しないよう、また、失わないよう」(Brown and Levinson 1987) 微妙な調節を続ける時用いられるため、面子保持という行為を表すマーカーと言えそうである。小野寺論文の「こと」も、*sort/kind of* も他者への配慮という意味で間主観性を示している。

　東泉論文は、左と右の周辺部が「やりとり構造(話順交代)」に関連するという検証を行っているが、話順交代が行われる場所では話者によるさまざまな行為が遂行されるとしている。

　澤田論文では、周辺部に非真理条件的意味である「慣習的推意」が現れるという示唆に富む提唱をしている。慣習的推意と、より動的な語用論的意味が発現する行為構造との関連がもしかするとあるのかもしれない。

2. 歴史語用論における周辺部

2.1 これまでの「周辺部」研究の変遷 ― 学会ワークショップの動向から

　「周辺部 (periphery)」という表現は、歴史語用論研究の中では 1995 年頃から登場していた (Traugott 1995a, Traugott 2007: 295, Onodera 2007: 256–260)。発話頭では談話標識・語用論標識と呼ばれる表現が用いられ、発話末では日本語の終助詞のような語用論機能の豊かな表現が使われることは、談話分析や語用論の領域では既に周知の事実だったが、次第に発話頭(左の周辺部)・発話末(右の周辺部)という場所とそこで起きる言語の機能に、人々のより多くの関心が集まっていった。その関心は学会のワークショップ・パネルで議論されていくことになる。さきがけは 2009 年、英国・ブリストルで開かれた i-Mean 1 会議でのワークショップであり、ヨーロッパ言語を対象とした研究の発表がなされた (オーガナイザー：Kate Beeching)。ここでの議論がもととなり、2011 年英国・マンチェスターで開かれた第 12 回 IPrA (国際語用論会議) で、イタリア語・フランス語・英語・中国語・韓国語・日本語の観察が、ワークショップ「意味変遷における左と右の周辺部の役割 (*The Role of the Left and Right Periphery in Semantic Change*)」(オーガナ

イザー：Kate Beeching）で発表された。左と右の周辺部で、どのような言語機能が見られるのか。このワークショップでは、同じ表現でも、発話頭と発話末に現れることで機能の違いはあるのかといった点が観察された。そしてこのワークショップの成果が、周辺部研究として初めての論文集『左と右の周辺部における談話機能：言語の使用と変化の通言語的研究（*Discourse Functions at the Left and Right Periphery: Crosslinguistic Investigations of Language Use and Language Change*）』（Beeching and Detges (eds.) 2014）として刊行される。この論文集の頃までは、特にヨーロッパ言語の観察から、発話頭と発話末では機能の違いが見られ、非相称的関係にある（asymmetry）と考えられることが多かった。たとえば、発話頭で「主観的」意味が見られ、発話末で「間主観的」意味がより多く見られるといった仮説的傾向がいくつか考えられた（2.2 節の表 2（Beeching and Detges 2014: 11）を参照のこと）。しかし、この非相称性は、周辺部研究が進むにつれ、現在では単なる傾向であると、縮小して考えるように改められた。

　第 12 回 IPrA のワークショップは、2 年後の第 13 回 IPrA（2013 年インド・ニューデリー）で 2 つのパネルに引き継がれる。1 つは「右の周辺部の要素の語用論的役割（*The Pragmatic Role of Elements at Right Periphery*）」（オーガナイザー：Elizabeth Closs Traugott and Liesbeth Degand）であり、もう一つは「形式―機能―周辺部の対応関係への通言語的アプローチ：『やりとり構造』と『行為構造』を中心に（*A Cross-Linguistic Approach to Form-Function-Periphery (LP and RP) Mapping: With a Special Focus on 'Exchange Structure' and 'Action Structure'*）」（オーガナイザー：東泉裕子・小野寺典子）であった。前者は、とかくヨーロッパ言語においては、談話標識など語用論機能の豊富な要素は発話頭（LP）に現れ、発話頭の語用論機能ばかりが観察対象となってきたのを改め、ヨーロッパ言語の発話末（Right Periphery; RP）に焦点をあてたパネルとして話題を集めた。後者のパネルでは、「形式―機能―発話頭／末の対応関係（Form-Function-Periphery Mapping）」がテーマとされた。つまり、どんな言語形式と機能が、発話頭／末に現れるかという対応関係に、特に 1.4.4 節で述べた「やりとり構造」（話順交代）と「行為構造」が関係し

ているのではないかという点に焦点が当てられた。後者パネルのテーマと成果は、*Journal of Historical Pragmatics* 17.2 号、特集「周辺部：通時的・通言語的アプローチ」（Higashiizumi, Onodera, and Sohn (eds.) in press）にまとめられた。

　そして、第 14 回 IPrA（2015 年ベルギー・アントワープ）では周辺部をテーマにした 2 つのワークショップが開かれた。1 つは「日英語における周辺部と構文化（*Peripheries and Constructionalization in Japanese and English*）」（オーガナイザー：東泉裕子・澤田淳）で、もう 1 つは「プロソディーと左右の周辺部の談話機能（*Prosody and Discourse Functions at the Left and Right Periphery*）」（オーガナイザー：Sung-Ock Sohn）である。また、次の第 15 回 IPrA（2017 年北アイルランド・ベルファスト）でも関連のワークショップ「連鎖と談話／語用論標識の構文化（*Sequentiality and Constructionalization of Discourse-Pragmatic Markers*）」（オーガナイザー：東泉裕子・小野寺典子・柴﨑礼士郎）が計画されている。

　共時的には、言語の形式・機能と周辺部（発話頭と発話末）の関係を観察し、それを通言語的に比較するような研究が多い。通時的には、周辺部に現れる形式・機能の変遷について、文法化・（間）主観化といった理論的枠組み、さらに近年では新たに構文化の枠組み（Traugott and Trousdale (2013) 他）から見ようとする研究が出てきている。

　以上が、学会ワークショップの流れから大まかに見た、歴史語用論における周辺部研究のこれまでである。

2.2　これまでの研究例

　歴史語用論の分野では、様々な言語の談話標識・語用論標識・評言節（comment clause）を含む挿入詞（parentheticals）などの言語形式と機能の歴史的発達について研究が積み重ねられてきた（Jucker (ed.) (1995)、Brinton (1996、2010)、Brinton and Traugott (2005) など）。2.1 節で述べたように、最近では、このような表現の「形式－機能－場所（LP と RP）の対応関係」（form–function–periphery mapping）にも関心が寄せられるようになってきて

おり（小野寺 2014: 16–18）、歴史語用論的な観点から、左右の周辺部で使用される言語形式と機能の関係を検討した論考を集めた初の論文集 Beeching and Detges（eds.）（2014）が刊行された。その序章で Beeching and Detges（2014）は、左と右の周辺部に現れる言語形式にはそれぞれ表 2 のような機能が対応するのではないかという作業仮説を立てている。つづく各章では、左右の周辺部の言語形式と機能の間にどの程度の対応関係がみられるか、フランス語、英語、中国語、日本語、イタリア語、韓国語の事例について検討している。

表 2 の「対話的」（dialogual）というのは話者が 2 人（あるいはそれ以上）おり、話順交代が起こらない独話（monologual）と区別される、話者の数に関する概念である。一方、「二者の視点的」（dialogic）というのは 2 つの命題の間に 2 つ（あるいはそれ以上）の異なる視点（viewpoints）が関わることで、「一つの視点的」（monologic）と区別される、視点の数を区別する概念である。例えば、and か but のどちらかを使って 2 つの命題を結びつけようとする場合、それらの間に何らかの対照・逆接的な意味があると話者が判断すれば but、そうでない場合は and が選ばれるであろう。But が使われた場合、（話者が一人であっても二人であっても）2 つの視点が関わっており（例えば、He is poor but honest. という発話の場合、一人の話し手が相対立する 2 つの評価（視点）によって彼を特徴づけていることになる）、「二者の視点的」であると

表 2　左と右の周辺部の言語形式の使用についての仮説

左の周辺部（LP）	右の周辺部（RP）
対話的（dialogual）	二者の視点的（dialogic）
話順を取る／注意を引く（turn-taking/attention-getting）	話順を（譲り、次の話順を）生み出す／終結を標示する（turn-yielding/end-marking）
前の談話につなげる（link to previous discourse）	後続の談話を予測する（anticipation of forthcoming discourse）
返答を標示する（response-marking）	返答を促す（response-inviting）
焦点化・話題化・フレーム化（focalizing/topicalizing/framing）	モーダル化（modalizing）
主観的（subjective）	間主観的（intersubjective）

（Beeching and Detges 2014: 11, Table 1.4 に基づく［小野寺典子・澤田淳・東泉裕子 訳］）

言える（詳しくは小野寺（2008）を参照）⁶。このような「二者の視点的」な意味を反映する表現には、英語の *but, although, surely, even* などがある（Traugott 2010c: 15）（この他に、「二者の視点的」な意味の発達については Schwenter (2000)、Schwenter and Traugott (2000)、Haselow (2014) なども参照されたい）。なお、左右の周辺部の言語形式と、「対話的」か「二者の視点的」かという機能の対応関係については、Beeching and Detges (2014: 4) を参照されたい。

　次に、表 2 の左の周辺部には「主観的」(subjective) な意味、右の周辺部には「間主観的」(intersubjective) な意味が見られるという仮説を検証した研究例を紹介する。Degand and Fagard (2011) は、フランス語の *alors* 'at that time, then, so' が使用される場所と意味・機能の関係について、12 世紀から 20 世紀までの書きことばコーパスと現代語の話しことばコーパスを用いて詳しく調査した。現代フランス語の *alors* の意味・機能は、主に、時間 (temporal)（「当時」）、因果関係 (causal)（「それゆえ」、「したがって」）、談話構造化標識 (discourse-structuring marker)（「だから」）の 3 つに分類することができるが、節内部 (medial) の *alors* はほとんどが「当時」「それから」など時間の意味を表す副詞として使用されているという。通時的に見ると、*alors* は 12 世紀から 14 世紀までは主に節内部で使用されていたが、その後は LP・RP での使用が見られるようになったこと、*alors* の意味・機能が 12 世紀から現代にかけて徐々に拡張し、多義的になってきたことを示し、*alors* の談話構造を標示する意味・機能の発達は使用される場所の変化（節内部から左の周辺部へ、さらに右の周辺部へ）と関係があると指摘している。そして、このような *alors* の客観的な時間の意味（「当時」）から主観的でメタディスコース的な意味（「だから」）への変化は、Traugott (1982) の命題的意味から接続（テクスト）的意味へ (from propositional to textual meaning) という傾向、Traugott (1995a) の節内部の副詞から談話標識へ (from clause-internal adverbial to discourse marker) という傾向と合致するとしている。すなわち、左の周辺部において *alors* の談話標識・語用論標識としての用法が生み出されてきた歴史は、本章 1.2 節の (12) の「副詞類の連続的推移」の仮説を支持

するものである。

　また、Degand (2014a) は、*alors* と *donc* 'so'（「それゆえ」、「したがって」）という現代フランス語の会話において同じような意味・機能をもつ2つの周辺部表現が使用される場所と「(間)主観的」意味の関係について考察している。現代フランス語の会話コーパスを用いて、両者とも左の周辺部で使用されることが最も多いが、右の周辺部でもしばしば使用されることを明らかにした。また、左の周辺部では両者とも「だから」などの「主観的」な意味で使われることが多いのに対して、右の周辺部では話し手が導き出した結論に対して聞き手に確認を求めるために使われる（日本語にすると「（だから）…ってこと（でしょ）？」）、つまり「間主観的」な意味で使われることが多い（*alors* のほうは特にそうである）という。そして、上述の表2の左右の周辺部表現と「(間)主観的」意味との間に対応関係があるとの結論に至っている。左右の周辺部と「(間)主観性」の対応については、Onodera (2014)、Pichler (2013b)、Traugott (2014b) などが表2の相称的 (symmetrical) 対応関係を支持するものではない事例を提示しており、今後もさらなる検討が必要であろう (Onodera (2014) については 3.1 節を参照のこと)。

　前述の 2.1 節で指摘されているように、表2の左右の周辺部と機能の対応関係は単なる傾向であると考えられるようになったが、今後、周辺部表現の機能について研究を進める上でひとつの目安として活用することができよう。

3. 周辺部研究の関連領域

3.1　階層構造モデルとの接点

　広く知られているように、南 (1974、1993、等) は、現代日本語の従属句を、そこに現れる構成要素の範囲の違いという観点から、A類、B類、C類の3つに区別し、そこから日本語の階層的な文構造のモデル（図2）を示した。

(18)　A類：　〜ナガラ〈非逆接――「カネガアリナガラ出ソウトシナイ」
　　　　　　　などの逆接の意味でないもの〉、〜ツツなど。構成要素の範

囲がもっともかぎられている。

B類： 〜タラ、〜ト、〜ナラ、〜ノデ、〜ノニ、〜バなど。構成要素の範囲がA類より広くなるが、つぎのC類よりはせまい。つまり、AとCの中間。

C類： 〜ガ、〜カラ、〜ケレド(モ)、〜シなど。構成要素の範囲がもっとも広い。　　　　　　　　　　　　　　（南 1993: 41）

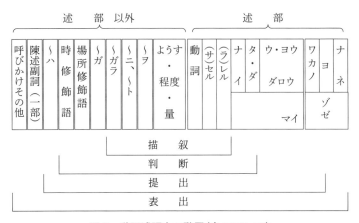

図2　動詞述語文の階層（南 1993: 54）

「描叙段階」、「判断段階」、「提出段階」に含まれる構成要素の範囲は、それぞれ、A類従属句、B類従属句、C類従属句が含むことのできる構成要素の範囲と概ね一致する。南（1993: 21-22）は、「描叙段階、またはそれに近いものほどその文で表現される内容のうち客観的事態や論理的関係にかかわる性格の程度が大きく、表出段階またはそれに近いものほど、言語主体の態度、情意の面にかかわる性格が強くなる」としている（金田一（1953）、渡辺（1953）、林（1960）なども参照）。

澤田（1978、1983）や田窪（1987）は、南（1974）の階層モデルの妥当性を統語理論の観点によって裏づけた初期の研究であり、近年では、1.2節でも触れた日本語のカートグラフィー研究において南モデルの再解釈がなされている（長谷川（編）（2007、2010）などを参照）。下の図3は、南の階層モデルを

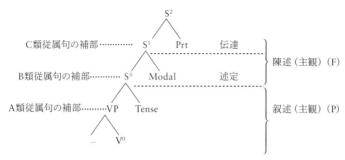

図3　日本語の階層構造（澤田（1983: 77–78、1993: 167–168）、一部改変）[7]

Xバー理論の観点から捉えた澤田（1983、1993）の日本語の統語的な階層図である（VPは動詞句、S^0 はテンス要素（Tense）を含む層、S^1 はモーダル要素（Modal）を含む層、最上位の S^2 層は終助詞要素（Prt）を含む層である）。

周辺部の定義によっても変わり得るが、1.2節でふれたカートグラフィー研究や談話的・歴史語用論的研究においては、南（1993）のいう「提出」「表出」の段階になって現れる構成要素は、周辺部要素の候補となる可能性が高いと言える（Shinzato 2007、Onodera 2014、小野寺 2014）。Onodera（2014: 112–113）、小野寺（2014: 20–22）では、次の Shinzato（2007）の図式に基づき、主観性、間主観性を反映するC、D層の要素がLP、RPいずれの周辺部にも現れ得る点が指摘されている。このようなLPとRPとが相関関係を示し

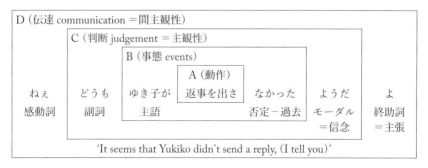

図4　階層構造モデル（Shinzato（2007: 177）より－南（1974）・田窪（1987）他から引用［小野寺典子 品詞など加筆・訳］

ながら階層を成す「階層構造モデル(layered structure model)」と、LP と RP を機能的に「非相称的(asymmetrical)」に捉える研究(Beeching and Detges (2014: 11)、2.2 節表 2 参照)とがどのように関係づけられるのかに関しては今後の課題となる(この点に関しては、小野寺(2014: 20–22)、Traugott (2015a: 121)の議論を参照)。

　Beeching and Detges（2014: 10）でも議論に取り上げられ、掲載された図 4 の階層構造モデルでは、発話の冒頭と末尾（LP と RP）で「伝達（コミュニケーション）」に関わる要素が出現するさまが捉えられており、本書で提唱する「行為構造(コミュニケーションを司る行為が働く構造)」と「やりとり構造(話順交代システム)」が LP・RP で働くという点と合致する。日本語および他言語の文・発話構造を解明しようとする際、極めて示唆的なモデルと思われる（小野寺(2014: 20–22)、Beeching and Detges（2014: 8–12）の議論を参照）。

3.2 構文化との接点 [8]

　Traugott and Trousdale（2013: 1）は、「形式と意味のペアリング（組み合わせ）」(form–meaning pairings) のことを「構文」(construction) と呼び、これを (19) ように示した(F は Form、M は Meaning のことである)。

(19)　［［F］↔［M］］　　　　　　　　　(Traugott and Trousdale 2013: 8 (7))

　そして、「新しい形式と新しい意味のペアリングが創出されること」(the creation of a form_{new}–meaning_{new} pairing) を「構文化」(constructionalization) と呼んでいる。形式だけあるいは意味だけが変化した場合は「構文的変化」(constructional change) として構文化とは区別される（構文化の詳細については秋元・前田（編）(2013)、秋元・青木・前田（編）(2015) も参照）。

　構文は「形式と意味（または談話機能）のペアリング」(pairings of form with semantic or discourse function) (Goldberg 2006: 5) を指す。本書の考察対象である様々な周辺部表現も構文として捉えることができ、そのため、構

文化研究の対象となる(例えば、Traugott (2015b)、Traugott 本書所収論文などを参照)。なお、構文文法(Construction Grammar)については Hoffmann and Trousdale (eds.) (2013)、構文文法の枠組みからの言語変化については Barðdal et al. (eds.) (2015)などを参照されたい。

　Traugott (2015b)は、Fraser (2009)による談話標識の分類に基づいて、英語の談話標識・語用論標識、すなわち左の周辺部表現について、図5のようなスキーマと階層体を想定している。スキーマとは、例えば、図5の *and, in fact, certainly, conceivably* などの個々の具体的な表現を抽象化・一般化して表したものである。図5では3段階の抽象度が想定されているが、その中で最も抽象度が高いのが「節頭のスキーマ」(clause-onset schema, COS-schema)、すなわち左の周辺部表現のスキーマである。図5では、個々の表現、すなわち構文体(construct)は、「ミクロ構文」(microconstruction)と呼ばれている。例えば、*and* や *in fact* などは「詳述する」(elaborating)という機能を果たす表現として一つにまとめることができ、それを「下位スキーマ」(subschema)と呼ぶ。そして、この下位スキーマは、他の下位スキーマ(図5では「...」という記号で省略されているが、例えば *but, however* といった逆接・対照の関係を表す表現群)とともに、「DM 構文」(discourse marker construction)というスキーマ(schema)にまとめられる。DM 構文の他にも、節の冒頭には様々な構文が生起する。具体的には、*in summary* など「談話構造化標識」(discourse structuring markers)を含む「DS 構文」、*frankly, certainly* など中心的メッセージに対する話者の態度を表す評言的語用論標識(commentary pragmatic markers)を含む「CP 構文」、*please* など基本的語用論標識(basic pragmatic markers)を含む「BP 構文」である。このようなスキーマをまとめたものが「節頭のスキーマ」という「マクロスキーマ」(macroschema)となる(なお、図5の「節頭のスキーマ」および「DM 構文」スキーマの「意味」と「形式」は、上述の(19)を上下に並べて示したものである)。

　以上のように、スキーマと階層体によって、英語の節の左の周辺部にはどのような表現が使われるのか、それらの表現はお互いにどのような関係にあ

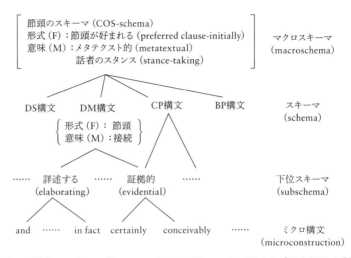

図 5　節頭のスキーマ（Traugott 2015b, Figure 1 に基づく［東泉裕子 訳］）[9]

るのかなど全体的を見渡すことができるという利点がある。さらに、上述の1.4.1 節でも触れたが、言語はことば共同体の中で使用されるうちに変化する。Traugott and Trousdale（2013）によると、構文体の形式と意味がそれぞれ別々に変化し、形式と意味の組み合わせにミスマッチが生じることにより言語変化が起こるという。そして、ミクロ構文から下位スキーマ、マクロスキーマにまでその影響が及ぶという言語変化のモデルを提示している（詳細は、秋元（2015: 12–14）を参照されたい）。ともすれば、私たちは、言語変化を捉えようといった場合、個々の具体的な表現（ミクロ構文）の変化にのみ注目しがちであるが、ここでのモデルは、それだけでは不十分であることを示唆するものであり、改めて言語の変化の記述とはどのように行うべきかについて考えさせられるモデルとなっている。

　構文化の観点から見た周辺部表現の研究は、2.1 節で紹介した IPrA（国際語用論会議）でも行われている。第 14 回 IPrA（2015 年ベルギー・アントワープ）では「日英語における周辺部と構文化」（*Peripheries and Constructionalization in Japanese and English*）（オーガナイザー：東泉裕子・澤田淳）というワークショップが開かれ、第 15 回 IPrA（2017 年北アイルランド・ベルファスト）で

は「連鎖と談話／語用論標識の構文化」(*Sequentiality and Constructionalization of Discourse-Pragmatic Markers*)（オーガナイザー：東泉裕子・小野寺典子・柴﨑礼士郎）も計画されており、今後も周辺部表現の発達に関する研究は構文化、歴史的構文文法（Diachronic Construction Grammar）などの領域とも関連して進められていくものと思われる。

　なお、周辺部表現の初の論文集 Beeching and Detges（eds.）（2014）では歴史的な観点から周辺部表現の発達について論じたものが半数ほどであるが、Higashiizumi, Onodera and Sohn（eds.）（in press）は周辺部表現の談話機能を通時的な観点から見た論考に特化したものである。

3.3　グライス理論との接点

　現代語用論に最も影響を与えた研究の 1 つが Grice（1975、1989）の「推意（ないしは、含み）」(implicature) の研究であることは言を俟たないと言える。現代の語用論理論を代表する新グライス派の理論、関連性理論、ポライトネス理論は、いずれもグライスの推意研究の影響下で発展した理論である。

　Grice（1975、1989）は、伝達される発話の意味を、真理条件的意味である「言表内容（言われた事柄）」(what is said) と、非真理条件的意味である「推意内容（推意される事柄）」(what is implicated) とに大別し、さらに、推意内容を「会話的推意」(conversational implicature) と「慣習的推意」(conventional implicature) とに分けた。

(20)　伝達される発話の意味

　会話的推意は、明言されていないのにもかかわらず、プラスαとして伝えられる「言外の意味」のことであり、次のような「協調の原理」(Cooperative

Principle)を基盤にして生み出される意味である(協調の原理の下位の公理については、Grice (1989: 26–27)参照)。

(21) 協調の原理：会話の中で発言をするときには、それがどの段階で行われるものであるかを踏まえ、また自分の携わっている言葉のやり取りにおいて受け入れられている目的あるいは方向性を踏まえた上で、当を得た発言を行うようにすべきである。

(Grice 1989: 26［清塚邦彦 訳 1998: 37］)

たとえば、Levinson (1983)による次の例を見てみよう。

(22)　A:　Can you tell me the time?
　　　B:　Well, the milkman has come.　　　(Levinson 1983: 97)

　現在の時刻を尋ねるAに対して、正確な時刻がわからないBは、「そうですね、牛乳配達の人はもう来ましたが」とだけ答えている。一見すると、このBの発話は、Aの質問に対する返答としては意味をなさないように見えるが、必ずしもそうではない。たとえば、牛乳配達人が毎朝7時にやって来るとして、そのことがAとBとの間で共有されているとするならば、Aは、Bの発話から、「7時を過ぎた頃だろう」といった意味をくみ取ることができる。このような解釈が自然に成り立つのは、会話のやりとりが暗黙のうちに協調の原理に則ってなされているからに他ならない。ただし、このような会話的推意は、あくまで言外の意味に留まるため、取り消し可能である点に特徴がある。
　Grice (1975、1989)のいう推意には、上で見た会話的推意のほかに、慣習的推意と呼ばれるものがある。慣習的推意とは、概略次のようなものである(詳しくは、Grice (1975: 9)、Levinson (1983: 127)、Potts (2005: 11)、O. Sawada (2010: 21)参照)。

(23) 慣習的推意は、公理 (maxims) のような上位の語用論的原理 (superordinate pragmatic principles) から導き出される非真理条件的な推論 (non-truth-conditional inferences) ではなく、単に特定の語彙項目や表現に慣習的に結びついた非真理条件的な推論のことである。
(Levinson 1983: 127 [澤田淳 訳])

　Grice 自身は、but や therefore などの接続詞（談話標識）をもとに、慣習的推意について考察しているが、近年、Potts (2005) の研究を皮切りに、自然言語には多様な慣習的推意 (conventional implicature: CI) を含む表現（以下、CI 表現）が存在することが明らかになってきた（McCready (2010)、O. Sawada (2010)、Horn (2013)、Gutzmann (2015) 等を参照）。次は、CI 表現の一例である。

(24) CI 表現の一例：
　　終助詞、文副詞、談話標識、評価副詞、感嘆詞、呼びかけ語、敬語表現、卑罵表現、等
(25) a. *Man*, it's hot. (sentence initial particle)
　　b. It's hot, *man*. (sentence final particle)　　（McCready 2009: 673）

　興味深いのは、LP/RP は、CI 表現の使用が好まれる場所であるという点である。ここに、意味の多次元性を想定する Grice 理論と周辺部研究の接点が生まれることになる。すなわち、真理条件的意味（言表内容）か非真理条件的意味（慣習的推意）かの違いが、当該の表現が周辺部的な要素か否かの判別基準の 1 つとなり得るのである。
　一例として、O. Sawada (2010) で論じられている「何よりも」という比較表現について見てみよう。「何よりも」は、次のように、真理条件的意味としての「個体読み」(individual reading) にも、慣習的推意としての「注目読み」(noteworthy reading) にも使われ得る。

(26)　何よりもテニスは楽しい。
　　a. 解釈 1(個体読み)：
　　　 真理条件的意味：テニスはどのスポーツよりも楽しい。
　　　 慣習的推意：ゼロ
　　b. 解釈 2(注目読み)：
　　　 真理条件的意味：テニスは楽しい。
　　　 慣習的推意：「テニスが楽しい」という内容の発話は、テニスに関するどの内容の発話(例：テニスは健康にいい、等)よりも注目すべき重要な発話である。　　（O. Sawada (2010: 48)参照）

　「個体読み」の「何よりも」と異なり、「注目読み」の「何よりも」がCI表現であることは、前者と異なり後者の「何よりも」が否定の作用域からは外れることなどからもわかる(詳細は、O. Sawada (2010)の議論を参照)。
　周辺部との関連で言えば、解釈 2 の「注目読み」の「何よりも」が周辺部的な要素として機能していると言えるだろう。このことは、当該の要素が周辺部的かどうかを考える際、意味の次元(真理条件的意味か非真理条件的意味か)を考慮に入れた考察が有効となることを示している。
　一般に、CI 表現の研究は形式意味論的・形式語用論的なアプローチが採られることが多いが、近年の CI 表現の研究は、談話構造や言語変化との関連から考察が深められており、そこでの考察は周辺部研究や歴史語用論研究にとっても有用な知見を提供するものと考えられる(CI 表現の歴史語用論的な観点からの考察については、澤田(本書所収論文)も参照)。

3.4　近年の動向

　2.1 節で紹介したように、周辺部表現の研究は、これまで主に i-Mean 1 会議(2009 年英国・ブリストル)および隔年開催の IPrA(国際語用論会議)のワークショップを中心に行われてきたが、近年、その他の会議やワークショップでも周辺部表現に相当する語句を観察した研究が数多く発表されている。
　例えば、最近の文法化関連の国際会議においても周辺部表現の発達につ

いて論じられている。Hancil and König (eds.) (2014) は、Gramm 1 会議 (International Conference on Grammaticalization Theory and Data) (2012 年フランス・ルーアン) での研究発表をまとめた論文集であるが、現代イギリス英語の発話末の *but* (Hancil 2014)、現代アメリカ英語の発話末の *but* (Izutsu and Izutsu 2014)、英語の発話末の *then, though* の史的発達 (Haselow 2014) に関する論文が収録されている。Smith, Trousdale, and Waltereit (eds.) (2015) は、NRG5 会議 (New Reflection on Grammaticalization 5) (2012 年スコットランド・エディンバラ) で発表されたものを編纂した論文集であり、左右の周辺部表現の発達を文法化の観点から考察した論文が 2 本収録されている。Haselow (2015) は英語の *anyway* の左右の周辺部における談話機能の違い、発達過程について論じており、Higashiizumi (2015) は日本語の左の周辺部の「だから」「なので」及び右の周辺部の「から」「ので」の発達を観察している。

なお、近年、文法化研究において、文法化の現象を、形式と意味のペア (組み合わせ) である構文という観点から再解釈しようとする動きもある (Gisborne and Pattern 2011、Smith, Trousdale, and Waltereit 2015: 1)。2015 年には、文法化と構文文法の連携を検討するワークショップ「文法化の構文文法との出会い (Grammaticalization meets Construction Grammar)」(オーガナイザー：Peter Andersson, Evie Coussé, Joel Olofsson) がスウェーデン・ヨーテボリで開催された。文法化と通時的構文文法 (Diachronic Construction Grammar) との関連性や相違点、構文という観点から文法化や脱文法化 (degrammaticalization) の現象を見直す意義、文法化した表現とスキーマの関係などをテーマにした講演の他に、アジア、アフリカ、インド・ヨーロッパ言語における構文および構文化の事例が発表された。研究対象の構文は、文および文以上のレベルから、動詞、名詞、項構造、形態のレベルまで多岐にわたるものだった。2017 年にはその成果をまとめた論文集が刊行される予定である。

周辺部表現に相当する語句の研究は、変異社会言語学 (Variationist Sociolinguistics) の分野においても進められている。たとえば、Pichler (2013a) はイングランド北部のベリック方言における否定表現、*I don't* know、I don't think、否定付加疑問などの周辺部にも頻出する表現に関する論考をまとめたものである（イギリス英語の談話標識・語用論標識については、Beeching (2016)、Pichler (ed.) (2016) も参照されたい）。研究ネットワーク DiPVaC (Discourse-Pragmatic Variation & Change)（オーガナイザー：Heike Pichler）は、2012 年から隔年で国際会議も開催し、周辺部表現を含む談話標識・語用論標識などの変異と変化について議論する場となっている。2014 年の DiPVaC2 会議（英国・ニューカッスル）では Liesbeth Degand 氏によるフランス語の周辺部表現に関する講演 (Degand 2014b)、また周辺部表現に関する研究発表が数件あった。2016 年の DiPVaC3 会議（カナダ・オタワ）では、Laurel Brinton 氏よる評言節の歴史に関する講演も行われ (Brinton 2016a)、DipVaC においても周辺部表現の発達過程に関心が寄せられている (Brinton (2016b) も参照)。

　また、ヨーロッパの諸言語だけでなくアジア諸言語からの研究も増えてきている。2.1 節でも紹介した周辺部表現に関する初めての論文集 Beeching and Detges (eds.) (2014)、*Journal of Historical Pragmatics* の特集号 Higashiizumi, Onodera, and Sohn (eds.) (in press) には、中国語 (Beeching and Wang 2014、Yap, Yang, and Wong 2014、Chor, Yap, and Wong in press)、韓国語 (Sohn and Kim 2014、Rhee in press、Sohn in press)、日本語 (Onodera 2014、Higashiizumi) の周辺部表現に関する論文が収録されている (Degand, Cornillie, and Pietrandrea (eds.) (2013) も参照)[10]。さらに、基本語順が SOV で膠着語に分類される韓国語や日本語などの言語では、従来から右の周辺部表現が豊富に認められることが報告されてきたが、SVO 語順を示す英語や中国語をはじめとするその他の言語における右の周辺部表現にも関心が集まってきている（例えば、英語の発話末尾に現れる *but* (Hancil 2014、2015) や *though* (Haselow 2014)、北京語の発話末に現れる *ma* や広東語の発話末に現れる *maa*[3] (Chor, Yap, and Wong in press など)。上述の通り、第 13 回 IPrA (2013 年インド・ニューデリー) では「右の周辺部の要素の語用論的役割」(*The Pragmatic Role of Elements at Right Periphery*)（オーガナイザー：Elizabeth Closs Traugott and Liesbeth Degand）という右の周辺部に焦点を当てたワーク

ショップが開かれた。論文集『文末辞（*Final Particles*)』(Hancil, Haselow and Post (eds.) 2015)は、特に右の周辺部表現に相当する文末辞（final particle)に関するワークショップでの発表を編纂した論文集である。

　以上のように、様々な言語で使用される左右の周辺部表現とその機能に対する関心はますます広がりを見せており、今後も研究や方法論についての進展が期待される。

注
1　「二者の視点的な項目」(dialogic items)に関しては、2.2 節を参照。
2　「右の周辺部」に生起する語用論標識と「左の周辺部」に生起する語用論標識が統語的に融合する場合も確認されている(Shibasaki 2015、2016)。談話上の構文・語用論標識の連鎖を考えれば自然な現象ではあるが、Beeching and Detges (eds.) (2014)を含む先行研究では指摘されておらず、今後の研究が待たれる課題である。
3　次の(i)は、「日・英語における周辺部と構文化(Peripheries and Constructionalization in Japanese and English)」と題した第 14 回国際語用論学会のパネルワークショップで提示した周辺部の定義である。Sawada(2015)は、この定義を踏まえ、さらに、周辺部が「慣習的推意」(conventional implicature) (Grice 1975、1989)を含む表現(CI 表現)の使用が好まれる場所である点を観察している(CI 表現と周辺部の関係については、3.3 節を参照)。
　　(i) 周辺部とは、(a) 非真理条件的、テクスト的、感情表出的な構文の使用が好まれる場所であり、また、(b) やりとり構造(exchange-structure)や行為構造(action-structure)が働きやすい場所でもある(Onodera, Higashiizumi, and Sawada 2015)。
4　これらの論文では、話しことば・書きことばの両方を研究の射程に入れるため、発話・節の両方を単位に含めるとした。
5　「(the +) 抽象名詞 + is (+ that)」という構文は、Schmid (1999、2000)により shell noun construction と名付けられ、抽象名詞は shell noun と呼ばれている。柴﨑(2014: 2、2015: 151)は、それぞれ「貝殻名詞構文」、「貝殻名詞」という試訳を付している。例えば、例文(i)の problem という貝殻名詞は、これから述べる「十分な時間がない」という内容(すなわち貝殻の中身)がどのようなものかを示す働きをする。
　　(i) The problem is, there isn't enough time.　　(*LDOCE* 2012: 1382)(柴﨑 2014: 2)
　さらに、21 世紀以降、「(the +) 抽象名詞 + is, is that」といった二重コピュラ構文(コ

ピュラが連続して現れる構文)が増加傾向にあるという。これにより「(the +) 抽象名詞 + is」という部分がひとつのまとまりとなって語用論標識として働いていると考えることができると指摘している。

6 「一つの視点的」か「二者の視点的」かは連続的なものであり(Schwenter 2000)、純粋な「一つの視点的」な言語使用はとても少ない(Taavitsainen, Härmä, and Korhonen 2006: 1)という(Traugott 2010c: 15)。

7 「叙述」と「陳述」は、渡辺(1953)による用語であり、それぞれ、「思想や事柄の内容を描き上げようとする話手のいとなみ」(ibid.: 20)、「終助詞によって代表される(中略)言語者をめあての主体的なはたらきかけ」(ibid.: 27)を意味する。芳賀(1954)は、渡辺(1953)の陳述を「言語者めあてのもの」(=終助詞)だけでなく、「事柄の内容についての話者の態度」もあるとし、それぞれ、「伝達」、「述定」と呼び、陳述を2種に区別した。澤田(1993: 170)では、「伝達」、「述定」が、それぞれ、(言語行為論的な)「遂行的」(performative) (F_α)、「態度的」(attitudinal) (F_β) と呼ばれている。また、S^0以下の層は、「命題内容」(P)とされ、概ね、渡辺のいう「叙述」部分に相当する(澤田1978、1993)。

8 3.2節における Traugott and Trousdale (2013)の用語の訳は秋元(2015)による。

9 ただし、「スキーマ」「下位スキーマ」「ミクロ構文」という訳は、秋元(2015)による。

10 国際会議「語用論標識・談話標識・心態詞」(International Workshop: Pragmatic Markers, Discourse Markers and Modal Particles)(2014年イタリア・コモ)も論文集の刊行を予定している。

参考文献

秋元実治(2015)「文法化から構文化へ」秋元実治・青木博文・前田満(編)『日英語の文法化と構文化』pp. 1–40. ひつじ書房.
秋元実治・青木博文・前田満(編)(2015)『日英語の文法化と構文化』ひつじ書房.
秋元実治・保坂道雄(編)(2005)『文法化—新たな展開—』英潮社.
秋元実治・前田満(編)(2013)『文法化と構文化』ひつじ書房.
荒木一雄(編)(1999)『英語学用語辞典』三省堂.
井上和子(2009)『生成文法と日本語研究—「文文法」と「談話」の接点—』大修館書店.
遠藤喜雄(2009)「話し手と聞き手のカートグラフィー」『言語研究』136: pp. 93–119. 日本言語学会.
大堀壽夫(2014)「従属句の階層を再考する—南モデルの概念的基盤—」益岡隆志・大島資生・橋本修・堀江薫・前田直子・丸山岳彦(編)『日本語複文構文の研究』pp. 645–672. ひつじ書房.
小野寺典子(2008)「But の『対照』の意味とその動機付け—dialoguality(対話形式)と

dialogicigy（二者の視点）からの一考察─」『英文学思潮』pp. 1–22. 青山学院英文学会.

小野寺典子（2011）「談話標識（ディスコースマーカー）の歴史的発達─英日語に見られる（間）主観化─」髙田博行・椎名美智・小野寺典子（編）『歴史語用論入門』pp. 73–90. 大修館書店.

小野寺典子（2014）「談話標識の文法化をめぐる議論と「周辺部」という考え方」金水敏・髙田博行・椎名美智（編）『歴史語用論の世界─文法化・待遇表現・発話行為─』pp. 3–27. ひつじ書房.

金水敏（2011）「丁寧語の語源と発達」髙田博行・椎名美智・小野寺典子（編）『歴史語用論入門』pp. 163–173. 大修館書店.

金田一春彦（1953）「不変化助動詞の本質─主観的表現と客観的表現の別について─」（上／下）『国語国文』22 (2–3): pp. 1–18, pp. 15–35. 京都大学文学部国語学国文学研究室.

澤田治美（1978）「日英語文副詞類（Sentence Adverbials）の対照言語学的研究─Speech act 理論の観点から─」『言語研究』74: pp. 1–36. 日本言語学会.

澤田治美（1983）「S^n システムと日本語助動詞の相互連結順序」『日本語学』2 (12 月号): pp. 66–80. 明治書院.

澤田治美（1993）『視点と主観性─日英語助動詞の分析─』ひつじ書房.

柴﨑礼士郎（2014）「直近のアメリカ英語史における the problem is (that) の分析」『語用論研究』16：pp. 1–19. 日本語用論学会.

柴﨑礼士郎（2015）「現代アメリカ英語の二重コピュラ構文─差異分析、構文拡張、談話構造の観点から─」秋元実治・青木博文・前田満（編）（2015）『日英語の文法化と構文化』pp. 147–180. ひつじ書房.

田窪行則（1987）「統語構造と文脈情報」『日本語学』6 (5 月号): pp. 37–48. 明治書院.

トラウゴット，エリザベス C.［福元広二訳］（2011）「文法化と（間）主観化」髙田博行・椎名美智・小野寺典子（編）『歴史語用論入門』pp. 59–70. 大修館書店.

芳賀綏（1954）「"陳述" とは何もの？」『国語国文』23 (4): pp. 47–61. 京都大学文学部国語学国文学研究室.

長谷川信子（2010）「文の機能と統語構造─日本語統語研究からの貢献─」長谷川信子（編）『統語論の新展開と日本語研究』pp. 1–30. 開拓社.

長谷川信子（編）（2007）『日本語の主文現象─統語構造とモダリティ─』ひつじ書房.

長谷川信子（編）（2010）『統語論の新展開と日本語研究』開拓社.

林四郎（1960）『基本文型の研究』明治図書.

南不二男（1974）『現代日本語の構造』大修館書店.

南不二男（1993）『現代日本語文法の輪郭』大修館書店.

渡辺実（1953）「叙述と陳述─述語文節の構造─」『国語学』13, 14: pp. 20–34. 国語学会.

Adamson, Sylvia. (2000) *A Lovely Little Example*: Word Order Options and Category Shift in the Premodifying String. In Olga Fischer, Anette Rosenbach, and Dieter Stein. (eds.) *Pathways of Change: Grammaticalization in English,* pp. 39–66. Amsterdam: Benjamins.

Austin, Jennifer R., Stefan Engelberg, and Gisa Rauh. (2004). *Adverbials: The Interplay between Meaning, Context, and Syntactic Structure.* Amsterdam: Benjamins.

Barðdal, Jóhanna, Elena Smirnova, Lotte Sommerer, and Spike Gildea. (eds.) (2015) *Diachronic Construction Grammar.* Amsterdam: John Benjamins.

Beeching, Kate. (2011) The Role of the Left and Right Periphery in Semantic Change. Panel introduction at the workshop on the Role of the Left and Right Periphery in Semantic Change organized by Kate Beeching, the 12th International Pragmatics Conference (IPrA12), Manchester, U.K., July 3–8, 2011.

Beeching, Kate. (2016) *Pragmatic Markers in British English: Meaning in Social Interation.* Cambridge: Cambridge University Press.

Beeching, Kate, and Ulrich Detges. (eds.) (2014) *Discourse Functions at the Left and Right Periphery: Crosslinguistic Investigations of Language Use and Language Change.* Leiden: Brill.

Beeching, Kate, and Ulrich Detges. (2014) Introduction. In Beeching, Kate, and Ulrich Detges. (eds.) *Discourse Functions at the Left and Right Periphery: Crosslinguistic Investigations of Language Use and Language Change,* pp. 1–23. Leiden: Brill.

Beeching, Kate, and Yu-Fang Wang. (2014) Motivations for Meaning Shift at the Left and Right Periphery: *Well, Bon* and *Hao.* In Kate Beeching and Ulrich Detges. (eds.) *Discourse Functions at the Left and Right Periphery: Crosslinguistic Investigations of Language Use and Language Change,* pp. 47–71. Leiden: Brill.

Bestgen, Yves. (2009) The Discourse Function of Sentence-Initial Adverbials: Studies in Comprehension. Paper presented at Linguistic & Psycholinguistic Approaches to Text Structuring (LPTS) Conference, Paris, France, September 21–23, 2009.

Blakemore, Diane. (2005) *And*-Parentheticals. *Journal of Pragmatics* 37: pp. 1165–1181.

Brinton, Laurel J. (1996) *Pragmatic Markers in English: Grammaticalization and Discourse Functions.* Berlin: De Gruyter Mouton.

Brinton, Laurel J. (2010) Discourse Markers. In Andreas H. Jucker and Irma Taavitsainen. (eds.) *Handbook of Historical Pragmatics,* pp. 285–314. Berlin: De Gruyter Mouton.

Brinton, Laurel J. (2016a) The Rise of *(I'm) just saying* and Related Comment Clauses in Present-Day English. Paper presented at Discourse-Pragmatic Variation & Change 3, Ottawa, Canada, May 5, 2016.

Brinton, Laurel J. (2016b) New Directions in Historical Pragmatics. Paper presented at Kyoto Postgraduate Conference on English Historical Linguistics, Kyoto, Japan, August 6,

2016.
Brinton, Laurel J., and Traugott, Elizabeth C. (2005) *Lexicalization and Language Change*. Cambridge: Cambridge University Press.
Brown, Penerope, and Stephen C. Levinson. (1987) *Politenes: Some Universals in Language Usage*. Cambridge: Cambridge University Press.
Cardinaletti, Anna, Guglielmo Cinque, and Yoshio Endo (eds.) (2014) *On Peripheries: Exploring Clause Initial and Clause Final Positions*. Tokyo: Hituzi Syobo Publishing.
Chor Winnie, Foong Ha Yap, and Tak-sum Wong. (in press) Chinese Interrogative Particles as Talk Coordinators at the Right-Periphery: A Discourse-Pragmatic Perspective. Special Issue of *Journal of Historical Pragmatics* 17 (2).
Degand, Liesbeth. (2014a) 'So very fast then' Discourse Markers at Left and Right Periphery in Spoken French. In Kate Beeching and Ulrich Detges. (eds.) *Discourse Functions at the Left and Right Periphery: Crosslinguistic Investigations of Language Use and Language Change,* pp. 151–178. Leiden: Brill.
Degand, Liesbeth. (2014b) Variation in Discourse Marker Use: Position Matters! Paper presented at Discourse-Pragmatic Variation & Change 2, Newcastle University, U.K., April 7–9, 2014.
Degand, Liesbeth, and Anne Catherine Simon. (2009) On Identifying Basic Discourse Units in Speech: Theoretical and Empirical Issues. In *Discours: Revue de Linguistique, Psycholinguistique et Informatique* 4. Available at: http://discours.revues.org/5852; DOI: 10.4000/discours.5852 (accessed 30 January 2015).
Degand, Liesbeth, and Anne Catherine Simon. (2014) Form and Function of the Left Periphery. Paper presented at the 12th Conceptual Structure, Discourse, and Language (CSDL) Conference, University of California, Santa Barbara, U.S.A., November 4–6, 2014.
Degand, Liesbeth, and Benjamin Fagard. (2011) *Alors* between Discourse and Grammar: The Role of Syntactic Position. *Functions of Language* 18 (1): pp. 29–56.
Degand, Liesbeth, and Elizabeth C. Traugott. (2013) Pragmatic Role of Elements at Right Periphery: An Overview. Paper presented at the workshop on Pragmatic Role of Elements at Right Periphery organized by Liesbeth Degand and Elizabeth C. Traugott, the 13th International Pragmatics Conference (IPrA-13), New Delhi, India, September 8–13, 2013.
Degand, Liesbeth, Anne Catherine Simon, Noalig Tanguy, and Thomas Van Damme. (2014) Initiating a Discourse Unit in Spoken French: Prosodic and Syntactic Features of the Left Periphery. In Salvador Pons Bordería. (eds.) *Discourse Segmentation in Romance Languages,* pp. 243–273. Amsterdam: Benjamins.

Degand, Liesbeth, Bert Cornillie, and Paola Pietrandrea. (eds.) (2013) *Discourse Markers and Modal Particles: Categorization and Description*. Amsterdam: John Benjamins.

Detges, Ulrich, and Richard Waltereit. (2014) Moi je ne sais pas vs. Je ne sais pas moi: French Disjoint Pronouns in the Left vs. Right Periphery. In Kate Beeching and Ulrich Detges. (eds.) *Discourse Functions at the Left and Right Periphery: Crosslingistic Investigations of Language Use and Language Change*, pp. 24–46. Leiden: Brill.

Ernst, Thomas. (2004) Domain Adverbs and the Syntax of Adjuncts. In Jennifer R. Austin, Stefan Engelberg, and Gisa Rauh. (eds.) *Adverbials: The Interplay between Meaning, Context, and Syntactic Structure*, pp. 103–130. Amsterdam: Benjamins.

Fraser, Bruce. (2009) An Approach to Discourse Markers. *International Review of Pragmatics* 1: pp. 1–28.

Goldberg, Adele. (2006) *Constructions at Work: The Nature of Generalization in Language*. Oxford: Oxford University Press.

Gisborne, Nikolas, and Amanda Pattern. (2011) Grammaticalization and Construction Grammar. In Heiko Narrog and Bernd Heine. (eds.) *The Oxford Handbook of Grammaticalization*, pp. 92–104. Oxford: Oxford University Press.

Greenbaum, G. M. (1969) *Studies in English Adverbial Usage*. London: Longman.

Grice, H. Paul. (1975) Logic and Conversation. In: Cole, Peter and Jerry Morgan (eds.) *Syntax and Semantics 3: Speech Acts,* pp. 41–58. New York: Academic Press.

Grice, H. Paul. (1989) *Studies in the Way of Words*. Cambridge: Harvard University Press. (ポール・グライス（著）・清塚邦彦（訳）(1998)『論理と会話』勁草書房.)

Gutzmann, Daniel. (2015) *Use-conditional Meaning: Studies in Multidimensional Semantics*. Oxford: Oxford University Press.

Haegeman, Liliane. (2012) *Adverbial Clauses, Main Clause Phenomena, and the Composition of the Left Periphery*. Oxford: Oxford University Press

Hancil, Sylvie. (2014) The Final Particle *But* in British English: An Instance of Cooptation and Grammaticalization at Work. In Sylvie Hanci and Ekkehard König. (eds.) *Grammaticalization: Theory and Data*, pp. 235–255. Amsterdam: John Benjamins.

Hancil, Sylvie. (2015) The Grammaticalization of Final *But*: From Conjunction to Final Particle In Sylvie Hancil, Alexander Haselow, and Margjie Post. (eds.) *Final Particles*, pp. 197–217. Berlin: De Gruyter Mouton.

Hancil, Sylvie, Alexander Haselow, and Margjie Post. (eds.) (2015) *Final Particles*. Berlin: De Gruyter Mouton.

Hancil, Sylvie, and Ekkehard König. (eds.) (2014) *Grammaticalization: Theory and Data*. Amsterdam: John Benjamins.

Haselow, Alexander. (2011) Discourse Marker and Modal Particle: The Functions of Utterance-

Final *Then* in Spoken English. *Journal of Pragmatics* 43: pp. 3603–3623.

Haselow, Alexander. (2012) Subjectivity, Intersubjectivity and the Negotiation of Common Ground in Spoken Discourse: Final Particles in English. *Language and Communication* 32: pp. 182–204.

Haselow, Alexander. (2014) Sequentiality in Dialogue as a Trigger for Ggrammaticalization. In Sylvie Hancil and Ekkehard König. (eds.) *Grammaticalization: Theory and Data*, pp. 203–233. Amsterdam: John Benjamins.

Haselow, Alexander. (2015) Left vs. Right Periphery in Grammaticalization: The Case of *Anyway*. In Andrew D. M. Smith, Graeme Trousdale, and Richard Waltereit. (eds.) *New Directions in Grammaticalization Research*, pp. 157–186. Amsterdam: John Benjamins.

Haugh, Michael. (2008) Utterance-final Conjunctive Particles and Implicature in Japanese Conversation. *Pragmatics* 18 (3): pp. 425–451.

Higashiizumi, Yuko. (2015) Periphery of Utterances and (Inter)subjectification in Modern Japanese: A Case Study of Competing Causal Conjunctions and Connective Particles. In Andrew D. M. Smith, Graeme Trousdale, and Richard Waltereit. (eds.) *New Directions in Grammaticalization Research*, pp. 135–156. Amsterdam: John Benjamins.

Higashiizumi, Yuko. (in press) The Development of Confirmation/Agreement Markers away from the RP in Japanese. Special Issue of *Journal of Historical Pragmatics* 17 (2).

Higashiizumi, Yuko, and Noriko O. Onodera. (2013) Panel Introduction at the Workshop on Cross-Linguistic Approach to Form–Function–Periphery (LP and RP) Mapping: With a Special Focus on 'Exchange Structure' and 'Action Structure', the 13th International Pragmatics Conference (IPrA 13), New Delhi, September 8–13, 2013.

Higashiizumi, Yuko, Noriko O. Onodera, and Sung-Ock Sohn (eds.) (in press) *Periphery: Diachronic and Cross-Linguistic Approaches*. Special Issue of *Journal of Historical Pragmatics* 17 (2).

Hoffmann, Thomas, and Graeme Trousdale. (eds.) (2013) *Oxford Handbook of Construction Grammar*. Oxford: Oxford University Press.

Hopper, Paul, J., and Elizabeth Closs Traugott. (2003) *Grammaticalization*. Cambridge: Cambridge University Press.

Horn, Laurence. R. (2013) I Love Me Some Datives: Expressive Meaning, Free Datives, and F-Implicature. In Daniel Gutzmann and Hans-Martin Gärtner. (eds.) *Beyond Expressives: Explorations in Use-conditional Meaning*, pp. 151–199. Leiden: Brill.

Izutsu, Mitsuko N., and Katsunobu Izutsu. (2014) "Final Hanging *But*" in American English: Where a Formal Coordinator Meets a Functional Subordinator. In Sylvie Hancil and Ekkehard König. (eds.) *Grammaticalization: Theory and Data*, pp. 257–285. Amsterdam: John Benjamins.

Jucker, Andreas. (ed.) (1995) *Historical Pragmatics*. Amsterdam: John Benjamins.

Kim, Min-Joo, and Nathan Jahnke. (2010) The Meaning of Utterance-Final *even*. *Journal of English Linguistics* 39 (1): pp. 36–64.

Lenker, Ursula. (2010) *Argument and Rhetoric: Adverbial Connectors in the History of English*. Berlin: Mouton de Gruyter.

Levinson, Stephen C. (1983) *Pragmatics*. Cambridge: Cambridge University Press.

McCready, Eric. (2009) What *Man* Does. *Linguistics and Philosophy* 31: pp. 671–724.

McCready, Eric. (2010) Varieties of Conventional Implicature. *Semantics and Pragmatics* 3 (8): pp. 1–57.

Narrog, Heiko. (2007) Modality and Grammaticalization in Japanese. *Journal of Historical Pragmatics* 8 (2): pp. 269–294.

Narrog, Heiko. (2010) (Inter)subjectification in the Domain of Modality and Mood: Concepts and Cross-Linguistic Realities. In Kristin Davidse, Lieven Vandelanotte, and Hubert Cuyckens. (eds.) *Subjectification, Intersubjectification and Grammaticalization*, pp. 385–430. Berlin: De Gruyter Mouton.

Onodera, Noriko O. (2007) Interplay of (Inter)subjectivity and Social Norm. Special Issue of *Journal of Historical Pragmatics* 8 (2): pp. 239–267.

Onodera, Noriko O. (2011) The Grammaticalization of Discourse Markers (Chapter 50). In Heiko Narrog and Bernd Heine. (eds.) *The Oxford Handbook of Grammaticalization*, pp. 614–624. Oxford: Oxford University Press.

Onodera, Noriko O. (2014) Setting Up a Mental Space: A Function of Discourse Markers at the Left Periphery (LP) and Some Observations about LP and RP in Japanese. In Kate Beeching and Ulrich Detges. (eds.) *Discourse Functions at the Left and Right Periphery: Crosslingistic Investigations of Language Use and Language Change*, pp. 92–116. Leiden: Brill.

Onodera, Noriko O., Yuko Higashiizumi, and Jun Sawada(2015) Peripheries and Constructionalization in Japanese and English: Introduction. Paper presented at the workshop on Peripheries and Constructionalization in Japanese and English organized by Yuko Higashiizumi and Jun Sawada, the 14th International Pragmatics Conference (IPrA 14), Antwerp, Belgium, July 26–31, 2015.

Onodera, Noriko O., and Ryoko Suzuki (eds.) (2007) *Historical Changes in Japanese: Subjectivity and Intersubjectivity*. Special Issue of *Journal of Historical Pragmatics* 8 (2).

Onodera, Noriko O., and Elizabeth Closs Traugott. (in press) Periphery: Diachronic and Cross-linguistic Approaches: Introduction. Special Issue of *Journal of Historical Pragmatics* 17 (2).

Park, Yong Yae. (1999) *A Cross-linguistic Study of the Use of Contrastive Connectives in English,*

Korean and Japanese Conversation. Ph.D. dissertation, University of California, Los Angeles.

Pichler, Heike. (2013a) *The Structure of Discourse-Pragmatic Variation*. Amsterdam: John Benjamins.

Pichler, Heike. (2013b) Discourse Function and Clause Periphery, *innit*? Paper presented at the workshop on the Pragmatic Role of Elements at Right Periphery organized by Elizabeth Traugott and Liesbeth Degand, the 13th International Pragmatics Conference (IPrA 13), New Delhi, September 8–13, 2013.

Pichler, Heike (ed.) (2016) *Discourse-Pragmatic Variation and Change in English: New Methods and Insights*. Cambridge: Cambridge University Press.

Potts, Christopher. (2005) *The Logic of Conventional Implictures*. Oxford: Oxford University Press.

Rhee, Seongha. (in press) LP and RP in the Development of Discourse Markers from 'what' in Korean. Special Issue of *Journal of Historical Pragmatics* 17 (2).

Rizzi, Luigi. (1997) The Fine Structure of the Left Periphery. In Liliane Haegeman, (ed.) *Elements of Grammar: Handbook of Generative Syntax*, pp. 281–337. Dordrecht: Kluwer.

Rizzi, Luigi.［長谷部郁子（訳）］(2010)「節の Left Periphery（左端部）構造の精緻化に向けて」長谷川信子（編）『統語論の新展開と日本語研究』pp. 333–369. 開拓社.

Sacks, Harvey, Emanuel A. Schegloff, and Gail Jefferson. (1974) A Simplest Systematics for the Organization of Turn-Taking in Conversation. *Language* 50 (4), pp. 696–735.

Sawada, Jun. (2015) The Affective COME in Japanese: Deictic Elements in the Right Periphery. Paper presented at the workshop on Peripheries and Constructionalization in Japanese and English organized by Yuko Higashiizumi and Jun Sawada, the 14th International Pragmatics Conference (IPrA 14), Antwerp, Belgium, July 26–31, 2015.

Sawada, Osamu. (2010) Pragmatic Aspects of Scalar Modifiers. Ph.D. Dissertation, University of Chicago.

Schiffrin, Deborah. (1987) *Discourse Markers*. Cambridge: Cambridge University Press.

Schmid, Hans-Jörg. (1999) Cognitive Effects of Shell Nouns. In Karen Van Hoek, Andrej Kibrik, and Leo Noordman. (eds.) *Discourse Studies in Cognitive Linguistics*, pp. 111–132. Amsterdam: John Benjamins.

Schmit, Hans-Jörg. (2000) *English Abstract Nouns as Conceptual Shells: From Corpus to Cognition*. Berlin: De Gruyter Mouton.

Schwenter, Scott A. (2000) Viewpoints and Polysemy: Linking Adversative and Causal Meanings of Discourse Markers. In Elizabeth Couper-Kuhlen and Bernd Kortmann. (eds.) *Cause–Condition–Concession–Contrast: Cognitive and Discourse Perspectives*, pp. 257–281. Berlin: De Gruyter Mouton.

Schwenter, Scott A., and Elizabeth Closs Traugott. (2000) Invoking Scalarity: The Development of *in fact*. *Journal of Historical Pragmatics* 1, pp. 7–25.

Scollon, Ron, and Suzanne Wong Scollon. (2011) *Intercultural Communication: A Discourse Approach. Second Edition*. Oxford: Blackwell.

Shibasaki, Reijirou. (2015) Interactional Routines at the Edge of Utterance: Explorations into *the question is (that) and that's the question* in American English. Paper presented at the workshop on Peripheries and Constructionalization in Japanese and English organized by Yuko Higashiizumi and Jun Sawada, the 14th International Pragmatics Conference (IPrA 14), Antwerp, Belgium, July 26–31, 2015.

Shibasaki, Reijirou. (to apper) Sequentiality and the Emergence of New Constructions: *That's the bottom line is (that)* in American English. In Hubert Cuyckens, Hendrik De Smet, Leisbet Heyvaert, and Charlotte Maekelberghe. (eds.) *Explorations in English Historical Syntax*. Amsterdam: John Benjamins.

Shinzato, Rumiko. (2007) (Inter)subjectification, Japanese Syntax and Syntactic Scope Increase. In Noriko Onodera O., and Ryoko Suzuki. (eds.) *Historical Changes in Japanese: Subjectivity and Intersubjectivity*. Special Issue of *Journal of Historical Pragmatics* 8 (2): pp. 171–206.

Smith, Andrew D. M., Graeme Trousdale, and Richard Waltereit. (eds.) (2015) *New Directions in Grammaticalization Research*. Amsterdam: John Benjamins.

Smith, Andrew D. M., Graeme Trousdale, and Richard Waltereit. (2015) Introduction. In Andrew. D. M. Smith, Graeme Trousdale, and Richard Waltereit. (eds.) *New Directions in Grammaticalization Research*, pp. 1–8. Amsterdam: John Benjamins.

Sohn, Sung-Ock. (in press) Development of the Discourse Marker *kulentey* 'but, by the way' in Korean: A Diachronic and Synchronic Perspective. Special Issue of *Journal of Historical Pragmatics* 17 (2).

Sohn, Sung-Ock, and Stephanie Hyeri Kim. (2014) The Interplay of Discourse and Prosody at the Left and Right Periphery in Korean: An Analysis of *kuntey* 'but'. In Kate Beeching and Ulrich Detges. (eds.) *Discourse Functions at the Left and Right Periphery: Crosslinguistic Investigations of Language Use and Language Change*, pp. 221–249. Leiden: Brill.

Suzuki, Ryoko. (2007) (Inter)subjectivification in the Quotative *tte* in Japanese Conversation: Local Change, Utterance-ness and Verb-ness. Special Issue of *Journal of Historical Pragmatics* 8 (2): pp. 207–237.

Suzuki, Ryoko. (2011) Japanese Quotatives: Another Peripheral Magnet. Paper presented at the Workshop on the Role of the Left and Right Periphery in Semantic Change, the 12th International Pragmatics Conference (IPrA12), Manchester, U.K., July 3–8, 2011.

Sweetser, Eve E. (1991) *From Etymology to Pragmatics: Metaphorical and Cultural Aspects of Semantic Structure.* Cambridge: Cambridge University Press.

Tabor, Whitney, and Elizabeth C. Traugott. (1998) Structural Scope Expansion and Grammaticalization. In Anna Giacalone Ramat and Paul J. Hopper. (eds.) *The Limits of Grammaticalization.* (Typological Studies in Language 37), pp. 229–272. Amsterdam: John Benjamins.

Taavitsainen, Irma, Juhani Härmä, and Jarmo Korhonen. (2006) Dialogic Language Use. In Irma Taavitsainen, Juhani Härmä, and Jarmo Korhonen (eds.). *Dialogic Language Use*, pp. 1–4. Helsinki: Société Néophilologique.

Thompson, Sandra A., and Elizabeth Couper-Kuhlen. (2005) The Clause as a Locus of Grammar and Interaction. *Discourse Studies* 7: pp. 481–505.

Traugott, Elizabeth Closs. (1982) From Propositional to Textual and Expressive Meanings. Some Semantic Pragmatic Aspects of Grammaticalization. In Winfred P. Lehmann and Yakov Malkiel (eds.) *Perspectives on Historical Linguistics,* pp. 245–271. Amsterdam: John Benjamins.

Traugott, Elizabeth Closs. (1995a) The Role of the Development of Discourse Markers in a Theory of Grammaticalization. Paper Presented at the 12th International Conference on Historical Linguistics, Manchester, August 1995. [http://www.stanford.edu/~traugott/papers/discourse.pdf]

Traugott, Elizabeth Closs. (1995b) Subjectification in Grammaticalization. In Dieter Stein and Susan Wright (eds.) *Subjectivity and Subjectivisation*, pp. 31–54. Cambridge: Cambridge University Press.

Traugott, Elizabeth Closs. (2003) From Subjectification to Intersubjectification. In Raymond Hickey (ed.) *Motives for Language Change,* pp. 124–139. Cambridge: Cambridge University Press.

Traugott, Elizabeth Closs. (2007) (Inter)subjectification and Unidirectionality. Special Issue of *Journal of Historical Pragmatics* 8 (2): pp. 295–309.

Traugott, Elizabeth Closs. (2010a) Grammaticalization. In Andreas H. Jucker and Irma Taavitsainen. (eds.) *Handbook of Historical Pragmatics*, pp. 97–126. Berlin: De Gruyter Mouton.

Traugott, Elizabeth Closs. (2010b) Grammaticalization. In Silvia Luraghi and Vit Bubenik. (eds.) *A Continuum Comparison to Historical Linguistics,* pp. 269–283. London: Continuum Press.

Traugott, Elizabeth Closs. (2010c) Dialogic Contexts as Motivations for Syntactic Change. In Robert A. Cloutier, Ann Marie Hamilton-Brehm, and William A. Kretzschmar, Jr. (eds.) *Variation and Change in English Grammar and Lexicon: Contemporary Approaches*, pp.

11–27. Berlin: De Gruyter Mouton.
Traugott, Elizabeth Closs. (2014a) Intersubjectification and Clause Periphery. In Lieselotte Brems, Lobke Ghesquière and Freek Van de Velde. (eds.) *Intersubjectivity and Intersubjectification in Grammar and Discourse*, pp. 7–27. Amsterdam: John Benjamins.
Traugott, Elizabeth Closs. (2014b) On the Function of the Epistemic Adverbs *Surely* and *No Doubt* at the Left and Right Peripheries of the Clause. In Kate Beeching and Ulrich Detges. (eds.) *Discourse Functions at the left and Right Periphery*, pp. 72–91. Leiden: Brill.
Traugott, Elizabeth Closs. (2014c) Toward a Constructional Framework for Research on Language Change. In Sylvie Hencil, and Ekkehard Köning. (eds.) *Grammaticalization – Theory and Data*, pp. 87–105. Amsterdam: John Benjamins.
Traugott, Elizabeth Closs. (2015a) Investigating "Periphery" from a Functionalist Perspective. *Linguistics Vanguard.* 1 (1): pp. 119–350.
Traugott, Elizabeth Closs. (2015b) What can a Constructional Perspective on Language Contribute to an Understanding of "Periphery" and Pragmatic Markers that Occur There? Paper presented at the 4th Symposium on Discourse Markers, University of Heidelberg, Germany, May 6, 2015.
Traugott, Elizabeth Closs, and Richard B. Dasher. (2002) *Regularity in Semantic Change.* Cambridge: Cambridge University Press.
Traugott, Elizabeth Closs, and Ekkehard König. (1991) The Semantics-Pragmatics of Grammaticalization Revisited. In Elizabeth C. Traugott, and Bernd Heine. (eds.) *Approaches to Grammaticalization Vol. 1.*, pp. 189–218. Amsterdam: John Benjamins.
Traugott, Elizabeth Closs, and Graeme Trousdale. (2013) *Constructionalization and Constructional Changes*. Oxford: Oxford University Press.
Van Valin, Robert D., Jr. (2005) *Exploring the Syntax-Semantics Interface*. Cambridge: Cambridge University Press.
Yap, Foong Ha, Ying Yang, and Tak-Sum Wong. (2014) The Development of Sentence Final Particles (and Utterance Tags) in Chinese. In Kate Beeching and Ulrich Detges. (eds.) *Discourse Functions at the Left and Right Periphery: Crosslinguistic Investigations of Language Use and Language Change,* pp. 179–220. Leiden: Brill.

辞書

LDOCE = *Longman Dictionary of Contemporary English*, fifth ed. (2012)

参考 URL

Discourse-Pragmatic Variation & Change Research Network (DiPVaC)
　　http://www.dipvac.org（最終参照日：2016 年 9 月 1 日）

i-Mean Conferences
 http://www1.uwe.ac.uk/cahe/research/bristolcentreforlinguistics/events/i-mean/
 previousconferences.aspx（最終参照日：2016 年 9 月 1 日）
Grammaticalization meets Construction Grammar, International Workshop, 8–9 October 2015,
 University of Gothenburg, Sweden.
 https://grammeetsconstr.wordpress.com（最終参照日：2016 年 9 月 1 日）
International Workshop – Pragmatic Markers, Discourse Markers and Modal Particles: What
 do we know and where do we go from here? Università dell'Insubria, Como, Italy, 16–17
 October 2014.
 https://sites.google.com/site/pragmaworkshopcomo/（最終参照日：2016 年 9 月 1
 日）

第Ⅱ部
ケーススタディ

第 2 章
A constructional exploration into "clausal periphery" and the pragmatic markers that occur there

Elizabeth Closs Traugott

1. Introduction[1]

How to characterize the position in which the bolded parts of the clauses/utterances[2] in (1) appear has proved challenging.

(1) a. "**Surely** you noticed that the emergency lights were on".
 (Bova, *Takes two to tangle* [COCA])
 b. they're in their little string bikinis **and everything**.
 (*NBC_Today* [COCA])

Traditionally the bolded parts have been analyzed as pragmatic markers "outside" the "core" clauses *you noticed that…* and *they're in their little string bikinis*, not syntactically integrated, optional, even unnecessary. However, the bolded parts of the utterances in (2) are usually argued to be "inside" the core clauses, syntactically integrated, and part of the event and argument structure:

(2) a. **Surely and steadily**, U.S. strategists have moved forward with their plans (*Time* [COCA])
 b. It's kind of nothing **and everything**. (Smith, *New Statesman* [COCA])

Items like those bolded in (1) have recently been said to be at left or right periphery, depending on whether they occur in initial or final position (see e.g. Beeching and Detges 2014a). Items like those bolded in (2), however, are not in periphery; they are coordinated adjuncts of the proposition, *surely* with *steadily*, *everything* with *nothing*. But "periphery" remains a somewhat vague term and its relation to the pragmatic markers that occur there remains understudied.

In many cases pragmatic markers derive historically from lexical, contentful expressions (e.g. Brinton 1996, 2008). While the change is ongoing there may be ambiguity or at least vagueness and indeterminacy and potential for multiple analyses (Harris and Campbell 1995, Traugott and Trousdale 2013). Furthermore, because old and new uses can co-exist over long periods of time, even after the change has become entrenched, multiple interpretations are sometimes possible. This has been shown to be true especially of comment clauses like *I think* in writing. Consider (3):

(3) **I think** he would be an extremely good leader of a cabinet.
(ICE-GB: s2b-009 #74 [Dehé and Wichmann 2010: 46])

If this is understood to be about what the speaker *I* thinks, then *I think* is used as a main clause, but if it is understood to be about 'him', then *I think* is used as a pragmatic marker signaling epistemic evaluation of the main clause *He ... cabinet*. However, in speech this potential ambiguity is usually resolved. Dehé and Wichmann (2010: 62) find that if the verb *think* is prosodically prominent, then *I think* functions as a main clause; however, if only the pronoun *I* is prominent, then it functions as a pragmatic marker.

In this paper, using a construction grammar approach (e.g. Goldberg 1995, 2006, Croft 2001), I attempt to come to grips with the term "periphery". I argue that "periphery" is an epiphenomenon of the distributional possibilities of pragmatic markers.

The structure of the paper is as follows. In section 2 I define "pragmatic marker". In section 3 I briefly introduce those aspects of construction grammar that are relevant to the discussion that follows. Some earlier proposals concerning how to characterize periphery are outlined in section 4. I propose a definition of periphery in section 5. Section 6 concludes and suggests a question for further research. While my examples are from English, I anticipate that principles of the analysis can be adapted for other languages, including Japanese.

2. Pragmatic markers

I use the expression "pragmatic marker" as an umbrella term for markers that are multifunctional, act as instructions or "linguistic road-signs" to intended meaning and are in this sense "procedural" (Hansen 1998: 199).[3] I take pragmatic markers to be constructions that function in a conceptual space with three broad areas (see Fischer and Alm 2013: 80–81):

a) the reporting of events, i.e. what is talked about; this is an ideational, propositional space, the traditional "core",
b) the management of the communicative event; this involves structuring of information and interaction; it is mainly metatextual,
c) the anchoring of the current text in the speaker's stance; this is mainly metapragmatic and involves the speaker's subjective stance toward the ideational component and interpersonal anticipation of the addressee's stance toward it.

Pragmatic markers are used mostly to provide contextualizing cues and processing instructions relevant to areas b) and c). Those that are used to manage the communicative event (area (b)) are metatextual in that they have signposting and framing functions. They signal how parts of the discourse are linked to each other (e.g. *but, as far as*). Those that are used to signal speaker stance toward the communicative event (area (c)) have metapragmatic functions in that they are interpersonal (modal and evaluative) and rhetorical (e.g. *surely, of course*). Some have both metatextual and metapragmatic functions (e.g. *the fact is*) (Aijmer 2007: 37).

In English pragmatic markers typically occur before or after expressions in the propositional "core" (area (a)) and have syntactic scope over it. Other characteristics that have been mentioned in connection with pragmatic markers and sometimes used as criteria, such as use in initial position and segmental brevity, are only tendencies or characteristics of the original set of markers that Schiffrin (1987) studied in her ground-breaking work on discourse markers. Scope, use in initial position, and brevity are introduced in turn.

Pragmatic markers that occur in initial position have syntactic and semantic scope over what follows, see *clearly* in (4). This can be verified by using a paraphrase such as *I deduce that/it is clear that* (Lewis 2000: 116):

(4) [Regarding a slip of the tongue in swearing the oath of office]
   Clearly she is going to defend the constitution.
   (Fox_News, *Special Report* [COCA])

On the other hand, *clearly* in (5) has *spoke* in its scope (see *It was clearly/*clear that she spoke*):

(5) This time the Ushers spoke **clearly**.   (Cameron, *Out of Body* [COCA])

Pragmatic markers in final position have scope over what precedes. This may be a single clause as in (6a) or, in conversation, a sequence of turn-construction units as in (6b).

(6) a. "Well, man is given dominion over the beasts of the fields and orchids of the greenhouse, **I guess**," he said.

(Smithsonian, *Orchid Olympics* [COCA])

b. A: well Xepe seems to love this idea of having a picnic but I'm not too sure about this

B: not if you've had lunch

A: because I'll have eaten **anyway**

(ICE-GB s1a-006 [Haselow 2013: 381])

Haselow (2013: 381) argues that in (6b) *anyway* is a discourse-structuring element that "marks the unit it accompanies as reactive to a preceding unit and establishes a concessive–conditional relation between both: 'no matter if or if not p1, p2'".

Until recently pragmatic markers have been considered to be used mainly in clause/utterance initial position, but already in 1986 Aijmer showed that a pragmatic marker like *actually* can potentially be used (with slightly different meanings) in almost any constituent position in the clause, as in (7). She notes, however, that *actually* occurs most frequently initially, medially after the focalized element, and finally (double arrows) (Aijmer 1986: 121):

(7) ↓ ↓ She ↓ is ↓ not ↓ as pretty ↓ ↓ as ↓ she ↓ might ↓ have ↓ been ↓ ↓

Many other pragmatic markers are similarly mobile, e.g. *I think, y'know*. However, some, such as *well*, are relatively non-mobile.

It is now widely recognized that pragmatic markers may occur in final position in English. Brinton (1996, 2008) emphasizes the use in clause-final position of comment clauses such as *I guess/mean, y'know,* and in fact suggests that they originated in final adverbial clauses of the type *as I guess*, not in initial matrix clauses. Some pragmatic markers that typically occur in initial position such as *then, though, actually, but* may be used in conversation in final position in a rhetorically reactive way (Haselow 2012, 2013). An expanded view of pragmatic markers includes some that cannot occur in initial position, among them question tags such as *isn't she* (Tottie and Hofmann 2006) and general extenders such as *and everything/or anything* (Cheshire 2007, Pichler and Levey 2010).

The most widely discussed set of pragmatic markers to date includes "short" expressions like *I think, actually, Look!* But among pragmatic markers is a subset of "discourse structuring markers" that signal the organization of discourse, some of which are quite long.[4] They are mainly metatextual but may also have metapragmatic functions. Fraser (2009) distinguishes attention-getters (*Look!, See!*), topic-orientation markers (*anyway*), and discourse management markers (*in sum*) (my examples). Discourse structuring markers also include a number of formulaic expressions, e.g. *what happened was* (Hopper and Thompson 2008), and, with shell nouns, *the fact/thing/trouble/problem is (that)* (Aijmer 2007). Such formulaic markers have been considered to be "projectors". Again the emphasis is on use in initial position, cf. "[b]y projection I mean the fact that an individual action or part of it foreshadows another" (Auer 2005: 7). But as Shibasaki (2015) shows, some have variants that also occur in final position (*the question is (that)* (initial)/ *that is the question* (final)).

3. The constructional architecture relevant for this paper[5]

A basic tenet of construction grammar is that a speaker's knowledge is knowledge of form-meaning pairs (signs or "constructions") many of which are not fully compositional. These pairs may be of any size: single words, phrases and even clauses. Therefore the individual pragmatic markers mentioned in the previous section, including comment clauses and shell noun expressions, can all be considered to be constructions.

Constructions are stored in a "constructicon" in hierarchized taxonomies that reflect speakers' generalized as well as item-specific knowledge. The constructicon consists of:

(8) a. Individual micro-construction types, e.g. *I think, of course, isn't it?, and stuff, the thing is (that)*.
 b. Subschemas: sets of micro-constructions that share form-meaning properties, e.g. *I think, I guess*, as parts of a larger set of comment clauses.
 c. Schemas: larger abstract sets, usually with non-specified form (e.g. epistemic pragmatic markers in general).

Individual pragmatic markers are micro-constructions that are characterized by particular combinations of attributes and particular arrays of functions, often in the context of specific genres or modes of interaction and use (see Imo 2006 and Aponte 2013 for features relevant to *I mean*, Fried and Östman 2005, Fischer 2010, and Fischer and Alm 2013 for specification of arrays of functions in a broader range of pragmatic markers). Micro-constructions inherit features from higher level subschemas and schemas, that is, higher level taxonomic features percolate down to lower constructions unless an exception is specified (Goldberg 1995).

Being based in cognitive linguistics, construction grammar embraces polysemy. For example, on this view, *well* is a member of the turn-taking subschema of the discourse structuring schema, and is limited primarily to initial position, where it has scope over what follows. Other uses involve polysemy links, such as hedging the appropriateness of an expression. This use often appears clause-medially and may have only local scope over the immediately upcoming constituent:

(9) after two fruitless series, he is, **well**, a bit testy.   (*Sporting News* [COCA])

4. Earlier discussion of peripheries

As awareness of the importance of final position for pragmatic markers developed, a framework was needed in which to discuss them. One, the German concept of "field" was adopted in Aijmer (2007: 37) and is elaborated on in Fischer and Alm (2013: 53). It is particularly associated with discussion of the constituents where modal particles may appear in German and Swedish. In this tradition, pragmatic markers may be used in "prefield" and "postfield" position.

Another framework adopted the term "periphery". Here the term "left periphery" (LP) refers to clause/utterance-initial position and "right periphery" (RP) to clause/utterance-final position. Research on the relationship between pragmatic markers and periphery is represented in Beeching and Detges (eds.)(2014a).

Focusing on conversational use, Beeching and Detges (2014b) hypothesize that there is a functional asymmetry between LP and RP in conversation due to the flow of speech. LP anchors the up-coming utterance and therefore serves a coherence function, while RP is a locus for renegotiating what has been said and the speech act involved (p. 42). LP is, or should be, expected for discourse markers (restrictively defined as markers of specific kinds of links between previous and upcoming discourse) and pragmatic markers that "create the ground" or "set up a mental space" for the "upcoming focal part in discourse", e.g. *so* (Onodera 2014: 95). LP is the locus for turn-taking and responding, therefore dialogual. Furthermore, since the speaker is taking the turn, the beginning of the turn is speaker oriented, and LP is expected to be the locus for subjective markers. RP should be different from LP because it is the position where the utterance ends and the speaker yields their turn. It is dialogic[6] in the sense that RP is the locus for marking awareness of the addressee's perspective, and therefore intersubjective in that it is oriented to the addressee. Table 1 summarizes the distinctions.

While many of the papers in Beeching and Detges (eds.)(2014a) support the asymmetry hypothesis, especially in terms of frequency, they show that it

Table 1 Hypothesized asymmetries between LP and RP
(based on Beeching and Detges 2014b: 11)

LP	RP
Link to previous discourse	Anticipation of forthcoming discourse
Turn-taking	Turn-yielding
Response-marking	Response-inviting
Focalizing, topicalizing, framing	Modalizing
Dialogual	Dialogic
Subjective	Intersubjective

does not have a strong, predictive value. For example, as the editors point out, both anchoring and renegotiation "include modal as well as coherence–related aspects" (Beeching and Detges 2014b: 42). Furthermore, LP is a potential locus for marking intersubjectivity as well as subjectivity, as evidenced by intersubjective uses of *surely* at LP (Traugott 2014), while RP is a potential locus for framing, as evidenced by use of French *bon* utterance-finally to mark successive stages in a narrative (Beeching 2009). Nevertheless, for English the following generalization holds in many cases: pragmatic markers at LP mark metatextual coherence and stance, those at RP modalize and mark negotiation strategies.

5. Toward a definition of periphery

Building on the definition developed by the Soken project team and Sawada (2015), I propose that periphery be defined as follows:

Periphery is the site in initial or final position of a discourse unit where metatextual and/or metapragmatic constructions are favored and have scope over that unit.

• "Site" is a term that accommodates the fact that sequences of pragmatic markers may occur in initial and final position (e.g. *Well, y'know, as far as periphery* and *and*

that, y'know).
• "Discourse unit" refers to a unit in writing the size of a clause and in speech the size of an utterance or turn, but it may be larger, for example, a sequence of turns or a monologic unit, such as an episode in narrative.
• As indicated in section 2 above, metatextual constructions serve to cue coherence in a text including dependencies (*if-then, because-therefore*). Other constructions are metapragmatic, cueing speaker attitude (*no doubt*) or interpersonal functions (*please*). "And/or" accounts for the fact that many are both textual and interpersonal, e.g. *well*, which can be used to claim a turn (textual), but which can also be used to hedge and modify the upcoming statement acknowledging the addressee's face (interpersonal).
• Unlike the term "field", "periphery" begs the question "Periphery of what?" (Rhee 2013). The definition side-steps this issue, but by inference what is often referred to as the "core" is the complement of the specifications; it is a discourse unit that is truth-conditional, and does not have primarily metatextual or metapragmatic functions. More positively, it is the event and argument structure of the clause.

Note what is not included:
• The term "pragmatic markers", because not all pragmatic markers occur at or are even favored at initial or final position.
• The asymmetries noted in connection with periphery (see Table 1). These are hypothesized to be predictable from the functions of the pragmatic marker constructions that may appear at one site or the other. These functions in turn are derived from cognitive constraints on coherence and from processing constraints on production and processing, especially those involved in conversational turn-taking.
• How the position is specified (optional prefield or postfield, LP or RP slot). In construction grammar, a number of constructions are typically unified with each other. For example, *What did Liza buy the child?* involves unification of a

ditransitive predicate construction, a question construction, an auxiliary-inversion construction, and NP and VP constructions (Goldberg 2003: 221). In the case of pragmatic marker constructions, they are attachable at various constituent points in a predicate construction, and in the case of those that occur at the periphery, they are attached before or after the predicate construction.

The view of periphery proposed here entails that it is dependent on and predictable from the types of constructional schemas that may be attached to the predicate construction, and on the morphosyntactic structures and unifications allowed in a language. It is a distributional feature of constructions. Specifics of functions and positional preferences are associated with pragmatic marker schemas, specific micro-constructions, their distributions and their polysemies, not with periphery.

An alternative view is presented in Fischer (2010), with focus on one particular construction used in conversation in BNC: a discourse-structuring marker such as *Okay, Yes, Oh*, and *Ah* used before *but* in responses at transition relevance places, as in (10).

(10)　PSOJL:　… He's not bad at spraying. He's a good sprayer.
　　　PSOJJ:　**Oh but** that's the whole reason he stopped, because …
　　　　　　　　　　　　　　　　　　　　　　(*BNC* [Fischer 2010: 197])

Fischer argues that position in conversational interaction is at least a partial determiner of pragmatic marker function, and in fact "the structural positions [that$_{ECT}$] pragmatic markers occur in constitute *constructions* in the sense outlined in, for instance Fillmore (1988)" (Fischer 2010: 195; italics original). She proposes that the polyfunctionality of the pragmatic markers in question, *Yeah, Oh*, etc. can be accounted for in terms of the communicative situation frame and the structural positions in which the markers occur. In this frame the markers are functionally similar in that they "demonstrate an orientation toward a partner's turn, a continuation of the current topic, and the successful uptake of the previous utterance" despite different morphosyntax (*Okay* is an adverb, *Yes* is a full-fledged answer particle, *Oh* and *Ah* are interjections) and different uses in other positions (Fischer 2010: 197). Fischer proposes that the sequence of initial pragmatic marker followed by a *but*-clause is a construction, which I will call the [X *but* Y] construction. She argues that the construction's four-fold meaning: "topic continuity; successful contact, perception, understanding; acceptance of contribution; solidary interpersonal function" follows from i) the "tasks to which speakers in discourse attend" (Fischer 2010: 198), ii) the turn-taking positional construction.

Attractive as this proposal is for the data in question, it implies that each position related to the tasks to which speakers attend in conversation could be a construction. For example, speakers attend to marking their epistemic stance toward the utterance (*I think*), or their awareness of the interlocutor (interpersonal expressions like *please*), and these can be used in sequence. (11) is a partial version of Fraser's (2009: 297) "canonical sequence":[7]

(11) Discourse structuring – discourse marking – epistemic marking .... proposition

Sometimes there are also subschema sequences within constructions. In (12) the discourse structuring marker *oh* is followed by another (*and by the way*):

(12) You know, you go to a bank, and you say I need to borrow billions and billions of dollars, **oh and by the way**, I won't have any money to pay back the interest for another five or six years.   (*NPR_TalkNat* [COCA])

If each of these positions were to be assigned constructional status, there would be unnecessary redundancy with the meaning of schemas and their subschemas. A more economical hypothesis is that constructional schemas and subschemas, not position, specify and predict:

a) meaning: functions related to such tasks as successful contact (a subschema of discourse structuring markers), topic continuity (a subschema of discourse markers), etc.,
b) form: the positions these occur in relative to each other and to the proposition.

The phenomenon Fischer discusses is clearly position-related, but on the analysis proposed here the [X *but* Y] construction is preferred at transition relevance place, as is the discourse structuring schema of which it is a member; its meaning is not predicted from the position of the pragmatic markers that may appear before *but*. In the [X *but* Y] constructicon micro-constructions like *Yeah* and *Oh* will be specified as having polysemies that may occur in X. The general architecture of construction grammar will ensure that they inherit the relevant features of the discourse structuring schema.

6. Conclusion and a question for further research

I have proposed that periphery is predictable from constructional schemas, especially pragmatic marker schemas, their distribution, and from language use in the flow of speech or writing. Position is not a construction, but a distributional feature of constructions. Metatextual and/or metapragmatic functions are criterial for constructions that may precede or follow predicate constructions.

Given that position is an important form feature of pragmatic marker constructions, a question for future research is whether it is reasonable to posit two positionally related macro-schemas for English pragmatic markers, one for those that typically appear clause-initially before the event and argument structure constructions and another for those that typically appear clause-finally after them (Traugott 2015). Many pragmatic markers in English may appear initially, medially, and finally, e.g. *I think, y'know*. Some may occur only initially, e.g. *and* (though not necessarily first in a sequence of pragmatic markers), others mainly finally, e.g. question tags, or even finally only, e.g. general extenders. If there are sets that occur exclusively or even by preference either finally or initially, then it seems appropriate to postulate an onset-pragmatic marker construction and a closure-pragmatic marker construction. Medial position has not been the subject of detailed investigation in English, but in languages like German there is a well-known class of markers known as modal particles that occurs between the finite verb and elements of the "middle field" (non-finite predicates), so non-initial position is clearly relevant here (Fischer and Alm 2013). As a preliminary working hypothesis, I propose that it is not appropriate to posit macro-schemas differentiated by preference for position if only isolated markers are positionally restricted, or if the majority of pragmatic markers are mobile and occur both initially and finally (e.g. *I think, actually*). However, if there are distinctive distributional patterns, it is appropriate to do so. This, however, is a topic for future research.

Another topic for future work is the extent to which the present analysis of English is appropriate for Japanese, with its OV word order and agglutinative morphology. As Croft (2001: 45) points out with respect to syntactic categories, "distributional criteria in general do not match, within or across languages" and there is no *a priori* "justification for deciding which distributional criteria are the "right" ones". Nevertheless, cross-linguistic generalizations can be made, based on empirical evidence of "functional pressures, iconic principles, and processing and learning constraints" (Goldberg 2013: 23). If the three broad areas of conceptual space outlined in section 2 are valid for Japanese, if "periphery" can be defined as in section 5, and if constructions (form-meaning pairings) are accepted as the basic building blocks of language, then it seems likely that cross-linguistic generalizations can be made about pragmatic markers and the positions in which they are favored, given their function. Furthermore, as hypothesized here, it may be that clause initial or final use can be predicted from individual constructions. Cross-linguistically it may not necessary to posit either onset- or closure-PM constructions or, more abstractly, LP and RP constructions.

Endnotes

1 This paper originated in presentations at the workshops for the Soken Project on "A Comparative Study of 'Periphery' and Its Functions in English and Japanese", Aoyama Gakuin University Research Institute, Tokyo, 3–10 December 2014. Many thanks to the Soken Research Institute and especially to the P.I., Noriko O. Onodera, who invited me to think about pragmatic markers in construction grammar terms, and to project members Joseph Dias, Yuko Higashiizumi, and Jun Sawada, whose penetrating questions were inspiring. An earlier version of the present paper (Traugott 2015) was presented at the 4th International Symposium on "Discourse Markers in Romance Languages: A Contrastive Approach", Heidelberg, 6–9 May 2015. Thanks to Kerstin Fischer, Graeme Trousdale, and the audience at the Symposium for insightful discussion of the issues.

2 I refer to clauses as well as utterances because I do not limit myself to conversational data in this paper.

3 The term "pragmatic marker" is used by e.g. Fraser (1996, 2009, and elsewhere), Brinton (1996), Hansen (2008). Among other terms used for this set are "pragmatic particle" (Aijmer 2002, Fischer 2006a, b), and "discourse marker" (Degand and Evers-Vermeul 2015). However, restriction of the latter term to the subset of pragmatic markers that link discourse segments sequentially (Schiffrin 1987, and more narrowly, Fraser, e.g. 1996, 2009) seems optimal.

4 Fraser (2009) refers to them as "discourse structure markers", but I prefer the term "discourse structuring markers" (Degand and Fagard 2011) since it highlights dynamic negotiation.

5 For a fuller summary of the architecture of construction grammar see Goldberg (2013) and for monograph-length studies, Croft (2001) and Goldberg (2006).

6 For details of the distinction between "dialogual" (involving two speakers) and "dialogic" (involving two viewpoints) see Beeching and Detges (2014b: 4).

7 Excluded are Fraser's vocatives (which are more mobile) and illocutionary markers such as *I promise*, which, he claims, appear after epistemic markers. These are more lexical.

Data sources

BNC *British National Corpus*, version 3 (BNC XML Edition). (2007) Distributed by Oxford University Computing Services on behalf of the BNC Consortium. http://www.natcorp.ox.ac.uk/

COCA *Corpus of Contemporary American English*. (1990–2012) Compiled by Mark Davies. Brigham Young University. http://corpus.byu.edu/coca/ (accessed August 2015)

ICE-GB *International Corpus of English-Great Britain*. (2009) Compiled by Bas Aarts. University College London. http://ice-corpora.net/ice/index.htm

References

Aijmer, Karin. (1986) Why is *actually* so popular in spoken English? In Gunnel Tottie and Ingegerd Bäcklund. (eds.) *English in Speech and Writing: A Symposium*, pp. 119–127. Stockholm: Almqvist & Wiksell.

Aijmer, Karin. (2002) *English Discourse Particles. Evidence from a Corpus*. Amsterdam: Benjamins.

Aijmer, Karin. (2007) The interface between discourse and grammar: *The fact is that*. In Agnès Celle and Ruth Huart. (eds.) *Connectives as Discourse Landmarks*, pp. 31–46. Amsterdam: Benjamins.

Aponte, Lisa. (2013) The discourse marker *I mean*-A construction grammar. https://prezi.com/yjezwfo3huco/copy-of-the-discourse-marker-i-mean-a-construction-grammar/ (accessed July 2015)

Auer, Peter. (2005) Projection in interaction and projection in grammar. *Text* 25 (1): pp. 7–36.

Beeching, Kate. (2009) Sociolinguistic factors and the pragmaticalization of *bon* in contemporary spoken French. In Kate Beeching, Nigel Armstrong and Françoise Gadet. (eds.) *Sociolinguistic Variation in Contemporary French*, pp. 215–229. Amsterdam: Benjamins.

Beeching, Kate, and Ulrich Detges. (eds.) (2014a) *Discourse Functions at the Left and Right Periphery: Crosslinguistic Investigations of Language Use and Language Change*. Leiden: Brill.

Beeching, Kate, and Ulrich Detges. (2014b) Introduction. In Beeching and Detges. (eds.) pp. 1–23.

Brinton, Laurel J. (1996) *Pragmatic Markers in English: Grammaticalization and Discourse*

Functions. Berlin: Mouton de Gruyter.
Brinton, Laurel J. (2008) *The Comment Clause in English: Syntactic Origins and Pragmatic Development*. Cambridge: Cambridge University Press.
Cheshire, Jenny. (2007) Discourse variation, grammaticalization *and stuff like that*. *Journal of Sociolinguistics* 11 (2): pp. 155–193.
Croft, William. (2001) *Radical Construction Grammar: Syntactic Theory in Typological Perspective*. Oxford: Oxford University Press.
Degand, Liesbeth, and Benjamin Fagard. (2011) *Alors* between discourse and grammar: The role of syntactic position. *Functions of Language* 18 (1): pp. 29–56.
Degand, Liesbeth, and Jacqueline Evers-Vermeul. (2015) Grammaticalization or pragmaticalization of discourse markers? More than a terminological issue. *Journal of Historical Pragmatics* 16 (1): pp. 59–85.
Dehé, Nicole, and Anne Wichmann. (2010) Sentence-initial *I think (that)* and *I believe (that)*: Prosodic evidence for use as main clause, comment clause and discourse marker. *Studies in Language* 34 (1): pp. 36–74.
Fillmore, Charles J. (1988) The mechanisms of "Construction Grammar". In Shelley Axmaker, Annie Jaisser, and Helen Singmaster. (eds.) *Berkeley Linguistics Society 14: General Session and Parasession on Grammaticalization*, pp. 35–55. Berkeley, CA: Berkeley Linguistics Society.
Fischer, Kerstin (ed.) (2006a) *Approaches to Discourse Particles*. Amsterdam: Elsevier.
Fischer, Kerstin. (2006b) Frames, constructions, and invariant meanings: The functional polysemy of discourse particles. In Fischer. (ed.) pp. 427–447.
Fischer, Kerstin. (2010) Beyond the sentence: Constructions, frames and spoken interaction. *Constructions and Frames* 2 (2): pp. 185–207.
Fischer, Kerstin, and Maria Alm. (2013) A radical construction grammar perspective on the modal particle-discourse particle distinction. In Liesbeth Degand, Bert Cornillie and Paola Pietrandrea. (eds.) *Discourse Markers and Modal Particles: Categorization and Description*, pp. 47–88. Amsterdam: Benjamins.
Fraser, Bruce. (1996) Pragmatic markers. *Pragmatics* 6 (1): pp. 167–190.
Fraser, Bruce. (2009) An account of discourse markers. *International Review of Pragmatics* 1 (1): pp. 293–320.
Fried, Mirjam, and Jan-Ola Östman. (2005) Construction Grammar and spoken language: The case of pragmatic particles. *Journal of Pragmatics* 37: 1752–1778. http://www.corpus4u.org/forum/upload/forum/2005092420505062.pdf (accessed July 2015)
Goldberg, Adele E. (1995) *Constructions: A Construction Grammar Approach to Argument Structure*. Chicago: University of Chicago Press.

Goldberg, Adele E. (2003) Constructions: A new theoretical approach to language. *Trends in Cognitive Sciences* 7 (6): pp. 219–224.

Goldberg, Adele E. (2006*) Constructions at Work: The Nature of Generalization in Language.* Oxford: Oxford University Press.

Goldberg, Adele E. (2013) Constructionist approaches. In Thomas Hoffmann and Graeme Trousdale. (eds.) *The Oxford Handbook of Construction Grammar*, pp. 15–31. New York: Oxford University Press.

Hansen, Maj-Britt Mosegaard. (1998) *The Function of Discourse Particles. A Study with Special Reference to Spoken Standard French.* Amsterdam: Benjamins.

Hansen, Maj-Britt Mosegaard. (2008) *Particles at the Semantics/Pragmatics Interface: Synchronic and Diachronic Issues: A Study with Special Reference to the French Phasal Adverbs.* Amsterdam: Elsevier.

Harris, Alice, and Lyle Campbell. (1995) *Historical Syntax in Cross-Linguistic Perspective.* Cambridge: Cambridge University Press.

Haselow, Alexander. (2012) Subjectivity, intersubjectivity and the negotiation of common ground in spoken discourse: Final particles in English. *Language & Communicatio*n 32: pp. 182–204.

Haselow, Alexander. (2013) Arguing for a wide conception of grammar: The case of final particles in spoken discourse. *Folia Linguistica* 47 (2): pp. 375–424.

Hopper, Paul J., and Sandra A. Thompson. (2008) Projectability and clause combining in interaction. In Ritva Laury. (ed.) *Crosslinguistic Studies of Clause Combining: The Multifunctionality of Conjunctions*, pp. 99–123. Amsterdam: Benjamins.

Imo, Wolfgang. (2006) A construction grammar approach to the phrase *I mean* in spoken English. *gidi Arbeitspapierreihe* Nr. 4 (12/2006). http://kops.uni-konstanz.de/bitstream/handle/123456789/3791/inlist42.pdf?sequence=1 (accessed July 2015)

Lewis, Diana M. (2000) Some emergent discourse connectives in English: Grammaticalization via rhetorical patterns. Unpublished doctoral thesis, Oxford University. http://www.bing.com/search?q=Diana%20Lewis%20emergent%20discourse&pc=cosp&ptag=N1234D011014A316A5D3C6E&form=CONMHP&conlogo=CT3210127 (accessed August 2015)

Onodera, Noriko O. (2014) Setting up a mental space: A function of discourse markers at the left periphery (LP) and some observations about LP and RP in Japanese. In Beeching and Detges. (eds.) pp. 96–116.

Pichler, Heike, and Stephen Levey. (2010) Variability in the co-occurrence of discourse features. *University of Reading Language Studies Working Papers* 2: 17–27.

Rhee, Seongha. (2013) LP and RP in grammaticalization of rhetorical interrogative forms in

Korean. Paper presented at the workshop on Form-Function-Periphery Mapping in Japanese: "Exchange-structure" and "Action-Structure" organized by Noriko O. Onodera and Yuko Higashiizumi, IPrA 13, New Delhi, September 8–13.

Sawada, Jun. (2015) The affective COME in Japanese: Deictic elements in the right periphery. Paper presented at the workshop on Peripheries and Constructionalization in Japanese and English organized by Yuko Higashiizumi and Jun Sawada, IPrA 14, Antwerp, July 26–31.

Schiffrin, Deborah. (1987) *Discourse Markers*. Cambridge: Cambridge University Press.

Shibasaki, Reijirou. (2015) Interactional routines at the edge of utterance: Explorations into *the question is (that)* and *that's the question* in American English. Paper presented at the workshop on Peripheries and Constructionalization in Japanese and English organized by Yuko Higashiizumi and Jun Sawada, IPrA 14, Antwerp, July 26–31.

Tottie, Gunnel, and Sebastian Hoffmann. (2006) Tag questions in British and American English. *Journal of English Linguistics* 34 (4): pp. 283–311.

Traugott, Elizabeth Closs. (2014) On the function of the epistemic adverbs *surely* and *no doubt* at the left and right peripheries of the clause. In Beeching and Detges. (eds.) pp. 72–91.

Traugott, Elizabeth Closs. (2015) What can a constructional perspective on language contribute to an understanding of "periphery" and pragmatic markers that occur there? Plenary paper delivered at the 4th Symposium on Discourse Markers, Heidelberg, May 6–9.

Traugott, Elizabeth Closs, and Graeme Trousdale. (2013) *Constructionalization and Constructional Changes*. Oxford: Oxford University Press.

第2章(日本語訳)
「節周辺」と同領域に生起する語用論標識の構文的考察

エリザベス・クロス・トラウゴット

柴﨑礼士郎 訳

1. 序論[1]

例文 (1) の節あるいは発話のうち[2]、太字部分が生起する位置を的確に説明付けることは、過去の研究においても興味をかき立てるものがあった。

(1) a. "**Surely** you noticed that the emergency lights were on."
「非常灯が点いていたことに、きっと (surely) あなたは気付いていた」　　　　　　　　　　(Bova, *Takes two to tangle* [COCA])
b. they're in their little string bikinis **and everything**.
「彼女たちは小さなストリング・ビキニを着けているか似たような格好 (and everything) でいる」　　　(*NBC_Today* [COCA])

これまでの研究では、太字部分は語用論標識 (pragmatic markers) として分析されてきた。つまり、*you noticed that... on* や *they're in their little string bikinis* という「中核節 ("core" clauses)」の「外側 (outside)」にあり、統語的に節の一部ではなく、省略可能で余剰なものともみなされてきた。しかし、(2) の発話の太字部分に目を向けると、通常、統語的にまとまった中核節の「内側 (inside)」、つまり、イベントそして項構造の一部であることが分かる。

（2） a. **Surely and steadily**, U.S. strategists have moved forward with their plans.
「アメリカ合衆国の戦略家たちは、着々と（surely and steadily）自らの計画を進めてきている」　　　　　　　　　（*Time* [COCA]）
b. It's kind of nothing **and everything**.
「まあ大したことじゃない、それだけのことだ（and everything）」
（Smith, *New Statesman* [COCA]）

　（1）の太字部分のような要素は、その生起位置が最初か最後かにより、左の周辺部（Left Periphery, LP）あるいはの右の周辺部（Right Periphery, RP）と近年みなされている（例えば Beeching and Detges (eds.) (2014a) を参照〔訳注：第4節を参照のこと〕）。一方、（2）の太字部分のような要素は周辺部にあるのではなく、命題の一部として *surely* と *steadily*、*everything* と *nothing* という等位の付加詞構造となっている。しかし、「周辺」とはどことなく曖昧さが残る用語であり、同じ生起位置で用いられる語用論標識との関係は十分に研究されてはいない。
　多くの場合、語用論標識は語彙的な、つまり、具体的意味を伴う表現から歴史的に派生している（例えば Brinton 1996、2008）。変化が進行する一方で、両義性、少なくとも曖昧さや不確定性が残るものの、多様な分析の可能性もある（Harris and Campbell 1995、Traugott and Trousdale 2013）。更に、長期間に渡り新旧の用法が共存する可能性もあり、変化が定着したのちにも時には様々な解釈が可能である。この点は、書きことばにおいて〔訳注：原語は in writing〕とりわけ *I think* のような評言節（comment clauses）に当てはまることで知られている。(3)で考えてみる。

（3） **I think** he would be an extremely good leader of a cabinet.
「彼は内閣の中でもとりわけ優秀なリーダーであろう」
（ICE-GB: s2b-009#74 [Dehé and Wichmann 2010: 46]）

仮にこの評言節が話し手「私」の思うところと見なされるのであれば、*I think* は主節としての使用となる。一方、「彼」についてであれば *I think* は語用論標識として使用され、主節 *He... cabinet* に対する認識的評価を示すものと見なされる。しかしながら、話しことばにおいては〔訳注：原語は in speech〕こうした両義性は解消される。Dehé and Wichmann (2010: 62) によれば、動詞 *think* が韻律上卓立していれば *I think* は主節として機能し、一方、代名詞 *I* のみが卓立している場合には *I think* は語用論標識として機能しているとのことである。

本稿では構文文法のアプローチを用いて(例えば Goldberg 1995、2006、Croft 2001)「周辺部(periphery)」という用語に取り組み、「周辺部」とは語用論標識の可能な分布の中から生じる付帯現象〔訳注：原語は epiphenomenon〕であることを論じる。

本稿の構成は以下の通りである。第2節では「語用論標識」を定義する。第3節では、構文文法のうち、続く議論に関係する側面のみを簡単に紹介する。第4節では、周辺部の特性に取り組む幾つかの先行研究を概説し、第5節で周辺部定義の一案を示す。第6節は結論であり、同時に今後の研究への論点も示す。本稿で提示する例文は英語であるが、分析手続きの本質的部分は日本語を含む他言語へもあてはまるものと見込んでいる。

2. 語用論標識

本稿では、語用論標識という表現を以下の機能を果たす標識の包括的用語として用いる。つまり、多機能であり、意図された意味への指南書ないしは「言語的道路標識(linguistic road-signs)」としての役割を果たし、その意味で「手続き的(procedural)」機能(Hansen 1998: 199)を果たす標識に対する包括的用語である[3]。本稿では、語用論標識を以下の3つの広範な領域を持つ概念空間で機能する構文と見なす(Fischer and Alm (2013: 80–81)を参照)。

a) 事象の報告、つまり、何について話されているのか。換言すれば、概念

構成的〔訳注：原語は ideational〕命題空間、伝統的には「中核 (core)」を示す。

b) 伝達事象のマネージメント、つまり、情報とインタラクションの構造化。換言すれば、主にメタテクスト的なものを示す。

c) 目前のテクストを話者スタンスへ取り込むこと。換言すれば、主にメタ語用論的であり、観念構成的要素に対する話者の主観的スタンス、および、同要素に対する受け手〔訳注：原語は addressee。以下、話しことばの場合には「対話者」、書きことばの場合には「読み手」と訳す〕のスタンスを対人関係的に予測することを含む。

　語用論標識とは、文脈に即して説明付けをするための手掛かりや手続き上の指図を付与するために大凡用いられ、上記 b) と c) の領域に関係している。伝達事象のマネージメントに使用される語用論標識は (領域 b) に属し) 方向指示やフレーミング機能を持つ点でメタテクスト的であり、談話上のある部分が他の部分とどのような結びつきを持つのかを示している (例えば *but, as far as*)。伝達事象に対する話者スタンスを示すために用いられる語用論標識は (領域 c) に属し) メタ語用論的であり、言い換えれば、対人関係的 (法的、評価的) 且つ修辞的 (例えば *surely, of course*) でもある。中には、メタテクスト的であると同時にメタ語用論的機能を担うものもある (例えば *the fact is*; Aijmer (2007: 37))。

　英語の場合、語用論標識は命題的中核 (領域 a)) に生起する表現の前後に典型的に現れ、その中核全体を統語作用域とする。その他の特性、つまり、これまでに語用論標識との関係で言及されてきたものや、節頭あるいは発話頭で使用される断片的な簡略表現〔訳注：原語は segmental brevity〕等の基準として用いられてきたものもある。しかし、それらは、談話標識に関する草分け的研究 Schiffrin (1987) で初めて取り上げられた標識群の傾向あるいは特徴であるに過ぎない。以下に、作用域、節頭あるいは発話頭での使用、そして簡略表現を順に紹介する〔訳注：「節頭あるいは発話頭」の原語は initial position。以下、原文での明示が無い限り「節頭」に統一する。尚、

節頭に現れる語用論標識は、続く表現全体に統語的且つ意味的作用を及ぼす。(4)の *clearly* で確認してみよう。この見解は、*I deduce that*「that 以下のことを推定する」や *it is clear that*「that 以下は明白だ」等の意訳が可能なことで検証できる (Lewis 2000: 116)。

（4） [Regarding a slip of the tongue in swearing the oath of office]
　　　Clearly she is going to defend the constitution.
　　　(公職宣誓の際の失言について)「言うまでもなく、彼女は憲法を擁護するだろう」　　　　　　　　(FOX_News, *Special Report* [COCA])

他方、(5)の *clearly* は *spoke* を作用域に持っている ((5)の言い換えとして *It was clearly/*clear that she spoke* を比較参照せよ)。

（5）　This time the Ushers spoke **clearly**.
　　　「今回、案内役達ははっきりと話した」
　　　　　　　　　　　　　　　　(Cameron, *Out of Body* [COCA])

発話末あるいは節末に現れる語用論標識の場合、その作用域を先行する表現に持つ。この場合の作用域とは、(6a)のような単節の場合もあれば、会話においては(6b)のような一連の話順構成単位 (turn-construction units, TCU) の場合もある〔訳注：一般的に TCU は「順番構成単位」と訳されるが、本書では統一して turn を「話順」と訳出することから、「話順構成単位」と訳しておく。第3節の訳注も参照のこと〕。

（6）　a.　"Well, man is given dominion over the beasts of the fields and orchids of the greenhouse, **I guess**," he said.
　　　　　「「まあ、人間は野原の野獣と温室のランに支配力があるのかな」と彼は言った。」　　　　(Smithsonian, *Orchid Olympics* [COCA])

b. A: well Xepe seems to love this idea of having a picnic but I'm not too sure about this
「そうだね、Xepe はピクニックに出かけるってことを気に入るんじゃないかな。でも自分は分からないな」
B: not if you've had lunch
「既にランチを済ませてしまったとしたら現実的ではないし」
A: because I'll have eaten **anyway**
「食べてしまっているだろうし、どのみち（anyway）」
(ICE-GB s1a-006 [Haselow 2013: 381])

　Haselow（2013: 381）は (6b) の *anyway* を談話構造化要素（discourse-structuring element;〔訳注：原注 4 も参照〕）とし、「(*anyway* の）付随する表現をそれに先立つ表現に対して事後対応するものとして特徴付け、両者間に「p_1 であろうがなかろうが p_2（no matter if or if not p_1, p_2）」という譲歩・条件関係を築く」ものと主張している。
　つい最近まで、語用論標識は主に節頭あるいは発話頭で使用されると考えられてきた。ところが (7) の通り、*actually* のような語用論標識は（微妙な意味の違いはあるものの）節中のほぼ全ての構成要素の位置で潜在的に使用可能であるとの見解を、Aijmer は 1986 年の段階で既に指摘している。しかし、*actually* が最も多く使用されるのは、例文 (7) に ⇓ で示されている節頭、焦点要素の後の節中、そして節末であるとも指摘している。

(7) ⇓ She ↓ is ↓ not ↓ as pretty ⇓ as ↓ she ↓ might ↓ have ↓ been ⇓
　　「彼女は、かつてそうだったであろう程には可愛らしくはない」
(Aijmer 1986: 121)

　他の多くの語用論標識も *I think* や *y'know* のように位置が固定していないものの、*well* のように相対的に固定化の進んでいるものもある〔訳注：第 3 節の後半も参照〕。

英語の場合、語用論標識が節末に現れる可能性も今では広く知られている。Brinton（1996, 2008）は *I guess/mean, y'know* のような評言節の節末使用を強調しており、実際、こうした表現は節頭の主節用法ではなく、*as I guess* のような節末副詞節として生起したものであると提案している。典型的に節頭に生起する *then, though, actually, but* のような語用論標識は、会話においては、修辞的に事後対応的に節末で用いられる（Haselow 2012、2013）。語用論標識を拡大解釈すると、節頭には生起できない *isn't she* のような付加疑問や（Tottie and Hoffmann 2006）*and everything, or anything* のような発話引き延ばし表現（general extenders）も含まれる（Cheshire 2007、Pichler and Levey 2010）。

　今日までに最も広く議論されてきた語用論標識には、*I think, actually, Look!* のような短めの表現がある〔訳注：原語は short expressions。前述の簡略表現に対応している〕。一方、語用論標識の中には、談話構造を示す「談話構造化標識(discourse structuring markers)」も一部含まれており、中にはかなり長めの表現もある[4]。こうした標識は主にメタテクスト的であるが、メタ語用論的機能を担う場合もある。Fraser（2009）は *Look!, See!* のような「注意喚起標識(attention getters)」、*anyway* のような「話題方向付け標識(topic orientation markers)」、そして *in sum* のような「談話マネージメント標識(discourse management marker)」を認めている（現筆者の例）〔訳注：Fraser（2009）での「注意喚起標識」に相当する表現は attention markers であり attention getters ではない。しかし、同論文での使用目的と本章での使用意図は異なるため敢えて attention getters を用いている。Traugott 教授との私信による（2016 年 9 月 27 日）。参考文献にある Haselow や Detges の一連の研究も参照〕。談話構造化標識には、例えば *what happened was*（Hopper and Thompson 2008）や *the fact/thing/trouble/problem is（that）* のように貝殻名詞を伴うものも含め（Aijmer 2007）数多くの定型表現がある〔訳注：貝殻名詞(shell nouns)に相当する専門用語は多数存在する〕。このような定型表現は「投射詞(projectors)」と見なされてきた。節頭使用に力点が置かれる理由については、「投射詞の意味するところは、（投射詞の持つ）個々の働きやその一部が別の行為の伏線となる

という事実である」と述べる Auer（2005: 7）を参照されたい。一方、節末にも生起する異形表現を持つ場合もある点は Shibasaki（2015）の示すとおりである（節頭の *the question is*（*that*）と節末の *that is the question*）。

3. 本稿に関わる構文文法体系 [5]

　構文文法の基本原理は、話者知識とは形式と意味のペアからなる知識であり（サイン（signs）あるいは「構文（constructions）」）、そのうちの多くは完全には合成的ではないことである。こうしたペアは、個々の単語、句、そして、節の場合等、様々なサイズで現れうる。それ故、前節で言及した個々の語用論標識は、評言節や貝殻名詞表現も含め、全てが構文と見なされうる。

　構文は、話者の持つ項目毎の知識だけではなく、知識全体を反映する階層的分類の中に位置付けられた「構文」として記憶される。構文は以下の階層から成り立っている。

(8) a. 個々のミクロ構文としてのタイプ。例えば、*I think, of course, isn't it?, and stuff, the thing is*（*that*）。
　　b. 下位スキーマ（subschemas）、つまり、形式と意味の特性を共有する一連のミクロ構文。例えば、*I think, I guess* は評言節という上位にある集合体の一部である。
　　c. スキーマ、つまり、より上位の抽象的集合体であり、通常（認識的意味を持つ語用論標識全般のように）特定の形式を持たない。

　個々の語用論標識はミクロ構文であり、特定のジャンルあるいは特徴的なインタラクションや用法に関するコンテクストで度々見受けられる属性と機能それぞれの組み合わせによって特徴付けられている（*I mean* に関係する特徴については Imo（2006）および Aponte（2013）を参照。より広範な語用論標識の諸機能の特徴付けについては Fried and Östman（2005）、Fischer（2010）および Fischer and Alm（2013）を参照）。ミクロ構文は階層の上にある下位ス

キーマやスキーマから特徴を継承している。つまり、階層上より高い位置にある特徴は、例外が認められる場合を除き、より低い階層に位置する構文へと浸透してゆく（Goldberg 1995）。

　認知言語学に依拠することから、構文文法は多義性を採用している。この見地に立つと、例えば、well は談話構造化スキーマのうち話順交代（turn-taking）の下位スキーマに属することになり、主に節頭に使用が限定され、後続表現に作用域を持つものと理解される〔訳注：話順交代の原語は turn-taking。尚、西阪仰（訳）／ S. サフト翻訳協力『会話分析基本論集』（世界思想社，2010）では「順番交替」と訳出されている〕。他の用法は多義性リンクを含み、例えば、表現の直接性を回避するように機能している。この用法は節中で確認できることが多く、(9)のように直後の要素に対して局所的に作用域を持つのみである。

（9）　after two fruitless series, he is, **well**, a bit testy.
　　　「結果の残せなかったシリーズが二度あり、彼は、何というか（well）、ちょっと怒りっぽくなってる」　　　　　　　　（*Sporting News* [COCA]）

4．周辺部に関する先行研究

　語用論標識にとって節末という位置の重要さが認識されるにつれて、その点を考察するための理論的枠組みも必要となった。ドイツ語学で用いられる「場（field）」の概念が Aijmer（2007: 37）で採用され、Fischer and Alm（2013: 53）で詳しく説明されている。この概念が特に関わりを持つのは、ドイツ語やスウェーデン語において法不変化詞（modal particles）がどの要素とともに用いられうるかについての議論である。ドイツ語学のこの伝統では、語用論標識は「前域（pre-field）」〔訳注：ドイツ語学では Vorfeld〕と「後域（post-field）」〔訳注：ドイツ語学では Nachfeld〕に使用される可能性がある〔訳注：渡辺学・山下仁（編）『講座ドイツ言語学第 3 巻ドイツ語の社会語用論』（ひつじ書房, 2014, p.271）では、Nachfeld に対応する英語として after-field を提示しているが、Traugott 教授は post-field の使用を希望している〕。

別の理論的枠組みでは「周辺部(periphery)」という用語を採用した。この枠組みでは、「左の周辺部(Left Periphery, LP)」とは節頭あるいは発話頭の位置を指し、「右の周辺部(Right Periphery, RP)」とは節末あるいは発話末の位置を指している。語用論標識と周辺部の関係についての研究は、Beeching and Detges (eds.) (2014a) に代表的なものが掲載されている。

Beeching and Detges (2014b) は会話における使用に重点的に取り組んだ結果、発話の流れによって左の周辺部と右の周辺部には機能的非対称性が生じているとの仮説を立てている。左の周辺部は続く発話を方向付けることで発話の流れに首尾一貫性を持たせ、一方、右の周辺部は既に言及されているものを改めて取り上げる場所のため発話行為(speech act)が関与してくる（上掲論文 42 頁）。左の周辺部に生起する、あるいは、生起するはずと思われるものは、（先行談話と後続談話を特殊な用法でつなぐ標識と限定的に定義される）談話標識と、so のように「後続談話上の焦点部分」に対して「立脚点を創出する(create the ground)」言い換えれば「メンタル・スペースを設ける(set up a mental space)」(Onodera 2014: 95) 機能を有する語用論標識である。左の周辺部は話順交代と（対話者への）応答のための中心的場であり、「対話的(dialogual)」である〔訳注：原注6を参照〕。更に、話者が交代し、発話開始位置が現話者指向であることから、左の周辺部は主観的標識の場であると思われる。右の周辺部は左の周辺部とは異なる。その理由は、右の周辺部は発話が終了する場であり、新たな話順交代を引き起こす場所でもあるからである。右の周辺部は対話者視点に留意する場所という意味で「二者の視点的(dialogic)」であり[6]、それ故、対話者指向であるという点で間主観的である。こうした区別は表1にまとめてある〔訳注：表1は Beeching and Detges (2014b: 11) に基づいてはいるが、各機能およびそれらの順番は本章の議論に合わせて一部修正を加えてある。Traugott 教授との私信による (2016 年 9 月 27 日)。本書第1部第1章の表2と比較参照〕。

Beeching and Detges (eds.) (2014a) の所収論文のうち、とりわけ頻度の点から非対称性仮説を支持するものが多い一方で、仮説自体に説得力のある予測値は示されていないとも伝えている。例えば編者の指摘する通り、後

表1　左右の周辺部に関する仮説的非対称性（Beeching and Detges 2014b: 11 に基づく）

左の周辺部（LP）	右の周辺部（RP）
前の談話につなげる （link to previous discourse）	後続の談話を予測する （anticipation of forthcoming discourse）
話順交代（話順を取る） （turn-taking）	話順譲渡（次の話順を生み出す） （turn-yielding）
返答を標示する （response-marking）	返答を促す （response-inviting）
焦点化・話題化・フレーム化 （focalizing, topicalizing, framing）	モーダル化 （modalizing）
対話的 （dialogual）	二者の視点的 （dialogic）
主観的 （subjective）	間主観的 （intersubjective）

　続発話の流れを決めること〔訳注：前段落の左の周辺部の特性〕や既出事項を改めて取り上げること〔訳注：前段落の右の周辺部の特性〕は談話の首尾一貫性だけではなく法性にも関わりを持つことになる（Beeching and Detges 2014b: 42）。その他、左の周辺部が主観性のみならず間主観性をも特徴付ける潜在的位置である点は *surely*〔訳注：「きっと、絶対に、まさか［否定文で］」〕の間主観的使用から明らかであり（Traugott 2014）、右の周辺部がフレーム化のための潜在的位置である点は、発話末に使用されるフランス語 *bon*〔訳注：「そうなの？　本当？」〕がナラティブにおいて連続的な段階（successive stages）を示す点から明らかである（Beeching 2009）。それでもなお、英語においては以下の一般化が多くの場合に当てはまる。つまり、左の周辺部に生起する語用論標識はメタテクスト的首尾一貫性とスタンスを示し、右の周辺部に生起する語用論標識はモーダル化し、交渉戦略（negotiation strategy）を標示する。

5. 周辺部の一定義に向けて

　総研プロジェクト・チームおよび Sawada（2015）によって構築された定義

に基づき、本稿では周辺部の定義を以下のように提案する。

> 周辺部とは談話ユニットの最初あるいは最後の位置であり、そこではメタテクスト的ならびに／ないしはメタ語用論的構文が好まれ、ユニット全体を作用域とする。
> (Periphery is the site in initial or final position of a discourse unit where metatextual and/or metapragmatic constructions are favored and have scope over that unit.)

「位置 (site)」とは、語用論標識の連続使用が最初と最後の位置で起こりうるという事実を示す用語である (例えば *Well, y'know, as far as periphery*「何て言うか、ほら、周辺部に関するかぎり」や *and that, y'know*「おまけに、ほら」の連続使用)。

「談話ユニット (discourse unit)」とは、書きことばにおける節のサイズ、話しことばにおける発話あるいは話順交代のサイズを指す。ただし、より大きなサイズ、例えば、一連の話順交代、あるいは、ナラティブにおける挿話のような独白ユニットになる可能性もある。

第2節で示したように、メタテクスト的構文はテクストに首尾一貫性を持たせるもので、そこには *if-then* や *because-therefore* に見られる従属関係を示す構文も含まれる。その他の構文はメタ語用論的であり、話者の態度 (*no doubt*) あるいは対人関係的機能 (*please*) の合図を示す。「ならびに／ないしは (and/or)」は多くの構文がテクスト的であり且つ対人関係的である事実を説明している。例えば、*well* は話順交代を求める場合 (テクスト的) に使用される可能性がある一方で、続く言明を回避したり修正したりと、対話者のフェイスに理解を示すため (対人関係的) にも使用されうる。

「場」という用語と異なり、「周辺部」という用語は「何の周辺部なのか」という疑問が伴う (Rhee 2013)。上掲の定義はこの問題を回避しているが、推論によって度々「中核」と見なされるところとは、どのような内容であるのかを補って完全にするところのもの、つまり、真理条件的であり、そもそ

もメタテクストあるいはメタ語用論的機能を有しない談話ユニットを指す。更に明確にすると、節中のイベントそして項構造のことである。

　上掲の定義に含まれていないものへも以下で注意を向けておこう。

　第一に、「語用論標識」である。この用語を使用していない理由は、全ての語用論標識が節頭あるいは節末に生起する訳ではなく、その生起位置で好んで用いられる訳でもないからである。

　第二に、周辺部との関連で言及した非対称性についてである（表1を参照）。ここで取り上げたものは、左の周辺部あるいは右の周辺部に現れる可能性のある語用論標識構文の機能から予測可能と仮定されている。こうした機能は、談話の首尾一貫性に関わる認知的制約から、そして、生成と処理に関わる制約、とりわけ、会話における話順交代に関わる制約から派生している〔訳注：最新の関連研究としては Traugott, Elizabeth C. (2015) Investigating "Periphery" from a Functionalist Perspective. *Linguistics Vanguard* 1 (1): pp.119–130 を参照〕。

　第三に、いかにして場所（選択可能な「前域（pre-field）」あるいは「後域（post-field）」、左周辺あるいは右周辺）が特定されるかである。構文文法では、多くの構文がその一つ一つと統合されるのが一般的である。例えば、*What did Liza buy the child?*「ライザ（リザ）は子供に何を買ったの？」という文は、二重目的語構文、疑問構文、（主語）助動詞倒置構文、そして NP-VP 構文（Goldberg 2003: 221）を統合したものである。語用論標識構文と解釈されるものは叙述構文上の様々な要素へ附着可能であり、周辺部に生起する構文と解釈されるものは叙述構文の前後へ添加される。

　ここで提案する周辺部という見解は以下のものを含意している。つまり、周辺部とは、叙述構文に付加される可能性のある構文スキーマのタイプによって決まり、且つ、予測可能なものであるということ、そして、特定の言語で可能な形態統語構造とその統合状態によって決まるということである。言い換えれば、構文の分布特性ということになる。どのような機能の構文がどの位置に現れるかは語用論標識スキーマ、特定のミクロ構文、そしてその分布と多義性と関係しており、周辺部とは関係していない。

Fischer (2010) に代案が提示されており、そこでは BNC コーパスの会話部分で使用される特定の一構文に焦点が置かれている。つまり、話順移行に適切な場所 (transition-relevance place〔訳注：前掲の西阪・サフト (2010) も参照〕) での返答の際に、*but* の前で使用される *Okay, Yes, Oh, Ah* 等の談話構造化標識であり、例えば(10)である。

(10) 　PSOJL: 　... He's not bad at spraying. He's a good sprayer.
　　　　　　　「彼の噴霧作業は悪くないよ。彼は良くやってる」
　　　PSOJJ: 　**Oh but** that's the whole reason he stopped, because...
　　　　　　　「ああ、でもそれが理由で彼は辞めたんだよ、というのも…」
　　　　　　　　　　　　　　　　　　　　　　　　(BNC [Fischer 2010: 197])

　Fischer は、語用論標識の機能を部分的にでも決定付けるものは、少なくとも会話上の相互作用における位置であると主張しており、「語用論標識が生起する構造上の位置が、例えば Fillmore (1988) で概説されている意味での「構文」を構成している」のは事実であるとする (Fischer (2010: 195); 「構文 (constructions)」という強調は原典通り)。
　Yeah や *Oh* 等の語用論標識に見られる多機能性は、伝達状況フレーム (communicative situation frame) と生起位置の観点から説明が可能となると Fischer は提案している。このフレームでは、語用論標識は「発話パートナーへ向けた姿勢、現在のトピックの継続、そして、既出発話を首尾良く理解することを明示している」点において類似機能を担うとされている (*Okay* は副詞、*Yes* は返答の際に用いる不変化詞、*Oh* や *Ah* は感嘆詞である)。Fischer は、節頭における語用論標識と *but* 節の連続を構文と提案しているが、本稿では [X but Y] 構文と呼ぶことにする。「話題継続性」、「話者と対話者の意思疎通、認識、理解」、「(対話者からの)見解の受け入れ」、「連帯感のある対人機能」という4つの要素から成る構文の意味は、i)「談話上、話者が関心を向けるタスク」(Fischer 2010: 198)、および、ii) 話順交代位置に関わる構文 (turn-taking positional construction) から得られると Fischer は主張している。

Fischer の提案は *Okay, Yes, Oh, Ah* 等のデータを見る際には魅力的であるが、会話において話者が注意を向けるタスクに関わる各々の位置は構文であることを暗に示している。例えば、発話に対して認識的スタンスを明らかにしようと話者が努めること（*I think*）、あるいは、対話者の認識を明示しようと話者が努めること（*please* のような対人関係表現）は順々に起こりうる。(11) は Fraser（2009: 297）の言う「標準的な配列」の一部を示している[7]。

(11)　談話構造化－談話標示－認識的要素の標示…命題
　　　（discourse structuring– discourse marking – epistemic marking… proposition）　　　　　　　　　（Fraser 2009: 297 に基づく）

　時には構文内に下位スキーマが見られる場合もある。(12)では、談話構造化標識である *oh* が別の標識 *by the way* を伴っている。

(12)　You know, you go to a bank, and you say I need to borrow billions and billions of dollars, **oh and by the way,** I won't have any money to pay back the interest for another five or six years.
　　　「いいかい、あなたは銀行へ行って、自分は何十億ドルもの多額のお金を借り入れたいけど、ああ、ついでながら、向こう 5 〜 6 年で利子を返済するだけの持ち合わせがないって言うんだ」
　　　　　　　　　　　　　　　　　　　　　　　（*NPR_TalkNat* [COCA]）

　仮にこうした位置一つ一つに構文的地位が割り当てられるとすると、スキーマと下位スキーマの意味に余剰性が出てきてしまう。より合理的な仮説としては、位置ではなく、構文スキーマと下位スキーマが以下の点を特定し予測するものが考えられる。

a)　意味：（談話構造化標識の下位スキーマとしての）話者と対話者の意思疎通、（談話標示の下位スキーマとしての）話題継続性、等に関わる

機能。
b) 形式：こうした（下位）スキーマが各々棲み分けて生起する位置、そして、命題に対して相対的に生起する位置。

　Fischerの議論する現象は明らかに位置に関係している。一方、本稿で提示する分析の場合、[X but Y] 構文は話順移行に適切な場所で好まれ、それはちょうど、同構文がメンバーでもある談話構造化スキーマが話順移行に適切な場所で好まれるのと同じである。つまり、構文の意味は but の前に現れる可能性のある語用論標識の位置から予測はされない。[X but Y] 構文では、Yeah や Oh 等のミクロ構文は X の位置に起こりうる多義性を持つものと特定されるであろう。構文文法の一般的な体系から言えることは、こうしたミクロ構文が談話構造化スキーマの中から関連する特徴を継承するということであろう。

6. 結論および今後の課題

　本稿での提案は以下の通りである。周辺部は構文スキーマ、とりわけ語用論標識スキーマとその分布から予測可能であり、また、話しことばや書きことばの流れからも予測可能である。位置とは構文ではなく構文の分布上の一特性である。メタテクスト的ならびに／ないしはメタ語用論的機能は、叙述構文に先行あるいは後行可能な構文に決定的に重要な意味を持つことになる。
　もしも位置が語用論標識の重要な形式的特徴であると考えるならば、英語における語用論標識に対して2つの位置に関係するマクロスキーマを仮定することが妥当であるか否かということが今後の課題となる。つまり、イベント構文や項構造構文の前である節頭に通常生起する語用論標識に対するマクロスキーマ、および、イベント構文や項構造構文の後である節末に通常生起する語用論標識に対するマクロスキーマである（Traugott 2015）。英語の語用論標識の多くは、*I think* や *y'know* のように節頭、節中、節末のどの位置

にも現れうる。And のように主に節頭使用に限定されうるものもあるが(ただし、連続使用される語用論標識の中で常に先頭とは限らない)、付加疑問のように概ね節末で使用されうるもの、もしくは、発話引き延ばし表現のように節末にのみ使用されるものもある。節頭あるいは節末だけに使用される表現群、あるいは、節頭か節末に好んで使用される表現群があるとすれば、開始位置語用論標識構文(onset-pragmatic marker construction)と終了位置語用論標識構文(closure-pragmatic marker construction)を仮定することは意味を持つであろう。英語の場合、節中は踏み込んだ研究対象にはなっていないが、ドイツ語等の言語では、法不変化詞として知られる馴染み深い表現群があり、定動詞と「中域(middle field)」〔訳注：ドイツ語学では Mittelfeld〕と呼ばれる位置に現れる要素(非定形述語)との間で用いられる。その意味では節頭以外の位置も関係してくるのは明らかである(Fischer and Alm 2013)。予備的な作業仮説として本稿では以下のことを提示しておく。つまり、孤例とも言える標識ばかりを集めて位置的に制限があるとしたり、あるいは、大部分の語用論標識が特定の位置に限定されず節頭にも節末にも使用される場合には(I think や actually 等)、位置の選好によりマクロスキーマを区分けすることは適切ではない。とは言え、分布上の差異が明確な場合には話は別であるが、今後の課題である点に変わりはない。

　今後の課題として考えられる別のテーマは、本稿で提示した英語の分析が、OV 語順であり膠着形態素を持つ日本語にどの程度適用可能かというものである。統語カテゴリーについて Croft (2001: 45)が指摘するように、「分布上の基準は、一般に、特定の言語間でも通言語的にも釣り合いが取れておらず、「適切な分布基準」がどれであるかを決めるアプリオリな事由は存在しえない」のである。それでもやはり、通言語的一般化は可能であり、それは「機能的圧力(functional pressures)、類像原理(iconic principles)、そして、処理と学習上の制約(processing and learning constraints)」に基づくものである(Goldberg 2013: 23)。第 2 節で概観した 3 つの広範な概念空間が日本語にも妥当であり、第 5 節で試みたように「周辺部」の定義が可能となり、更に、(形式と意味のペアとしての)構文が言語の基本的な素材構築として認め

られるのであれば、語用論標識とそれらが好んで使用され機能を付与される位置についての通言語的一般化はあり得るかもしれない。更に言えば、ここで仮定されているように、節頭あるいは節末使用というものが個々の構文から予測できる可能性もある。通言語的には、開始位置語用論標識構文あるいは終了位置語用論標識構文、より抽象的に、左周辺部構文と右周辺部構文の存在を仮定する必要はないという可能性も残りはする〔訳注：「左の周辺部」と「右の周辺部」に関する誤解を回避するために、本書では指摘されていない点を付記しておく。世界の言語には「右から左へ」という書字方向を持つ言語や (e.g. アラビア語、ヘブライ語)、「上から下へ」という書字方向を持つ言語もある (e.g. 日本語、中国語)。本書で取り上げる「左の周辺部」と「右の周辺部」とは、あくまで国際音声字母 (International Phonetic Alphabet, IPA) により、西欧言語学式に表記された場合を前提とした「左右」であり、原語の持つ文字表記による「左右」ではない。我々が無意識の内に西欧言語学に洗脳されている点には留意しておきたい。第 1 章の参考文献中の拙稿 (柴﨑 2014, 2015, Shibasaki 2015, to appear) では、こうした問題点を意識して異なる表現を採用している。尚、世界の言語の書字方向は少なくとも 9 パターン確認されている。基礎的な文献としては、中西亮『世界の文字』(松香堂、1990) や屋名池誠『横書き登場』(岩波新書、2003) 等を参照されたい〕。

注

1 本論文は、総研プロジェクト「英日語の『周辺部』とその機能に関する総合的対照研究」(於：青山学院大学総合研究所、2014 年 12 月 3–10 日) での発表に基づいている。総合研究所および以下の方々へ心より感謝申し上げます。本研究プロジェクトの責任者である小野寺典子氏は招聘の機会を与えてくださり、構文文法の面から語用論標識を考察することができました。洞察力のある質問で学問的意欲をかき立ててくださったプロジェクトメンバーの Joseph Dias 氏、東泉裕子氏および澤田淳氏へも感謝致します。本論文の元となる研究 (Traugott 2015) は、「Discourse Markers in Romance Languages: A Contrastive Approach 第 4 回国際シンポジウ

ム」(於：ハイデルベルグ、2015 年 5 月 6–9 日)にて発表したものです。シンポジウム会場にて示唆に富む意見交換をしてくださった Kerstin Fischer 氏、Graeme Trousdale 氏そして参加者へ感謝致します。

2 本論文では会話データのみへ限定しないため、発話および節という用語を用いる。
3 語用論標識という用語は、例えば Fraser (1996、2009 他)、Brinton (1996)、Hansen (2008)で用いられている。語用論標識の代わりとなる他の用語の中には、「語用論的不変化詞(pragmatic particle)」(Aijmer 2002、Fischer 2006a, b)および「談話標識(discourse marker)」(Degand and Evers-Vermeul 2015)がある。しかし後者の場合、連続生起する談話の断片を結びつける談話標識の一部へ限定するのが最善であろう(Schiffrin 1987、より狭義には Fraser 1996、2009 等)。
4 このような標識を Fraser (2009)は「談話構造標識(discourse structure markers)」と見なすが、本稿では「談話構造化標識(discourse structuring markers)」と捉えたい (Degand and Fagard 2011)。その理由は、後者の方が動的なやり取りをより良く表せるからである。
5 構文文法体系のより包括的概要には Goldberg (2013) を、書籍レヴェルの研究については Croft (2001)および Goldberg (2006)を参照のこと。
6 二つの専門用語 dialogual (話者 2 名を含む) と dialogic (観点 2 つを含む) の詳細な区別は Beeching and Detges (2014b: 4)を参照のこと〔訳注：第 1 部第 1 章の表 2 の説明も参照〕。
7 (11)で省略されているのは、呼び掛け詞(vocatives; 位置が定まりにくい)と Fraser の見解では認識的標識の後に生起するとみられる *I promise* のような発語内行為標識である。こうした表現は語彙的特性がより高い〔訳注：Fraser (2009: 297) で提示されている「標準的な配列」の原品も注釈として示すべきであろう。階層構造は「DSM (DM (CPM (BPM (Basic Proposition))))」であり、各要素は DSM=Discourse Structure Markers (談話構造標識)、DM=Discourse Markers (談話標識)、CPM=Commentary Pragmatic Markers (解説的語用論標識)、BPM=Basic Pragmatic Markers (基本的語用論標識) の通りである。DSM については原注 4 を参照。(11) の discourse marking (談話標示) は DM (談話標識) に、epistemic marking (認識的要素の標示)は CPM (解説的語用論標識)と BPM (基本的語用論標識) に対応するものと思われる。尚、DSM, CPM, BPM の訳語は松尾文子・廣瀬浩三・西川眞由美［編著］『英語談話標識用法辞典』(研究社 , 2015, pp. 328–329)を参考にした〕。

Data sources

BNC: *British National Corpus*, version 3 (BNC XML Edition). (2007) Distributed by Oxford University Computing Services on behalf of the BNC Consortium. http://www.natcorp.

ox.ac.uk/
COCA: *Corpus of Contemporary American English*. (1990–2012) Compiled by Mark Davies. Brigham Young University. http://corpus.byu.edu/coca/ (accessed August 2015).
ICE-GB: *International Corpus of English-Great Britain*. (2009) Compiled by Bas Aarts. University College London. http://ice-corpora.net/ice/index.htm.

References

Aijmer, Karin. (1986) Why is *actually* so popular in spoken English? In Gunnel Tottie and Ingegerd Bäcklund. (eds.) *English in Speech and Writing: A symposium*, pp. 119–127. Stockholm: Almqvist & Wiksell.

Aijmer, Karin. (2002) *English Discourse Particles. Evidence from a corpus*. Amsterdam: Benjamins.

Aijmer, Karin. (2007) The Interface between Discourse and Grammar: *The fact is that*. In Agnès Celle and Ruth Huart. (eds.) *Connectives as Discourse Landmarks*, pp. 31–46. Amsterdam: Benjamins.

Aponte, Lisa. (2013) The Discourse Marker *I mean* - A construction grammar. https://prezi.com/yjezwfo3huco/copy-of-the-discourse-marker-i-mean-a-construction-grammar/ (accessed July 2015)

Auer, Peter. (2005) Projection in Interaction and Projection in Grammar. *Text* 25 (1): pp. 7–36.

Beeching, Kate. (2009) Sociolinguistic Factors and the Pragmaticalization of *bon* in Contemporary Spoken French. In Kate Beeching, Nigel Armstrong, and Françoise Gadet. (eds.) *Sociolinguistic Variation in Contemporary French*, pp. 215–229. Amsterdam: Benjamins.

Beeching, Kate, and Ulrich Detges. (eds.) (2014a) *Discourse Functions at the Left and Right Periphery: Crosslinguistic investigations of language use and language change*. Leiden: Brill.

Beeching, Kate, and Ulrich Detges. (2014b) Introduction. In Beeching and Detges. (eds.) pp. 1–23.

Brinton, Laurel J. (1996) *Pragmatic Markers in English: Grammaticalization and discourse functions*. Berlin: Mouton de Gruyter.

Brinton, Laurel J. (2008) *The Comment Clause in English: Syntactic origins and pragmatic development*. Cambridge: Cambridge University Press.

Cheshire, Jenny. (2007) Discourse Variation, Grammaticalization *and Stuff Like That*. *Journal of Sociolinguistics* 11 (2): pp. 155–193.

Croft, William. (2001) *Radical Construction Grammar: Syntactic theory in typological perspective*. Oxford: Oxford University Press.

Degand, Liesbeth, and Benjamin Fagard. (2011) *Alors* between Discourse and Grammar: The role of syntactic position. *Functions of Language* 18 (1): pp. 29–56.

Degand, Liesbeth, and Jacqueline Evers-Vermeul. (2015) Grammaticalization or Pragmaticalization of Discourse Markers? More than a terminological issue. *Journal of Historical Pragmatics* 16 (1): pp. 59–85.

Dehé, Nicole, and Anne Wichmann. (2010) Sentence-Initial *I think (that)* and *I believe (that)*: Prosodic evidence for use as main clause, comment clause and discourse marker. *Studies in Language* 34 (1): pp. 36–74.

Fillmore, Charles J. (1988) The Mechanisms of "Construction Grammar". In Shelley Axmaker, Annie Jaisser, and Helen Singmaster. (eds.) *Berkeley Linguistics Society 14: General session and parasession on grammaticalization*, pp. 35–55. Berkeley, CA: Berkeley Linguistics Society.

Fischer, Kerstin. (ed.) (2006a) *Approaches to Discourse Particles*. Amsterdam: Elsevier.

Fischer, Kerstin. (2006b) Frames, Constructions, and Invariant Meanings: The functional polysemy of discourse particles. In Fischer. (ed.), pp. 427–447.

Fischer, Kerstin. (2010) Beyond the Sentence: Constructions, frames and spoken interaction. *Constructions and Frames* 2 (2): pp. 185–207.

Fischer, Kerstin, and Maria Alm. (2013) A Radical Construction Grammar Perspective on the Modal Particle-Discourse Particle Distinction. In Liesbeth Degand, Bert Cornillie, and Paola Pietrandrea. (eds.) *Discourse Markers and Modal Particles: Categorization and description*, pp. 47–88. Amsterdam: Benjamins.

Fraser, Bruce. (1996) Pragmatic markers. *Pragmatics* 6 (1): pp. 167–190.

Fraser, Bruce. (2009) An account of discourse markers. *International Review of Pragmatics* 1 (2): pp. 293–320.

Fried, Mirjam, and Jan-Ola Östman. (2005) Construction Grammar and Spoken Language: The case of pragmatic particles. *Journal of Pragmatics* 37: pp.1752–1778. http://www.corpus4u.org/forum/upload/forum/2005092420505062.pdf (accessed July 2015)

Goldberg, Adele E. (1995) *Constructions: A Construction Grammar Approach to Argument Structure*. Chicago: University of Chicago Press.（A. E. ゴールドバーグ　河上誓作・早瀬尚子・谷口一美・堀田優子訳 (2001)『構文文法論―英語構文への認知的アプローチ』研究社）

Goldberg, Adele E. (2003) Constructions: A new theoretical approach to language. *Trends in Cognitive Sciences* 7 (6): pp. 219–224.

Goldberg, Adele E. (2006*) Constructions at Work: The nature of generalization in language*. Oxford: Oxford University Press.

Goldberg, Adele E. (2013) Constructionist Approaches. In Thomas Hoffmann and Graeme Trousdale. (eds.) *The Oxford Handbook of Construction Grammar*, pp. 15–31. New York: Oxford University Press.

Hansen, Maj-Britt Mosegaard. (1998) *The Function of Discourse Particles. A study with special reference to spoken standard French*. Amsterdam: Benjamins.

Hansen, Maj-Britt Mosegaard. (2008) *Particles at the Semantics/Pragmatics Interface: Synchronic and Diachronic Issues: A study with special reference to the French phasal adverbs*. Amsterdam: Elsevier.

Harris, Alice, and Lyle Campbell. (1995) *Historical Syntax in Cross-Linguistic Perspective*. Cambridge: Cambridge University Press.

Haselow, Alexander. (2012) Subjectivity, Intersubjectivity and the Negotiation of Common Ground in Spoken Discourse: Final particles in English. *Language & Communicatio*n 32: pp. 182–204.

Haselow, Alexander. (2013) Arguing for a Wide Conception of Grammar: The case of final particles in spoken discourse. *Folia Linguistica* 47 (2): pp. 375–424.

Hopper, Paul J., and Sandra A. Thompson. (2008) Projectability and Clause Combining in Interaction. In Ritva Laury. (ed.) *Crosslinguistic Studies of Clause Combining: The multifunctionality of conjunctions*, pp. 99–123. Amsterdam: Benjamins.

Imo, Wolfgang. (2006) A Construction Grammar Approach to the Phrase *I mean* in Spoken English. *gidi Arbeitspapierreihe* Nr. 4 (12/2006). http://kops.uni-konstanz.de/bitstream/handle/123456789/3791/inlist42. pdf?sequence=1 (accessed July 2015)

Lewis, Diana M. (2000) Some emergent discourse connectives in English: Grammaticalization via rhetorical patterns. Unpublished doctoral thesis, Oxford University. http://www.bing.com/search?q=Diana%20Lewis%20emergent%20discourse&pc=cosp&ptag=N1234D011014A316A5D3C6E&form=CONMHP&conlogo=CT3210127 (accessed August 2015)

Onodera, Noriko O. (2014) Setting Up a Mental Space: A function of discourse markers at the left periphery (LP) and some observations about LP and RP in Japanese. In Beeching and Detges. (eds.), pp. 96–116.

Pichler, Heike, and Stephen Levey. (2010) Variability in the Co-Occurrence of Discourse Features. *University of Reading Language Studies Working Papers* 2: 17–27.

Rhee, Seongha. (2013) LP and RP in Grammaticalization of Rhetorical Interrogative Forms in Korean. Paper presented at the workshop on Form-Function-Periphery Mapping in Japanese: "Exchange-structure" and "Action-Structure" organized by Noriko O. Onodera and Yuko Higashiizumi, IPrA 13, New Delhi, September 8–13.

Sawada, Jun. (2015) The Affective COME in Japanese: Deictic elements in the right periphery. Paper presented at the workshop on Peripheries and Constructionalization in Japanese and English organized by Yuko Higashiizumi and Jun Sawada, IPrA 14, Antwerp, July 26–31.

Schiffrin, Deborah. (1987) *Discourse Markers*. Cambridge: Cambridge University Press.

Shibasaki, Reijirou. (2015) Interactional Routines at the Edge of Utterance: Explorations into *the question is (that)* and *that's the question* in American English. Paper presented at the workshop on Peripheries and Constructionalization in Japanese and English organized by Yuko Higashiizumi and Jun Sawada, IPrA 14, Antwerp, July 26–31.

Tottie, Gunnel, and Sebastian Hoffmann. (2006) Tag Questions in British and American English. *Journal of English Linguistics* 34 (4): pp. 238–211.

Traugott, Elizabeth Closs. (2014) On the Function of the Epistemic Adverbs *surely* and *no doubt* at the Left and Right Peripheries of the Clause. In Beeching and Detges. (eds.), pp. 72–91.

Traugott, Elizabeth C. (2015) What Can a Constructional Perspective on Language Contribute to an Understanding of "Periphery" and Pragmatic Markers That Occur There? Plenary paper delivered at the 4th Symposium on Discourse Markers, Heidelberg, May 6–9.

Traugott, Elizabeth C., and Graeme Trousdale. (2013) *Constructionalization and Constructional Changes*. Oxford: Oxford University Press.

第3章
語用論的調節・文法化・構文化の起きる周辺部
―「こと」の発達を例に

小野寺典子

1. はじめに

　人にとって、会話は基本的な日常的営みの1つだろう。その会話を形作るのは発話だが、発話のはじめと終わり（周辺部）、つまり発話頭（左の周辺部）と発話末（右の周辺部）は、話し手が、進行する会話の中で、コミュニケーションの相手である聞き手に対する配慮や、聞き手と自分との人間関係、また、伝えようとする命題に対する態度、そして、会話管理のための話順取り（turn-taking; Enfield 2013: 67–72, Sacks, Schegloff and Jefferson 1974）や行為を示すことで、コミュニケーション上さまざまに必要な「語用論的調節」をする場所である。最後の2つのポイント（話順取りと行為）については、特に、第Ⅰ部第1章「周辺部研究の基礎知識」1.4.4において、本プロジェクト研究[1]の前提として、「周辺部が、行為構造（action-structure）とやりとり構造（exchange-structure）と密接な関係にある」と示した。

　「発話のはじめと終わり」はまた、文法化（grammaticalization）・構文化（constructionalization）・（間）主観化（(inter)subjectification）などの言語変化がよく起きる場所でもある。上の2つの点、

　　①「発話のはじめと終わり」（周辺部）が語用論的調節のなされる場所
　　②「発話のはじめと終わり」（周辺部）が文法化・構文化・（間）主観化が
　　　よく起きる場所

は、考えてみると、互いに連動した相関関係にあることをよく覚えておきたい。

というのも、文法化・構文化は、「使用基盤」の立場を取れば（Fisher (2010)、Fried and Östman (2005)）、人のコミュニケーションの中で変化し続け、起きてきた現象であるからだ。言語が用いられる社会（文化）の特徴・性質を吸収しながら、変化の産物は徐々に形を成していったのだろう。産物とは、文法化であれば文法化した表現、構文化であれば新しい構文である。

各言語文化（社会）の中で、人（話し手）が配慮すべき事柄は多少なりとも異なるであろうから、使用される中で言語形式は、円滑なコミュニケーションが取れるようにとそれぞれ発達する。日本語の敬語（honorifics）が、アジア文化に見られる上下意識（hierarchy; 年齢や社会的役割などによる上下感覚）の中でもまれ、使い続けられながら、現在の形を呈しているのはわかりやすい例だろう。

上の①のように、人は発話のはじめと終わりで、語用論的調節をすることが多いが、そうした話者ストラテジーを発信する場所で、各文化の特徴を伴った表現が発達、やがて（文法化や構文化を経て）確立し、新たな定型表現が起こってくるのであろう。発話のはじめと終わりとは、このように①と②が連動して起きる場所なのだろう。

2. 問題の所在―日本語文を終結させる新しい形の構文化

本章は、文法化や構文化といった言語変化の産物が、一体どのような過程を経て、現在、現代語に見られるような意味・形式を持つ表現になったのか、を考える一片となることを目指したい。

それは、あたかも、砂浜の砂の1粒1粒が、波にもまれ、長い年月をかけて、サンゴや石のかたまりから現在の形へと姿を変えたように、ことばもまた、人のコミュニケーションの中で用いられ続けることで、意味・形式を変化させるということではないだろうか。

本章では、より具体的に、日本語の文または発話の周辺部が、日本語の構

造また日本語会話の構造にとり、重要かつ特殊な場所であることを先行研究も踏まえて、提案する。英語などの文(発話)に比べ、日本語では、文(発話)が言い切り(断定)の形で終わることが少なく、ほぼ常に「右の周辺部(RP)で、文(発話)を終わらせる形をつけること」が求められる。以下では、先行研究で言及された「古来、日本語ではそうした文(発話)を終結させる形式が常に求められ、その結果、多様な形式が発達してきたのではないか」という点について、特に「こと」の機能発達(4節)を例に検討することとする。

Frellesvig (2010: 53) は、

> 古代日本語 (Old Japanese) のコーパスにおいても、主節を終える形として単に動詞だけで(助動詞がつかずに)終わる例は極めて稀であり、単に動詞で終わる場合も何らかの拡張 (extensions) や助詞と共に用いられている

として、「古代日本語から連続して『裸の終止形を避ける』傾向」(堀江 2012) があることを指摘している。堀江 (2012) は、日本語の文末で話者(または筆者)が命題を言い切らず、ほぼ必ず、なんらかの主観的または間主観的態度を付け加える点について、具体的に次の指摘を行っている。「右端 (right periphery) の位置は (S) OV 言語において語用論化が顕著に起こる位置」であり、さらに「他言語においても観察されるが、日本語においては文末で接続形式による『言いさし』や名詞化節が用いられ、多様な機能を発現」すると述べている。

この Frellesvig および堀江の提言は、古代日本語から現代語に至るまで、日本語では英語のように「昨日、渋谷に行った。(Yesterday, I went to Shibuya.)」のような言い切りの形で終わらず、ほぼ必ず「昨日、渋谷に行ったよ。」「渋谷に行ったのよ。」「行ったんだ。」「行ったわけよ。」のように、名詞化節であったり、日本語に備わる多様な終助詞で、(あるいは両者のコンビネーションで、)話者の微妙な(間)主観的な態度・アングルを付け足し、伝え分けることを表している。この点について Ohori (1998: 194) は、「発

話の端は、語用論的精緻の典型的な場所である (the edges of an utterance are typical sites for pragmatic elaboration)」として、やはり発話末の語用論的機能の重要性について述べている。

　日本語の文・発話の終わりにおいては、英語のようにはメッセージを言い切らず、何らかの(間)主観的態度を付け加えることを、下の、男子大学生の会話 (1) から見てみよう。

(1)[2]　……(略)……
翔一郎：ちょTwitter 前川に任せるのちょっと怖い<u>んだ</u>　<u>けど</u>．
えいた：/?/
翔一郎：あることないこと、いやあいつが Twitter の青学のアカウント持ってる<u>から</u>さ
ただし：自分も持ってますよ、<u>でも</u>
……(会話つづく)……

　部活を終え、親しい部員同士の会話で、翔一郎は、第1発話を「ちょっと怖い」で終わらせず、「のだ(んだ)＋けど」で止めている。第2発話の最後の「持ってるから」は、第1発話の原因節が後置として発せられたとも考えられる。しかし、第2発話だけに注目するなら、「メッセージの核となる命題」(あいつが青学の Twitter のアカウントを持っている) で言い切らず、発話末に接続助詞「から」を付けている。続く、ただしの発話も「でも」という接続表現が後置のように置かれている。

　こうした「言い切らない日本語発話」の性質について、Okamoto (2011: 3682) もまた、「発話を接続助詞で終えると、(…)表面上は、話し手が発話を完了したことにならないため、話し手が断定的になりすぎるのを防いでくれる [小野寺典子 訳]」として、現代日本語会話における、助詞「し」の発話末用法を挙げている (「…女の子だ<u>し</u>。」)

　このように Frellesvig、堀江、Okamoto の考察を総合してみると、日本語の歴史においては、「常に、文を終結させる新しい形が求められ」(堀江

2014: 688)、文末／発話末、すなわち右の周辺部という場所で、人が（間）主観的評価・判断や社会的人間関係の調節といった様々な語用論的調節をする表現が、新しい構文（construction）として生産的に発達してきたのではないか、と想定される[3]。

3．言い切らない日本語の発話末（RP）—「言いさし」と「名詞化節」

 1節で、日本語の文（発話）は言い切らず、断定を避ける性質が古代から見られることを述べてきた。この日本語発話を終結させる形式として、(1)「言いさし」（中断節）（大堀 2002）と (2)「名詞化節」が特に生産的に生まれており、2つの有力な資源と見ることができる（堀江 2012）。堀江は、この2つが右の周辺部でよく用いられ、「多様な機能を発現」し、この発達は語用論化が動機づけているとしている。

（２） 言いさしの例
　　　あのお店、ちょっとださい し。
　　　じゃ、私さき行く から。
　　　こうなるとは思ってた けど。

（３） 名詞化節の例
　　　締切りは必ず守る こと。
　　　昨日、渋谷行った わけ。
　　　だから言ったじゃない の。

 堀江の指摘する語用論化は、すなわち、(2)や(3)の例に見られる1つ1つの表現（下線）の語用論的機能の習得であり、言い換えれば主観化や間主観化と言えよう。例えば、「、、、、し」の場合は「相手に選択肢を与えることで、押しつけを排除する」機能であり、「、、、、こと」の場合は「直接的命令を避け、一般的ルールとして示すことで、間接的／穏やかな命令をする」といっ

た語用論的機能だろう。この「、、、、し」「、、、、こと」の機能は、両方ともBrown and Levinson (1987)によるネガティブポライトネスにあたるだろう。発話を断定の形で終わらせず、相手(聞き手)への配慮を示して、終わらせている。

4.「こと」の機能発達

　本章では、右の周辺部、つまり日本語発話の終結形式として発達してきた名詞化節のうち、「こと」の多機能性を観察し、機能の発達を見てみたい[4]。
　「こと」は、「もの」「の」「わけ」「ところ」「つもり」などとともに形式名詞(形式語)として知られ、これまでに山田(1908)・佐久間(1938)・井手(1967)・寺村(1984)をはじめとした多くの研究がある。しかし、形式名詞の機能について通時的に見たものはSuzuki (1998; わけ)・青木(1999, 2002)・Fujii (2000; もの)・日野(2001; 形式語)・宮地(2007; 形式名詞)などに限られている。
　小学館国語大辞典および日本国語大辞典第二版によると、「こと」について、次の4つのような機能(4.1–4.4)と機能発達(4.5)が提案できるだろう。

4.1　機能1 「名詞　こと」

　まず第1に、基本的機能として名詞「こと」が挙げられる。形を持った「もの」に対し、形のつかみにくい現象などを表す語である。人の行う動作・行為一般を指す。

(4)　我が大君の諸人をいざなひ給ひ　善き事をはじめ給ひて

　　　　　　　　　　　　万葉集18・4094(8世紀後半　大伴家持)

(5)　姫君は、髪をふりかけて、泣き給ふよりほかの事なし

　　　　　　　　　　　　　　　　古本説話集28 (1130年頃)

以上は、名詞としての「こと(事)」の用法である。

4.2　機能2　「名詞化する形式名詞　こと」

　第2の機能は、名詞化（nominalize）を行う形式名詞としての「こと」である。国語学研究における宮地（2007）には、「いわゆる代名詞・補文主名詞の用法」(1)とある。他の語句を受けて、これを名詞化し、その語句の表す行為・事態や具体的内容などを体言化する機能を持つ。

　ここで少し、関係代名詞を持たない日本語において、代わりに用いられる「句＋形式名詞」という連続体（sequentiality）や語順について一考しておきたい。

　日本語に関係代名詞がないことは、よく知られている[5]。英語やフランス語などのヨーロッパ言語において、ある名詞句について詳しく述べようと、つまり、修飾したい場合、関係代名詞節を用いて修飾することと比しても、日本語のこの現象は顕著である。

　宮地（2007: 10）は、青木（2002）による「句の包摂」の考え方に言及し、「古代語・現代語を通じて「右側主要部」であることに起因する拡張現象」（青木2002）であると、形式名詞について論じている。青木（2002）による「日本語の右側主要部」の考え方は、右の周辺部（文末）で「こと・の・わけ・ところ・もの・次第ほか多数」の形式名詞が終助詞化する文法化プロセスの主要な原因ではと思われ、重要な指摘であるため、以下に引用する。

> ［このような「句への拡張」が起こりうるのは、］日本語における「右側主要部の規則」のためではないかと考えられる。日本語の場合、「語」であっても、「句」であっても、右側要素、つまり後側の要素が、主要部として機能することとなる。これはすなわち、後ろまで繋げて行かなければ、語や句や文の性格は決まらないということを示している（48、［　］は筆者による）。

青木（2002）は、この論文の中で古代語と現代語のちがいについても詳しく

論じているが、現代語の用法については影山（1993）を参照し、次のような例を挙げている（青木 同上：47）。

（6）　（接続詞的なもの）
　　　［仕事が片付き］次第
　　　［羽田を離陸］後

（7）　（名詞的なもの）
　　　［なにか言いた］げ（だ）
　　　［授業を休み］がち

　(6)では、「次第」「後」といった形式名詞（注5の吸着語（佐久間1938））が句を包摂（［　］でくくられた部分）し、まとまって接続詞のように機能したり、(7)では「げ」「がち」といった形式名詞が句を包摂したあと、まとまった名詞のように機能している。
　ここでは、関係代名詞を持たない日本語において、右側で「句＋形式名詞」という連続体ができるが、この語順が重要なのではないかと考える。つまり、「私が学ぶこと」というかたまり（連続体）は、文の中ほどで起きても、文末で起きても「私が学ぶこと」として発現し、決して「こと私が学ぶ」とはならないということである。（ちなみに、英語では that I study や things that I study という語順である。）
　個別言語の歴史の中で、機能発達（や変遷）が見られたとしても（「こと」の機能1 ➡ 機能2 ➡ 機能3 ➡ 機能4のように）、個別言語の構造に見られるこうした基本的語順のような構成は変わらないという点も、文法化・構文化などのメカニズムを見ようとする際、重要なことではないだろうか。
　「こと」の機能変遷の議論に戻り、(8)(9)は、「こと」が名詞化する形式名詞の用例である。

（8）　万代に年は来経とも梅の花絶ゆる己等（コト）なく咲き渡るべし

万葉集 5・830（8 世紀後半　佐伯子首か）

（9）　逃げる事もならず唯うろうろして居る所へ

怪談牡丹燈籠（1884　三遊亭円朝）

4.3　機能 3　「感動を表す終助詞　こと」

　上の機能 1（名詞）、機能 2（形式名詞）とともに、この機能 3 も現代日本語でも見られる用法である。名詞・形式名詞の他に、形態統語的立場を変えた「終助詞」としての用法が 9 世紀末には見られている。文末について、軽い感動を表す。

（10）　かくあまたの人を給ひてとどめさせ給へど、許さぬ迎へまうで来て取り率てまかりぬれば、口をしく悲しき事

竹取物語（9 世紀末–10 世紀初）

（11）　いや、候補者の有ること有ること　　　多情多恨（1896　尾崎紅葉）

　以上が、（話者の）主観的感動を表す終助詞としての「こと」の用法である。文（発話）末という場所で、文（発話）の中ほどで表される命題（メッセージ）に対する書き手（話し手）の主観的態度を、文（発話）の最後で表している。

4.4　機能 4　「間接的命令を表す終助詞　こと」

　機能 3 の段階で終助詞としての機能を見せた「こと」だが、機能 4 では、終助詞「こと」がコミュニケーションの相手に対し、間接的命令を表す。「走れ」「しろ」といった命令形より穏やかな命令となる。

（12）　ミダリニ　ヒトヲ　コロス　ベカラザル　coto（コト）

ロドリゲス日本大文典（1604–1608）

(13) 　サアサアみんなが寐る<u>こと</u>寐る<u>こと</u>
西洋道中膝栗毛 九・上(1870–1876　仮名垣魯文)

　この用法も現代語でも用いられ、命令形「寝ろ」より、「寝ること」と一般化したルールとして発話することにより、より丁寧な表現となる。Brown and Levinson (1987: 207) のポライトネス理論によれば、ネガティブポライトネスの「名詞化 (nominalize)」により、直接的な面子威嚇を避けた表現だと考えられる。

4.5　「こと」の機能発達まとめ―文法化・(間)主観化・構文化

　4.1 から 4.4 までの「こと」の機能(意味)発達を図にまとめると、次のとおりとなる。

```
            機能                        主な変化              変化カテゴリ
機能 1  基本的語彙(名詞) こと          実質的名詞
  ↓                                   ↓文法化
機能 2  名詞化を行う形式名詞 こと      機能語へ
  ↓                                   ↓形態統語的変化(文法化)
機能 3  感動を表す終助詞 こと          終助詞へ                主観化
  ↓                                   ↓コミュニケーションの相手
                                       に対し作用するようになる
機能 4  間接的命令を表す終助詞 こと                            間主観化
```

図 1　「こと」の機能(意味)発達

　図 1 では、変化のプロセスがどの変化カテゴリにあたるかを、一番右の「変化カテゴリ」として示した。「主な変化」は、次の機能の段階に移行(発達)する際(機能 1 ➡ 機能 2、機能 2 ➡ 機能 3、機能 3 ➡ 機能 4)の主な変化を記した。例えば文法化と判断されるのはどういう基準で判断されたかという、主なる変化である。

　もともと基本的な語彙であった名詞「こと(事)」(機能 1)は、機能 2 の句を包摂する形式名詞に拡張することで、実質名詞から機能語へという典型的

文法化を起こす。機能3・4の終助詞へという転用は、名詞から終助詞へという形態統語的な立場の移行であり、これも文法化の1つと考えられる。機能3で、日本語の終助詞の機能として基本的な「感動（感嘆）」(Onodera 2004: 160, 167 他参照)を主観的に表していたが、機能4の「おだやかな命令」は、コミュニケーションの相手の主観性に向けた行為となっており、間主観的な表現と言える。文法化に共起しやすい主観化がまず起こり、間主観化がその後起きているとすれば、そのプロセスも意味変遷においてよく起こる方向「主観化➡間主観化」(Traugott 2003: 129–130)にあたると言えよう。歴史的に、間主観化は主観化の後に起こり、また、主観化から生起する(Traugott 同上)という点も満たしているようだ。

　「こと」は、「〜だ」の形で、いわゆるモダリティの助動詞とも呼ばれている(宮地 2007: 1)。「の・もの・はず・わけ・よう・そう・つもり・ところ等」＋「だ」という形式の1つという捉え方である。

(14)　いい子は机の上なんかに座らない<u>ことだ</u>。
(15)　風邪気味なら早く帰ってねる<u>ことだ</u>。　　　　　（宮地：同上）

　「連体形＋ことだ」が「おだやかな命令・一般的見解・助言」を表す構文と考えることもできる。文法化だけでなく、「形式―意味」のペアリングである構文化の一例としても説明できるだろう。

5. 基本語からの文法化

　「こと・わけ・もの・の・ところ」などの形式名詞と呼ばれるカテゴリーが、名詞から終助詞へと機能変遷をし、形態的立場を変えるという文法化を起こしてきた。このカテゴリーは、「こと(事)・もの(物・者)・ところ(所)・わけ(訳)」など特に基本語彙と考えられる名詞が源となっている点も興味深い。Hopper and Traugott (1993: 97) は「文法化する語は、典型的に基本語 (basic words) として知られているものだ」とし、Heine et al. (1991: 32) も、

「もとになる概念（source concepts）は文法化に用いられる」と述べている（日野 2001: 85 参照）。また、日野（2001: 85–86）も同様に文法化しやすい「基礎語彙」を挙げ、「こと」は入っていないものの、「もの・ところ」が含まれている。

　終助詞、また「だ」が後続する形式「〜ものだ」「〜ことだ」「〜ようだ」といったモダリティの助動詞は、大まかには、上のような生産的なプロセス（4.5「こと」の機能発達を参照）を経て、日本語の文を終結させる形式の1グループとして発達していったと仮定することができるのではないだろうか[6]。

6. 発話頭・発話末―行為構造とやりとり構造の作用する場所

　「こと」や「ところ」が用いられる発話頭・発話末という周辺部は、やはり、談話の「行為構造」「やりとり構造」（Schiffrin 1987; 本書第I部第1章 1.4.4 参照のこと）が実践されている場所である。

6.1　行為構造（action structure）

　自然発話（naturally-occurring language）による談話が、「命題」・「行為」・「話順」・「参加者」・「情報」という、さまざまな単位から成り立つ面（planes, structures）、すなわち「概念構造」・「行為構造」・「やりとり構造」・「参加者構造」・「情報構造」から総合的に構成されるものであることを、Schiffrin の談話モデル（1987: 24–29）に依拠して、第I部第1章 1.4.4 で述べた。

　話しことばの談話（discourse）が、この複数のレベルの（構成）面から成り立っていることを Schiffrin（1987: 21）は「談話の意味の一貫性モデル（a model of discourse coherence）」（本書第I部第1章 1.4.4）と呼び、談話を分析する際、こうした5つほどの面を全て分析しなければ、談話（の意味）を正しく捉えることはできないことを説明している。次の引用部分は、談話の異質な要素から成る多重構造と、談話の意味解釈が、こうした多重構造の全ての面の十分な観察なしには、なしえないことを伝える重要なものである。

談話の意味一貫性とは、対話者が、知っていること、意味すること、言うこと、することを統合しようとする協同的努力から生まれる成果である、と定義される　　　　　　　　（Schiffrin 1987: 29 [小野寺典子 訳]）

ここで言われている「知っていること」は情報構造 (information state) の単位である「情報」や知識・メタ知識のことであり、「意味すること」は概念構造 (ideational structure) の単位である「命題」や含意など、「言うこと」はやりとり構造 (exchange structure; turn-taking system) の単位である「話順 (turn)」、「すること」は行為構造 (action structure) の単位である「行為 (action, act)」のことであろう。

本書のテーマである「周辺部 (発話頭と発話末)」は、特に Schiffrin の談話モデルの中の「行為構造」と「やりとり構造」に関与し、話者の行為と話順取りに関することが具現化する場所であることを提案した。ここでは、形式名詞「こと」や他の形式名詞が行為構造に関わる機能を作用していることを見る。

左の周辺部 (発話頭、節頭) には、基本語「ところ」から生起してきた「ところで」や「ところが」が生じうる。

(16) 　(テレビ番組のインタビューで、インタビュアーが)
　　　ところで、本題のテーマに話を移しましょう。
(17) 　朝刊を買おうと家を出た。ところが、コンビニは閉まっていた。

筆者のこれまでの観察では、「ところで」「ところが」のどちらも、自然発話の話しことばでそれほど多く用いられず、むしろ書きことばでより見られる接続詞ではあろう。日本語の接続詞としては確立している表現である。

例(16)のように、「ところで」は話題転換 (topic change または sub-topic change) という話者 (ここでは、インタビュアー) の行為 (action) を表す。話題転換は、「でも・だけど」といった表現にみられる「会話の開始」「発言権 (floor) の要求」などの行為 (Onodera 2004: 73–83) と同様、話者が会話管理

（conversational management）のために取る行為の 1 つである。

　ここで、行為構造の行為（action）と、やりとり構造の話順（turn）に関するものは、同時に起こる場合もあることに言及しておかなければならない。例えば、実際に、(16) のようにインタビュアーが話題転換のために「ところで」と言い、自分の話順を取った場合、話題転換という行為を行い、同時に「話順を取って（take his / her turn）」いる。つまり、このような場合は、行為構造とともにやりとり構造が具現化した例となる。

　また、右の周辺部（発話末）も話者の行為が頻繁に示される場所であることがわかってきた。本論文の 3 節の (3) では、発話末の名詞化節（形式名詞）として、「こと」「わけ」「の」を挙げた。(18)(19) はそれぞれ「こと」「の」の別の例である。

(18)　毎日復習する<u>こと</u>！
(19)　そこは心を込めて読む<u>の</u>！

　(18)(19) とも、「復習しろ」「読め」という命令形より、名詞化したことで一般的ルールを述べたような用法となり、間接的／穏やかな命令を施すことになる。この穏やかな「命令」も、話し手から聞き手に対する社会的行為であり、そしてまた発話行為の 1 つ（命令）と数えられる。終助詞用法の「こと」「の」が RP（右の周辺部）で命令という行為を行っている例である。

　行為構造の行為とは、談話において、私たちが単に「言う」ということを行っているだけではなく、「何かをする」という行為（action, act）を時に行うということである。その種類には少なくとも、発話行為、エスノメソドロジーで見ているような社会的行為、また談話分析で観察している会話管理上の行為などが含まれる。

6.2　やりとり構造（exchange structure）

　4.5 (14) で、「ことだ」というモダリティの助動詞と呼ばれる形式について触れた。発話末の形式名詞「こと」は、下の (20) のように、連体形＋「だ」

の形でなく、終助詞として言い切っても、その発話の終結をマークするようである。話者の発話が(いったん)「終わりそうだ」と聞こえるということである。

(14) 　いい子は机の上なんかに座らない<u>ことだ</u>。
(20) 　いい子は机の上なんかに座らない<u>こと</u>！

　右の周辺部(発話・文の末尾)の「こと」や「の」は、発話・文が終わるということを知らせる(end-marking)(Beeching and Detges 2014: 11, Table 1.4、本節6.2 表1参照)。「日本語においては、絶えず文末の位置で終止形述語に代わる新しい文終結形式の要請が潜在的にあり」(堀江 2014: 688)、「こと」など形式名詞による名詞化節も「有力な資源」の1つということになろう(堀江: 同上)。メイナード (1994: 119–120, 図表6) も、日本人の会話において、どのような文末形式が用いられているかを調べ、「終助詞35.05%」ついで「形式名詞(nominals) 16.40%」が文末に現れると報告しており、この2つが文終結形式として高い頻度を示している。

　「こと」は、このように会話参加者に「文を終結させる形式」と認知される。会話においては、下降イントネーションなどと同じように「じきに、この発話が終わりますよ」と、聞き手に知らせ、聞き手が次の発話を準備しようとすることから、次の話順を生み出す(turn-yielding)機能を持つと言える。A, Bという二人の会話においては、聞き手Bが話し手Aの発話が終わりそうだと認知する場所は、エスノメソドロジーが提唱する「話順交代するかもしれない場所」(transition-relevance place; Schegloff 2007: 4)となり、Bが次の話順を取って話すかもしれない場所となる。こうして、発話の終結形式「こと」も、話順交代(turn-taking system)という連続をつかさどっていくメカニズム、すなわち「やりとり構造」に組み込まれた1つの歯車であると言えるのである。

　周辺部 (left and right periphery) について、初めて論文集の形で発表されたBeeching and Detges (2014: 11) では、左と右の周辺部の主要な機能を仮説と

して提示した（表1）。

表1　左と右の周辺部の言語形式の使用についての仮説

左の周辺部（LP）	右の周辺部（RP）
対話的（dialogual）	二者の視点的（dialogic）
話順を取る／注意を引く (turn-taking/attention-getting)	話順を（譲り、次の話順を）生み出す／終結を標示する（turn-yielding/end-marking）
前の談話につなげる (link to previous discourse)	後続の談話を予測する (anticipation of forthcoming discourse)
返答を標示する（response-marking）	返答を促す（response-inviting）
焦点化・話題化・フレーム化 (focalizing/topicalizing/framing)	モーダル化（modalizing）
主観的（subjective）	間主観的（intersubjective）

（Beeching and Detges 2014: 11, Table 1.4 に基づく ［小野寺典子・澤田淳・東泉裕子　訳］）

　この論文集の成果の1つである、左と右の周辺部の機能の仮説[7]のまとめ（表1）においても、LPで「話順を取り」、RPで「話順を生み出す」機能が挙げられており、本稿で述べてきたRPの観察と一致する。

　また、Beeching and Detges（2014: 11）がこの表で「話順を取る」「話順を生み出す」を、LP・RPの主要な要素として挙げていることからも、やはり周辺部（発話のはじめと終わり、LPとRP）が「やりとり構造」と深く結びついていることがうかがい知れる。

注

1　青山学院大学総合研究所プロジェクト「英日語の『周辺部』とその機能に関する総合的対照研究」（2014–2015年度）。本書は、その成果をまとめた刊行物、青山学院大学総合研究所叢書の1冊である。
2　青山学院大学英米文学科において、筆者の担当する演習クラス「談話分析：会話」では、学生が会話を録音・文字化してトランスクリプトを作成するが、(1)はそうしたトランスクリプトからの抜粋である。演習生にお断りし、データを用いさせ

ていただいた。この場をお借りして、感謝申し上げます。
3 このように、文法的構文化(grammatical constructionalization)(Traugott and Trousdale 2013: Chapter 3)の産物として、新しい構文(例：発話末「こと」)が出現したとも考えられるし、また、発達のプロセスとして文法化の産物だと考えることもできよう。今日の段階では、個々の表現の通時的発達(変遷)の基本的な観察としては同様のものが求められるが、多くの表現の場合、そのプロセスについて、理論的には文法化と構文化の双方から説明ができるだろう。
4 コーパスなどを用い、数を数え、検証することは今後の課題とする。
5 国語学による研究においても、佐久間(1938: 214 他)では同様の指摘がなされ、関係代名詞を持つヨーロッパ言語との対比から考察がなされている。「先行する句または文を受け、それに吸着するのを一つの特色とする」(221) カテゴリーを「吸着語」と呼び、形式名詞(nominalizers)について説明されている。
6 ただ、1つ1つの表現の発達(変遷)プロセスを見るためには、詳しい観察が必要である。
7 IPrA 2011(国際語用論学会 於：マンチェスター大学)での「周辺部」ワークショップ "The Role of the Left and Right Periphery in Semantic Change"(Beeching 2011)の頃から、主にヨーロッパ言語の観察を基盤にLPとRPの機能の非相称性(asymmetry)が提案されたが、のちに、中国語や日本語・英語などの観察から、必ずしも非相称ではないことが実証された(小野寺 2012, Traugott 2014 参照)。例えば、日本語のLP(文頭)・RP(文末)両方において、主観性も間主観性も表されることがあり、これは非相称と言うより、相称的である(第I部第1章3.1節 図4 階層構造モデルも参照のこと)。

参考文献

青木博史 (1999)「中世室町期における「動詞連用形＋ゴト」構文について」『国語学』No. 198. pp.142–130. 国語学会.
青木博史 (2002)「古代語における「句の包摂」について」『国語国文』Vol.71, No.7. pp.40–52. 京都大学.
井手至 (1967)「形式名詞とは何か」松村明他編『講座日本語の文法3 品詞各論』pp.37–52. 明治書院.
大堀壽夫 (2002)『認知言語学』東京大学出版会.
小野寺典子 (2012)「左と右の周辺部(Left and Right Peripheries)」と「主観性・間主観性」との関係は？―歴史語用論における考察」日本語用論学会第15回大会発表論文 (於：大阪学院大学 2012/12/1).
影山太郎 (1993)『文法と語形成』ひつじ書房.
佐久間鼎 (1938)「吸着語の問題」『国語・国文』Vol.10, No.8. pp.214–225. 京都帝国大学.

寺村秀夫（1984）『日本語のシンタクスと意味 II』くろしお出版.
日野資成（2001）『形式語の研究―文法化の理論と応用』九州大学出版会.
堀江薫（2012）「複文構文の意味の研究プロジェクト中間報告―言語類型論・対照言語学」国立国語研究所にて発表論文（2012 年 12 月）
堀江薫（2014）「主節と従属節の相互機能拡張現象と通言語的非対称性―日本語と他言語の比較を通じて」益岡隆志他（編）『日本語の複文構文』ひつじ書房.
宮地朝子（2007）「形式名詞の文法化―名詞句としての特性から見る」青木博史編『日本語の構造変化と文法化』pp. 1–31. ひつじ書房.
メイナード泉子 K.（1994）『会話分析』くろしお出版.
山田孝雄（1908）『日本文法論』宝文館.
Beeching, Kate. (2011) The Role of the Left and Right Periphery in Semantic Change. *Abstracts*, pp. 11–12, 12th IPrA.
Beeching, Kate, and Ulrich Detges. (2014) *Discourse Functions at the Left and Right Periphery: Crosslinguistic Investigations of Language Use and Language Change.* Leiden/Boston: Brill.
Brown, Penelope, and Stephen C. Levinson. (1987) *Politeness: Some Universals in Language Usage.* Cambridge: Cambridge University Press.
Enfield, N. J. (2013) *Relationship Thinking: Agency, Enchrony, and Human Sociality.* Oxford: Oxford University Press.
Fisher, Kerstin. (2010) Beyond the Sentence: Constructions, Frames and Spoken Interaction. *Constructions and Frames* 2(2): pp. 185–207.
Frellesvig, Bjarke. (2010) *A History of the Japanese Language.* Cambridge: Cambridge University Press.
Fried, Mirjam, and Jan-Ola Östman. (2005) Construction Grammar and Spoken Language: The Case of Pragmatic Particles. *Journal of Pragmatics* 37: pp. 1752–1778.
Fujii, Seiko. (2000) Incipient decategorization of MONO and grammaticalization of speaker attitude in Japanese discourse. In Gisle Andersen and Thorstein Fretheim (eds.), *Pragmatic Markers and Propositional Attitude*, pp. 85–118. Amsterdam: Benjamins.
Hopper, Paul J., and Elizabeth C. Traugott. (1993) *Grammaticalization.* Cambridge: Cambridge University Press.
Heine, Bernd, Urlike Claudi, and Friederike Hünnemeyer. (1991) From Cognition to Grammar: Evidence from African Languages. In E. Traugott, C. and B. Heine. (eds.) *Approaches to Grammaticalization Vol. 1*, pp. 149–187. Amsterdam: Benjamins.
Ohori, Toshio. (1998) Close to the Edge: A Commentary on Horie's Paper. In Toshio Ohori. (ed.) *Studies in Japanese Grammaticalization*, pp. 193–197. Tokyo: Kurosio Publishers.
Okamoto, Shigeko. (2011) The Use and Interpretation of Addressee Honorifics and Plain Forms in Japanese: Diversity, Multiplicity, and Ambiguity, *Journal of Pragmatics* 43: pp.

3673–3688.
Onodera, Noriko O. (2004) *Japanese Discourse Markers: Synchronic and Diachronic Discourse Analysis*. Amsterdam: John Benjamins.
Sacks, Harvey, Emanuel A. Schegloff, and Gail Jefferson. (1974) A Simplest Systematics for the Organization of Turn-taking for Conversation. *Language* 50 (4): pp. 696–735.
Schegloff, Emanuel A. (2007) *Sequence Organization in Interaction: A Primer in Conversation Analysis. Vol. 1*. Cambridge: Cambridge University Press.
Schiffrin, Deborah. (1987) *Discourse Markers*. Cambridge: Cambridge University Press.
Suzuki, Ryoko. (1998) From a Lexical Noun to an Utterance-final Pragmatic Particle: *Wake*. In Toshio Ohori. (ed.) *Studies in Japanese Grammaticalization*, pp. 67–92. Tokyo: Kurosio Publishers.
Traugott, Elizabeth, C. (2003) From Subjectification to Intersubjectification. In Raymond Hicky (ed.) *Motives for Language Change*, pp. 124–139. Cambridge: Cambridge University Press.
Traugott, Elizabeth, C. (2014) On the Function of the Epistemic Adverbs *Surely* and *No Doubt* at the Left and Right Peripheries of the Clause. In Beeching, K and U. Detges (eds.), pp. 72–91.
Traugott, Elizabeth Closs, and Graeme Trousdale. (2013) *Constructionalization and Constructional Changes*. Oxford: Oxford University Press.

使用した辞書

『国語大辞典』（1981）尚学図書辞書編集部（編）．小学館．
『日本国語大辞典 第二版』（2001）日本国語大辞典第二版編集委員会・小学館国語辞典編集部（編）．小学館．

第4章
近代日本語における左右の周辺部表現の発達
――『太陽コーパス』に見る接続助詞「から」の用法を中心に

東泉裕子

1. はじめに

　日本語の発話の周辺部には、語用論標識（pragmatic marker）をはじめとする様々な語用論的意味・機能を担う表現がしばしば現れる。現代日本語の話しことばでは、左の周辺部（発話のはじめ）には感動詞や接続詞、右の周辺部（発話の終わり）には終助詞や名詞化辞などが頻繁に使用される（Onodera 2014: 108–111）。このような表現を使って、私たちは発話のはじめと終わりにどのようなことを行っているのであろうか。また、発話のはじめと終わりでよく耳にする表現はどのように発達してきたのであろうか。
　本稿では、発話のはじめに用いられる接続詞「だから」、発話の終わりに用いられる接続助詞「から」（終助詞的用法）を取り上げる。これらの表現が左右の周辺部でどのように使用されているのか、また、使用されていたのかを歴史語用論の観点から分析し、周辺部で用いられるこれらの表現がどのように発達してきたのかを考察する。第2節では、現代日本語の会話における「だから」と「から」の使用例を分析しながら、「左と右の周辺部の言語形式の使用についての仮説」（Beeching and Detges 2014: 11）（本書第Ⅰ部第1章2.2節の表2）のうち、話順交代に関連する2つの仮説を検証する。そして、Schiffrin（1987）の「やりとり構造」（exchange-structure）および「行為構造」（action-structure）（第1章1.4.4参照）と、発話の周辺部における「だから」・

「から」の使用との関わりについても検討する。次に、第 3 節で左右の周辺部表現としての「だから」・「から」に関連する先行研究を概観した後、第 4 節では、近代語の総合雑誌『太陽』をデータベース化した『太陽コーパス』を利用し、小説の会話部分における「だから」・「から」の用例を集め、これらの表現の用法拡張の過程を観察する。第 5 節では周辺部で使用される表現と構文的変化・構文化（第 1 章 3.2 節参照）との接点を探る。

2. 現代日本語の会話における接続詞「だから」・接続助詞「から」の用法と「左と右の周辺部の言語形式の使用についての仮説」

　私たちは会話の中で、接続詞「だから」や接続助詞「から」をどのように使っているだろうか。現代日本語の会話を観察すると、参加者たちは左の周辺部（発話のはじめ）で接続詞「だから」を使い、あるいは、右の周辺部（発話の終わり）で接続助詞「から」を使い、語用論的調節を行いながら、ことばを交わしていることがわかる。本節では、現代日本語の会話における「だから」と「から」の使用例の観察を通して、「左と右の周辺部の言語形式の使用についての仮説」（Beeching and Detges 2014: 11）（第 1 章 2.2 節の表 2）のうち、話順交代に関連する 2 つの仮説を検証する。話順交代は、第 1 章 1.4.4 で述べたとおり、Schiffrin (1987) の談話モデルの「やりとり構造」に相当する。また、話順交代が行われる場所は、話者によるさまざまな行為が行われ、同モデルの「行為構造」が関与するところでもある。そのため、本節は「やりとり構造」・「行為構造」と、発話の周辺部における「だから」・「から」の使用との関係についての考察にもなる。

　接続助詞と接続詞の基本的な機能は、(1)で指摘されているとおり、節と節を関係づけることである[1]。

（1）　［接続助詞は］節と節とを関係づけるという点では接続詞と同様であるが、接続詞が独立した形で節の前に置かれるのに対して、接続助詞は当該の節の述語に付属した形で後接するという点が異なる。

(日本語文法学会(編)2014: 351)[2]

　以下の例(2)と例(3)を観察し、接続助詞と接続詞の基本的な機能を確認しよう。例(2)の2915行では、接続助詞「から」は従属節「ちょっと今11円しかない」の述語「ない」に後接して、当該の従属節と主節「待ってよ」とを関係づけるという基本的な機能を果たしている。この例では、2915行で話し手07Gは聞き手07Aが「待つ」という行為を実行するために前提となる情報を「ちょっと今11円しかないから」という節の中で提示し、主節「待ってよ」で聞き手にその行為を実行するよう働きかけている。(なお、このような用法を白川(1995: 19–197)は「から」の「『お膳立て』用法」と呼んでいる。

(2)　2912　07G　食券ある↑
　　　2913　07A　あー、めんどくせーなー、重なり過ぎだよ。
　　　2914　07A　はい。
　　　2915　07G　ちょっと今11円しかないから、待ってよ。
　　　2916　07A　はい。　　　　　　(現代日本語研究会(編)2002)[3]

　一方、例(3)では、接続詞「だから」は独立した形で、「ほら、夏休みとか春休みとかさ、長い休みがあるでしょ」という節の前に置かれて、その前の「おばが教師なのね」という節と関係づけるという基本的な機能を果たしている。

(3)　1050　03A　おばが、つまりおじの妻だけど、おばが、教師なのね、
　　　　　　　　だから、ほら、夏休みとか春休みとかさ、長い休みがあ
　　　　　　　　るでしょ。　　　　　(現代日本語研究会(編)1997)

　以上、2つの例の観察を通して、1つの「話順」(turn)の中で、接続助詞「から」と接続詞「だから」は基本的に節と節(発話と発話)を関係づけるという

機能を果たすことを確認した。次に、話順交代が関与する場合の「から」と「だから」の機能を観察したい。以下では、「左と右の周辺部の言語形式の使用についての仮説」(Beeching and Detges 2014: 11) のうち、話順交代に関連する上から2つ目と3つ目の仮説を検証する（表1として下に再掲する）。それらは、左の周辺部表現（LP表現）は「話順を取る／注意を引く」(turn-taking/attention-getting)、「前の談話につなげる」(link to previous discourse) という機能を遂行するのに対して、右の周辺部表現（RP表現）は「話順を（譲り、次の話順を）生み出す／終結を標示する」(turn-yielding/end-marking)、「後続の談話を予測する」(anticipation of forthcoming discourse) という機能を遂行するという仮説である。

表1　左と右の周辺部の言語形式の使用についての仮説

左の周辺部(LP)	右の周辺部(RP)
対話的(dialogual)	二者の視点的(dialogic)
話順を取る／注意を引く(turn-taking/attention-getting)	話順を（譲り、次の話順を）生み出す／終結を標示する(turn-yielding/end-marking)
前の談話につなげる(link to previous discourse)	後続の談話を予測する(anticipation of forthcoming discourse)
返答を標示する(response-marking)	返答を促す(response-inviting)
焦点化・話題化・フレーム化(focalizing/topicalizing/framing)	モーダル化(modalizing)
主観的(subjective)	間主観的(intersubjective)

(Beeching and Detges 2014: 11, Table 1.4 に基づく［小野寺典子・澤田淳・東泉裕子 訳］)

　まず、右の周辺部で使用されている接続助詞「から」の用例を見てみよう。例(4)は話し手02Aが聞き手02Bにコピーを依頼している場面である。

(4)　537　02A　B4になってる↑
　　　538　02B　ビー、さんー(B3)になりました。
　　　　　　　　（略）
　　　546　02A　うん、うん、それはあの、縮小してよ、B4に。

```
547    02B    はい。
548    02A    A3 を B4 に縮小してかまわないから。
549    02B    はい。
550    02A    うん。
551    02B    はい。
552    02A    ねっ、お願いします。
553    02B    費用についてですけれどー、全部負担＃＃＃＃＃＃＃。
```

(現代日本語研究会(編)2002)

　例 (4) では、548 行の接続助詞「から」は「A3 を B4 に縮小してかまわない」という節の述語「かまわない」に後接しているが、548 行には当該の従属節と統語的に関係づけられる主節が存在せず、この話順の中では節と節を関係づけるという機能を果たしてはいない。むしろ、発話の右の周辺部で「話順を (譲り、次の話順を) 生み出す／終結を標示する」という機能 (表 1 の RP 表現の 2 つ目) を遂行している。聞き手 02B も話し手 02A の発話が終結したと認識して 549 行で「はい」と言っていると考えられる。さらに、この 548 行の「から」は、右の周辺部で「前の談話につなげる」という役割 (表 1 の LP 表現の 3 つ目) を担っているとも考えられる。前の 546 行で、話し手 02A は聞き手 02B に縮小してコピーするよう働きかけており、548 行の「から」節はその実行を促進するような条件を示している (白川 (1995: 192–194、200–202) の「『条件提示』用法」)。つまり、例 (4) の 548 行において、右の周辺部における「から」は左の周辺部表現について仮定されている、「前の談話につなげる」という機能を遂行していることになる。あるいは、このような文脈では、552 行の「お願いします」というような発話がなされることも予測できると考えると、「後続の談話を予測する」という機能 (表 1 の RP 表現の 3 つ目) を遂行しているとも考えられる。いずれにしても、この場面では、依頼という行為を促す、そのような行為を暗示する、あるいは依頼という行為そのものが発話末で行われていると言えるだろう。この種の行為は、「行為構造」における「行為」(第 1 章 1.4.4) が実践されたもので

あり、発話末の「から」はこのような行為を示すことがあると言える。

　以上の観察から、例（4）の右の周辺部における「から」の使用は、右の周辺部表現は「話順を（譲り、次の話順を）生み出す／終結を標示する」という機能（表1のRP表現の2つ目）を遂行することがわかった。また、表1の3つ目については、左の周辺部表現に対する仮定「前の談話につなげる」という機能と、右の周辺部表現に対する仮定「後続の談話を予測する」という機能との両方を遂行すると考えることも可能であり、表1で仮定されているよりも複雑な談話機能を果たしていることを指摘したい。

　次に、発話頭で使用された接続詞「だから」の用例を見てみよう。接続詞は、話順交代が関与する談話では、発話と発話を関係づけるという機能を担うこともある。次の例（5）は複数の話し手が金について話をしている場面である。1666行では、話し手04Aが左の周辺部（発話冒頭）で「だから」を使用している。ここで、接続詞「だから」は「話順を取る」（turn-taking）という機能（表1のLP表現の2つ目の機能）を遂行している。

（5）　1660　04E　なんーかわかんないけど、＃＃＃ひとりの時ってさ、そんな、大きなものつかわなかったけど、いっつも金なかったんだよ。

　　　　　　　　　（中略）

　　　1664　04A　ないですよ。
　　　1665　04D　金って＜笑い＞。
　　　1666　04A　<u>だから</u>貯めるんです。
　　　1667　04A　使う。
　　　1668　04E　あったらあるだけ使って。

（現代日本語研究会（編）2002）

　また、この1666行の「だから」は「前の談話につなげる」という機能（表1のLP表現の3つ目）も遂行していると考えられる。この「前の談話につなげる」という機能については、「だから」が前の談話の何を後続の「貯め

るんです」という発話につなげているのかという点において複数の解釈が可能である。例えば、例 (5) の 1666 行の「だから」については、少なくとも次の 3 つの可能性が考えられるだろう。第一に 1664 行の発話につなげる、第二に 1665 行の発話につなげる、第三に前の複数の話順から成る「金がない」という談話につなげると解釈することができる。

　ここで、以上の 3 つの可能性をひとつずつ検討してみよう。はじめに、例 (5) の 1666 行の「だから」は後続の発話を 1664 行につなげていると解釈した場合、話し手 04A は 1664 行の「(金が)ないですよ」を 1666 行の「だから」で「貯めるんです」につなげていると考えられる。次に、1665 行につなげていると考えた場合、話し手 04D の「(1664 行で「ないですよ」と言っているが)金って(どうするのか)」という発話を 1666 行の「だから」で「貯めるんです」につなげているとの解釈が可能であろう。最後に、話し手 04A は、1666 行の「だから」によって、前の談話(複数の話し手によってなされた金がないという話)に、後続の話し手 04A 自身による「貯めるんです」という発話をつなげているとも考えられる。このように、例 (5) については前の談話の何につなげているのか複数の解釈が可能ではあるが、左の周辺部表現としての「だから」は「前の談話につなげる」という機能(表 1 の LP 表現の 3 つ目の機能)を遂行している。

　さらに、1666 行の「だから」という語があることによってなされた「後続の談話を予測する」(表 1 の LP 表現の 3 つ目の機能)ことも可能である。例 (5) では「(金が)ない」からどうするのか、「金って」どうするのかという「結論を述べる」という行為がなされるだろうと予測することができる。これは、小野寺 (2014: 18) が提案する「これから行われる話者の行為 (action または act) を知らせる」という機能に相当する(詳細は小野寺 (2014: 16–20) を参照)。話者がこれから行う行為を知らせることは、談話標識 (discourse marker) (Schiffrin 1987) の機能のひとつであり、第 1 章 1.4.4 で述べた「行為構造」が左の周辺部において観察される一例である。例 (5) の「だから」は「前の談話につなげる」という機能(表 1 の LP 表現の 3 つ目の機能)とともに、「後続の談話を予測する」という機能(表 1 の RP 表現の 3 つ目の機

能)、すなわち「これから行われる話者の行為を知らせる」という機能も同時に遂行していると言える。

　以上のことをまとめると、例(5)の左の周辺部表現「だから」については、左の周辺部表現は「話順を取る」機能ならびに「前の談話につなげる」機能を果たすという仮説を支持することになる。さらに、右の周辺部表現の「後続の談話を予測する」という機能も遂行していることがわかった。

　本節では、接続助詞「から」と接続詞「だから」の発話の左右の周辺部における使用を例に、「表1 左と右の周辺部の言語形式の使用についての仮説」のうち、話者交代に関係する2つ目と3つ目の仮説を検討した。2つ目は、左の周辺部表現は「話順を取る／注意を引く」という機能を遂行するのに対して、右の周辺部表現は「話順を(譲り、次の話順を)生み出す／終結を標示する」という機能を遂行するというものである。この仮説のとおり、左の周辺部表現としての接続詞「だから」は「話順を取る」ために、右の周辺部表現としての接続助詞「から」は「終結を標示する」ために使われることを確認した。しかし、3つ目については、左の周辺部表現「だから」も右の周辺部表現「から」も、「前の談話につなげる」機能と「後続の談話を予測する」機能の両方を同時に遂行していると解釈することができるということを指摘した。この点については、左の周辺部(発話のはじめ)と右の周辺部(発話の終わり)の機能は非相称的関係にある(asymmetry)というよりも、むしろ相称的関係にあると言える。第1章2.1節でも指摘されているとおり、表1の仮説は単なる傾向であると言えるだろう。

　また、「だから」と「から」は、現代日本語の話しことばにおいて、1つの話順の中の2つの節を関係づけるだけでなく、話順を超えて節と節(発話と発話)とを結びつけることもあるということを確認した[4]。さらに、周辺部における「だから」と「から」の使用は「やりとり構造」と「行為構造」と関わりがあることも述べた。

3. 日本語の左右の周辺部表現

　本節では、日本語の左右の周辺部表現の発達に関して先行研究で指摘されていることを簡単に紹介したい。前掲の例（4）のような接続助詞の終助詞的用法（発話および節の右の周辺部表現）は、現代語の話しことばや小説の会話部分などで頻繁に観察される。これは従属節が独立して主節のように使われる場合に見られる現象であり、「中断節」(suspended clause)（Ohori 1995、1997、大堀 2002 他）、「言いさし」（白川 1991、1995、2009 他）、「従属節の主節化」(insubordination)（Evans 2007）などと呼ばれ、これまで主に現代語について研究がなされてきた[5]。歴史的な研究については、例えば、「から」(Higashiizumi 2006、2015a)、「ので」(Higashiizumi 2015a)、「け（れ）ど（も）」(Higashiizumi 2015b)、「（っ）たら」「（って）ば」(Shinzato 2007、2015) などがある。

　大堀（2002: 127–131）は、中断節は、単なる主節の省略ではなく、独自の機能をもった構文として捉えることができると指摘し、図1のような「中断節構文」を提示している（＃は文の終結を表す）。

```
構文：中断節
　統語論的カテゴリー：文
　意味論的特徴：推論集約的
　語用論的特徴：対人機能
　[[節〈依存：±、埋込：−〉] ＿ 接続辞] ＃]
```

図1　中断節構文（大堀（2002: 130、（8））に基づく）

　ここで注目したいのは、中断節は「相手の理解・共感をうながす」（大堀 2002: 130）などの「対人機能」をもつという指摘である。例えば、例（4）の548行の「A3をB4に縮小してかまわないから。」は中断節であり、話し手が聞き手にコピーを依頼している場面で、依頼の条件を提示して聞き手の理解を促すなどの対人機能を果たしており、「行為構造」における「行為」を遂行している。また、「前の談話につなげる」とともに「後続の談話を予測

する」という複雑な談話機能も担っているという点で「やりとり構造」とも関わりがある。

一方、現代日本語において左の周辺部に現れる接続詞の多くは、コピュラ「だ」(または、その異形態「で」「に」)と(接続)助詞から成る形式に由来するという(京極・松井(1973)、Matsumoto (1988)、Onodera (1995、2004、2014他)など)。例として、表2のような表現があげられる。表2は、京極・松井 (1973: 118–119) に基づいて、Onodera (2014:101, Table 5.1) が接続詞の語構成をまとめたものである。

表2　(接続)助詞由来の接続詞の語構成

<1> コピュラ	+	(接続)助詞	→	<2> 接続詞
だ	+	が	→	だが
だ	+	から	→	だから
だ	+	って	→	だって
だ	+	けれど	→	だけれど
だ	+	けど	→	だけど
で	+	は	→	では
で	+	も	→	でも

(Onodera (2014:101, Table 5.1)に基づく)[6]

左右の周辺部表現の発達という観点から(接続)助詞および接続詞を見ると、Onodera (2004、2014他)が指摘するように、表2は日本語には右から左の周辺部表現へ発達する傾向があるということを示すことにもなる。例えば、前掲の例(5)のような「だから」(発話および節の左の周辺部表現)は、例(1)のような接続助詞「から」(節の右の表現)から拡張したものである。

また、コピュラと接続助詞から成る接続詞の発達には、前方照応のソ系指示詞が関与することがあるということも指摘されている(Matsumoto 1988、Onodera 2004: 87–88、小野寺2015など)。例えば、Matsumoto (1988: 342)、Onodera (2004: 87–88)が取り上げている表現を五十音順に並べると、表3のようにまとめることができる。

「だから」は「それだから」などの「ソ系指示詞＋だから」に由来すると

表3　「ソ系指示詞＋コピュラ＋（接続）助詞」由来の接続詞の語構成

ソ系指示詞	＋	コピュラ	＋	（接続）助詞	→	接続詞
それ	＋	だ	＋	から	→	だから
それ	＋	だ	＋	けれど	→	だけれど
それ	＋	だ	＋	けど	→	だけど
それ	＋	で	＋	は	→	では・じゃ
それ	＋	で	＋	も	→	でも
それ	＋	なら	＋	ば	→	なら

（Matsumoto (1988: 342)、Onodera (2004: 87–88) を改変）

考えられる（矢島2011、Higashiizumi 2015a）。なお、「ソ系指示詞＋コピュラ＋（接続）助詞」から成る接続詞の歴史的研究については、「ソ系指示詞＋だけ（れ）ど（も）」（宮内2014、Higashiizumi 2015b）、「ソ系指示詞＋だって（も）」（Mori 1996）、「ソ系指示詞＋では」（矢島2010）などがある。

　以上のような先行研究に基づいて、本章では、図2のような左右の周辺部表現の拡張経路を仮定し、終助詞的用法の接続助詞「から」および接続詞「だから」の歴史を調査する。経路1は接続助詞から終助詞的用法・終助詞化（あるいは従属節の主節化）への拡張を、経路2は接続助詞由来の接続詞の発達を図式化したものであり、節の右の周辺部表現である接続助詞がそれぞれ左

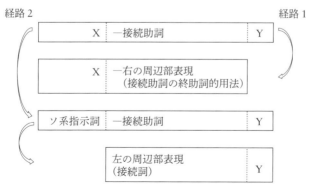

図2　日本語の左右の周辺部表現の機能拡張の過程（仮説）

右の周辺部表現へと用法を拡張すること示す(X、Yはそれぞれ節を表す。Xの右の破線は接続助詞が膠着的に後接することを示す)。

次節では、図2の経路1と経路2の「ソ系指示詞＋だから」の用例が確認できた『太陽コーパス』を用いた調査結果を報告する。

4. 『太陽コーパス』の小説の会話部分における「から」と「だから」類

4.1　調査方法と結果

『太陽コーパス』は、19世紀末から20世紀初頭の総合雑誌『太陽』(博文館刊)から、1895(明治28)年、1901(明治34)年、1909(明治42)年、1917(大正6)年、1925(大正14)年の5年分を抽出したテクストにタグ付けをしたものである。本節では「文体」は「口語」、「種別」は「会話」というタグが付いているもののみを分析対象とした。検索には検索ツール「ひまわり1.3.1」を使用し、文字列検索で「から」を含む用例を抽出した。その後、エクセルを利用して「前文脈」および「後文脈」でソートした後、該当しない用例は手作業で取り除いた。

『太陽コーパス』の小説の会話部分を調査対象とした理由は以下のとおりである。第1に、過去の話しことばについては、現代語のように話しことばを文字化した資料が存在しないので、小説の会話部分を使うことによって、過去の話しことばの一端をうかがうことができるからである(歴史語用論研究におけるデータの扱いについては、高田・椎名・小野寺(2011: 12–18)を参照)。第2に、Higashiizumi (2006)では小説の会話や戯曲の台詞における接続助詞「から」の用法を調査し、このようなレジスターには終助詞的用法(図1の経路1)は20世紀初め頃から見られることがわかったからである。このことから19世紀末から20世紀初頭の『太陽コーパス』は「から」の終助詞的用法を調査するのに適切だと判断した。第3に、前述したように「ソ系指示詞＋だから」とその異形態(これ以降は「だから類」と呼ぶ)が観察できる時期だからである[7]。

『太陽コーパス』の調査結果は表 4 のとおりである[8]。1895 年は他の年と比べて用例数が少ないので、以下では考察の対象とはしない。なお、参考までに、現代語の会話を集めた『名大コーパス』の 2 つの文字化資料における「から」および「だから類」の用例数を「現代語会話」として記載する[9]。

表 4 『太陽コーパス』における「から」・「だから」類

	『太陽コーパス』小説の会話部分						（参考）現代語会話
	1895	1901	1909	1917	1925	合計	
接続助詞	76%	69%	65%	49%	57%	60%	46%
	37	494	485	305	449	1770	137
終助詞的用法	10%	26%	29%	43%	35%	32%	26%
	5	186	217	270	274	952	78
接続詞	4%	3%	4%	4%	7%	5%	25%
	2	24	31	28	53	138	75
その他	10%	2%	2%	4%	2%	3%	3%
	5	16	14	24	15	74	10
合計	100%	100%	100%	100%	100%	100%	100%
	49	720	747	627	791	2934	300

『太陽コーパス』の小説の会話部分では接続詞「だから類」の割合が 5% 程度であり、実際の会話での使用頻度も高くなかったと考えられる（ただし、下の 3.3 節で述べるが、様々な形式が見られる）。終助詞的用法については、1901 年以降の割合は、表 4 の「現代語会話」における割合と、ほぼ同じか、あるいはそれ以上であることから、20 世紀の初めには接続助詞の終助詞的用法が会話で使用されるということが当時の執筆者たちに認識されていたことがうかがえる。

次節からは、『太陽コーパス』の「口語」「会話」部分における、接続助詞「から」の終助詞的用法と接続詞「だから類」の用例を見てみよう。

4.2　接続助詞「から」の終助詞的用法（経路 1）

　例(6)と例(7)は『太陽』の 1901 年における「から」の終助詞的用法の例である。例(6)の「から」は発話の終わりに使われていることから表 4 では「終助詞的用法」に分類したが、主節が直前に現れ、読点もあることから、倒置文の用例であることがわかる。終助詞的用法に分類した用例を、さらに倒置用法と終助詞的用法とに分ける必要があるが、それは今後の課題としたい[10]。

（6）　女は帶の間から鼻紙を拔出しながら、『外見無いぢやないか。お出しよ、拭いて上げるから。』『なアにね……私が拭くから、其紙をお呉んなせえ。』　　（『太陽』1901 年 1 号、廣津柳浪「櫨紅葉」P083B04）

　例(7)では、「から」を終助詞的に用いることによって、話し手は聞き手にこれ以上話さなくてもいいということを伝えている（白川（1995: 204–207）の現代語の「から」による「言いさし」文の「『お膳立て』用法」）。

（7）　『おほゝゝゝ、それ、それ、那樣事を。最う可うございますよ。私は何も聞きませんから。』『冗談ぢやない。眞の談話だ。これ、何故那樣脇を向いて了ふのだ。』
　　　　　　　　（『太陽』1901 年 13 号、川上眉山「左巻（承前）」P091A18）

　また、終助詞的用法の「から」の後に終助詞が後接する例もある。

（8）　『何故話さないの』『でも……惡いかも知れませんからな』『可笑いねえ、話しても好いのですが……惡いかも知れませんからとは可笑いねえ』　　（『太陽』1901 年 3 号、江見水蔭「海賊村」P082B22）

（9）　『なにね、心配お爲でないよ。私が何とでも云ふからね。』『私が懲役に行きさへすれば可いのだから……。』

（『太陽』1901 年 1 号、広津柳浪「櫨紅葉」P096B14）

（10）『まア行つておくれよ。』『遅くならアな。』『いゝからさア』
　　　　　（『太陽』1901 年 3 号、川上眉山「左巻」P103A08）

　接続助詞「から」の終助詞的用法は 18 世紀後半から江戸の口語資料にも用例があり（Higashiizumi 2006）、その頃から明治・大正期にかけて使用される割合が増えたものと考えられる。

4.3　接続詞「だから類」（経路 2）

　『太陽コーパス』の「口語」「会話」では、「それ＋だ・です・である＋から」と「だ・です・である＋から」という様々な形式が見られる。4.1 節でも述べたが 1895 年は他の年と比べて用例数が少ないので比較の対象から除外する。1901 年以降の終助詞的用法の割合を現代語の会話における終助詞的用法と比べると、ソ系指示詞を伴うものが減り、ソ系指示詞を伴わないものが増えたことがわかる（図 1 の経路 2）。

表 5　「ソ系指示詞＋コピュラ＋から」と「コピュラ＋だから」

	1895	1901	1909	1917	1925	合計
ソ系指示詞＋コピュラ＋「から」	50%	42%	10%	0%	2%	11%
	1	10	3	0	1	15
コピュラ＋「から」	50%	58%	90%	100%	98%	89%
	1	14	28	28	52	123
合計	100%	100%	100%	100%	100%	100%
	2	24	31	28	53	138

（Higashiizumi 2015a: 145, Table 4 改変）

　ソ系指示詞を伴う「それだから」という形式の用例は近世期の江戸の口語資料で確認できる（矢島 2011、Higashiizumi 2015a）。「それだから」における「から」は「それ＋だ」という節の述語「だ」に後接し、接続助詞として

の基本的な機能を果たしている。近世の江戸語の口語資料における「それだから」の談話機能についての詳しい分析は今後の課題としたいが、20世紀初頭の『太陽コーパス』にもソ系指示詞を伴う形式が確認できること、1901年をピークに、その後はほとんど用例が見られないこと、表4のとおり、ソ系指示詞を伴わない「だ・です・である＋から」という形式のほうが徐々に優勢になっていくことから、現代語の接続詞「だから」はソ系指示詞を伴う「それだから」に由来するものと考えられる。

以下に、『太陽コーパス』におけるソ系指示詞を伴う「それ＋だ・です＋から」の例を挙げる。次の2例は会話のモノローグ部分で節と節を関係づけている例である。

(11) 金を借りてゐる家へ病氣見舞と無沙汰見舞とを一度に遣るぐらゐの事に思召してゐるに相違無い。それだから腹が立つのだ。文章といふものは實に難しいものです。

    （『太陽』1895年3号、窓下几上生「新聞小説（上）」P117B07）

(12) 千八百七十五年十二月の九日に生れたといふことです。それですから、今年の十二月で滿三十三年になる。私なんぞよりは殆ど二十年も若い。

  （『太陽』1909年13号、太陽記者；森鴎外「現代思想（対話）」P123A07）

次のように「話順を取る」ために使われている例もある。

(13) 『（略）　下駄の一足位買ふのに愚圖々々云はれちやア……』『それだから織江やお母さんのはお買ひなさいまし。（略）』

    （『太陽』1901年3号、内田魯庵「投機」P098A16）

(14) 『（略）　父さんの世話になつてるか知れない。それをお前さん、仇に思つては濟むまいがネエ……』『それですから金を出すだけはお母さ

んさへ御承知なら異存は無いです。』『何だい、御母さんさへ承知なら異存は無い　（略）』

(『太陽』1901 年 53 号、内田魯庵「投機」P089B11)

　次に、ソ系指示詞を伴わない「だ・です＋から」の例を見てみよう。次の例はソ系指示詞を伴う場合と同様、会話のモノローグ部分で節と節を関係づけている「だから」と「ですから」の例である。

(15)　「笠は吾がのでがすが、衣服は旦那様のでがす。だから笠は持ツてたが袖の下へ入れて庇ツて來た。」

(『太陽』1985 年 1 号、無名斎「おもしろい」P116A04)

(16)　はな子。えゝ、そりやさうです。ですからあたしもよく〜〜考へたんです…………
　　　義一郎。そりや汝も考へたらうが、併し兄さんはその林と　（略）
(『太陽』1917 年 1 号、長田秀雄「戯曲　生きんとすれば―二幕―」P301A12)

　以下のように「話順を取る」ために使われている「だから」の例もあるが、「ですから」という形式で「話順を取る」ために使用された例は『太陽コーパス』には見当たらなかった。

(17)　八十錢の下駄を四年越し履いてるツてのは随分な辛抱ぢやアないか。』『だから織江には買つておやんなさいナ。』『買つてやりますサ。』　　　　　(『太陽』1901 年 5 号、内田魯庵「投機」P098A16)

　「であるから」という形式も 2 例あった。

(18)　さうなつた日には其の戰争の責任は君の方で之を負荷せねばならぬことになるかも知れぬ、であるから茲は一番歐洲の平和の爲に君の方は

目をつぶつて居て呉れ玉へ、(略)

(『太陽』1917 年 2 号、某将軍(談)「対米覚書と極東平和」P088A14)

(19)　生ずる利益の二三部分は外國人が自國に持ち歸るけれども、殘餘の大部分は支那に落つるのである。であるから、支那に於ける外國人の企業は決して排斥す可きものでないと言ひ出した。

(『太陽』1917 年 12 号、内藤湖南「支那の経済力」P088A14)

　以上のように、『太陽コーパス』では、ソ系指示詞を伴う「それ＋だ・です・である＋から」の形式を確認することができた。また、20 世紀初頭の小説の会話の中ではソ系指示詞を伴わない「だ・です・である＋から」という形式のほうがソ系指示詞を伴う形式よりも頻度が高いということも示した。なお、江戸時代後期の用例の調査、表 4 の「終助詞的用法」のさらなる分類、1925 年以降の用例の調査など、今後の課題も多く残されている。

5. 日本語の左右の周辺部表現と構文的変化・構文化

　第 4 節において、大まかではあるが、右の周辺部においては接続助詞「から」は終助詞のように使われ、終助詞化の方向に機能が拡張していること(図 2 の経路 1)、左の周辺部においては接続助詞「から」から「ソ系指示詞＋だから」を経て接続詞「だから」が発達した(図 2 の経路 2)と考えられることを確認した。本節では、周辺部でしばしば見られる接続助詞の終助詞的用法、および接続助詞から接続詞への発達を構文的変化・構文化の観点から考察する。

　構文とは「形式と意味(または談話機能)のペアリング」(pairings of form with semantic or discourse function) (Goldberg 2006: 5) のことである。本稿で考察対象としてきた左右の周辺部で使用される接続助詞や接続詞という形式にはさまざまな談話機能が対応しており、構文として捉えることができる。接続助詞「から」や接続詞「だから」などの個々の表現は「構文体」

(construct)、あるいは「ミクロ構文」(microconstruction)と呼ばれる。

　本稿の第2節において、終助詞的用法の「から」(例えば、例(4)548行の「A3をB4に縮小してかまわないから。」)は、右の周辺部で「話順を(譲り、次の話順を)生み出す／終結を標示する」、「前の談話につなげる」、「後続の談話を予測する」といった談話機能を担っていることを確認した。談話の「結束性」(coherence)に関与していることから「メタテクスト的構文」(Traugott 本書所収論文 第2節、第1章1.2節)のミクロ構文のひとつだと考えられる。また、前述の「A3をB4に縮小してかまわないから。」における「から」は、話し手が聞き手にコピーを依頼している場面で、依頼の条件を提示する節に付加することによって聞き手の理解を促す、あるいは依頼という行為そのものも遂行していると考えられることから、「メタ語用論的構文」(Traugott 本書所収論文 第2節、第1章1.2節)のミクロ構文の一種であると言える。

　次に、接続詞「だから」は、本稿の第4節で見たとおり、節と節を関係づけるという接続助詞の基本的な機能を引き継いで、「節＋接続助詞」という用法から、「節(ソ系指示詞＋コピュラ)＋接続助詞」を経て、「コピュラ＋接続助詞」という新しい形式(接続詞)に発達したと考えられる。接続詞の「だから」(例えば、例(5)1666行「だから貯めるんです。」)は左の周辺部で「話順を取る」「前の談話につなげる」「後続の談話を予測する」などの機能を果たす「メタテクスト的構文」のミクロ構文の一種だと言える。また、これから「結論を述べる」という行為が行われることを知らせる機能も遂行するので、「メタ語用論的構文」のミクロ構文のひとつだと言える。

　以上のように、発話および節の周辺部で用いられる終助詞的用法の接続助詞「から」と接続詞「だから」というミクロ構文は、発話および節の周辺部においてそれぞれメタテクスト的構文・メタ語用論的構文としての機能を発達させている。このような機能の発達は「から」と「だから」に限らず、「だけ(れ)ど」と「(それ)だけ(れ)ど」、「では・じゃ」と「(それ)では・じゃ」、「なら」と「(それ)なら」(本章第3節の表2、表3参照)などの、周辺部で使用される他の接続助詞と接続詞についても観察することができる。Traugott

(2015)は、節頭(左の周辺部)で使用されることが好まれる英語の談話標識・語用論標識のスキーマと階層体(第1章3.2節の図5)を提案している。同じように、日本語の節頭(左の周辺部)でしばしば用いられる接続詞と節末(右の周辺部)で使用される接続助詞についてもスキーマと階層体を想定し、検討することは今後の課題である。また、日本語の節末(右の周辺部)には接続助詞の他に、形式名詞(小野寺 本書所収論文参照)、終助詞も用いられるので、これらの形式と意味・談話機能の関係をスキーマと階層体で示すことができれば、日本語の周辺部表現の全体を見渡すことができそうである。

Traugott and Trousdale (2013)によると、構文体の形式と意味はそれぞれ別々に変化し、形式と意味の対応にミスマッチが生じることにより言語変化が起こるという。そして、その影響はミクロ構文から下位スキーマ、マクロスキーマにまで及び、言語変化が生じるという(第1章3.2節を参照)。日本語の接続助詞や接続詞といった周辺部表現についても、各々の形式や意味・談話機能がどのように変化し、形式と意味・談話機能の間にどのようなミスマッチが生じ、その影響がどのようにミクロ構文からマクロスキーマ、階層体に及ぶのかなどについても、今後、考察する必要がある。

最後に、周辺部表現としての「だから」と「から」はメタテクスト的構文・メタ語用論的構文のミクロ構文のひとつであることを確認した。メタテクスト的構文は「やりとり構造」(Schiffrin 1987)に関わり、メタ語用論的構文は「行為構造」(Schiffrin 1987)に関わることから、左右の周辺部表現の機能の発達は「やりとり構造」および「行為構造」と関わりがあると考えられる。

6. おわりに

本章では、発話および節の左の周辺部で用いられる接続詞「だから」、右の周辺部で使用される接続助詞「から」を取り上げ、これらの表現が現代日本語の会話と20世紀初頭に刊行された雑誌の会話部分でどのような機能を果たしているか検討した。はじめに、現代日本語の会話における「だから」と「から」の使用例の分析に基づいて「左と右の周辺部の言語形式の使用に

ついての仮説」(Beeching and Detges 2014: 11) の話順交代に関連する 2 つの仮説を検討した。ひとつは、仮説のとおりであり、左の周辺部表現「だから」は「話順を取る」ために、右の周辺部表現「から」は「終結を標示する」ために用いられていることもあることを確認した。しかし、もうひとつの仮説については、どちらの表現も「前の談話につなげる」機能と「後続の談話を予測する」機能の両方を同時に遂行していると解釈することができ、この点については左の周辺部表現と右の周辺部表現の機能は相称的関係にあることを指摘した。また、これらの表現と「やりとり構造」および「行為構造」との関連についても述べた。

次に、『太陽コーパス』の小説の会話部分から採取した「だから」と「から」の用例を分析し、右の周辺部では接続助詞「から」は終助詞化の方向に機能が拡張したこと、左の周辺部では「節＋から」という用法から、「ソ系指示詞＋コピュラ＋から」という用法を経て、「コピュラ＋から」という接続詞に発達したと考えられることを、大まかではあるが、示すことができた。

最後に、周辺部で使用される「だから」および「から」と構文的変化・構文化との接点、左右の周辺部で使用される「だから」および「から」の機能と「やりとり構造」・「行為構造」との関連について考察した。左右の周辺部表現の発達は「やりとり構造」・「行為構造」と深い関わりがあると言えるであろう。

謝辞
本稿の執筆に際して、小野寺典子氏、澤田淳氏より貴重なご指摘・ご意見をいただきました。感謝いたします。本稿は、第 14 回国際語用論学会のワークショップ（2015 年ベルギー・アントワープ）において発表した内容に大幅な加筆・修正を施したものです。有益なコメントを頂戴したエリザベス・C・トラウゴット先生、柴﨑礼士郎氏、参加者の方々に御礼申し上げます。

注
1 本稿では、発話(utterance)、イントネーション・ユニット(intonation unit)、話順(turn)、小説の会話部分や戯曲の台詞などにおける節(clause)に相当するまとまりを分析の対象とし、これらを「節」と呼ぶ。また、「節」の周辺部に現れるdiscourse marker(Schiffrin 1987; Fraser 2009)、pragmatic marker(Brinton 1996)、日本語の接続詞、終助詞などをまとめて語用論標識(pragmatic marker)と呼ぶ。
2 [　]内の語句は筆者による。
3 例(2)–(5)の下線は筆者による。表記は読みやすさを考慮し、簡略化してある。ただし、例(4)の「↑」は「上昇」イントネーションを、例(5)の「###」は「聞き取り不明の箇所」(現代日本語研究会編 2002: 29)を示す。
4 Ono, Thompson and Sasaki (2012)は現代日本語の話しことばにおいて「だから」は談話標識化が進み、「から」は終助詞化が進んでいることを指摘している。また、「だから」の談標標識・語用論標識としての使用については、三井(1997)、メイナード(2004: 197–217)、Onodera (1995、2000、2014 他)などを参照。「から」の終助詞的用法・終助詞化については、本多(2001)、谷部(1997、2002)、横森(2010、2011)、Higashiizumi (2006、2011)、Iguchi (1998)、Suzuki (2009)、Thompson and Suzuki (2011)などを参照。
5 「従属節の主節化」という訳は、堀江・パルデシ(2006: 126)による。また、Izutsu and Izutsu (2014)も参照。
6 表2の「<1> コピュラ」、「<2> 接続詞」は、それぞれOnodera (2014:101, Table 5.1)の「<1> VERB」、「<2> D-CONNECTIVE」であるが、表2では便宜的に本章で使用した用語に置き換えた。また、「<2> D-CONNECTIVE」の列の語に付されている英訳は省略した。なお、「D-CONNECTIVE」(Onodera 2004、2014 他)とはコピュラと接続助詞から成る接続詞・談話標識のことである。談話標識としての「だって」「でも」の歴史についてはOnodera (1995、2000、2004、2014)などを参照。
7 Higashiizumi (2006)において調査した用例の中にも「ソ系指示詞＋だから」があったが、「その他」に分類し、考察の対象としなかった。
8 表3はHigashiizumi (2015a)において調査した用例を分類し直したものである。引用の助詞が「から」に直接、後接する用例(例えば「…<u>から</u>と申さなければなりません」、「…<u>から</u>ツて、自分の方から云出して」など)は「その他」とした。Higashiizumi (2015a)では接続助詞「から」と「ので」、接続詞「だから」と「なので」の競合と(間)主観化について論じた。なお、「ので」については、「太陽コーパス」の小説の会話に終助詞的用法があったが、「(それ)なので」は皆無であった。
9 『名大コーパス』の会話の収録年は不明である(平成13年度から15年度に実施された科研プロジェクトの一環として収録・構築されたものを国立国語研究所で公

開を引き受けたもので、これ以上の詳細は国立国語研究所でも把握していないとのことであった）。
10 Higashiizumi（2006）では、収集した用例を「主節＋から節」、「から節＋主節」（倒置文）、「から」単独節（終助詞的用法）、「その他」に分類した。そして、「から節＋主節」は 19 世紀後半から、「から」単独節は 20 世紀前半から割合が増えることを確認した。また、白川（1995: 200）は「条件提示」用法の倒置文の用例が、現代日本語のシナリオやマンガなどによく出てくると指摘している。

使用テクスト

現代日本語研究会（1997）『女性のことば・職場編』ひつじ書房.
現代日本語研究会（2002）『男性のことば・職場編』ひつじ書房.
国立国語研究所（2005）『国語研究所資料集 15　太陽コーパス』博文館新社.
名大会話コーパス「data008.txt」「data113.txt」
（https://dbms.ninjal.ac.jp/nuc/index.php?mode=viewnuc）　最終参照日 2014 年 1 月 1 日

参考文献

石垣謙二（1955）『助詞の歴史的研究』岩波書店.
大堀壽夫（2002）『認知言語学』東京大学出版会.
小野寺典子（2014）「談話標識の文法化をめぐる議論と『周辺部』という考え方」金水敏・高田博行・椎名美智編『歴史語用論の世界―文法化・待遇表現・発話行為―』pp. 3–27. ひつじ書房.
小野寺典子（2015）「より広い『文法化』：談話標識の発達と、その後の『構文化』の考え方」NINJAL 国際シンポジウム「文法化：日本語研究と類型論的研究」2015 年 7 月 4 日.
京極興一・松井栄一（1973）「接続詞の変遷」鈴木一彦・林巨樹編『品詞別日本文法講座』pp. 89-136. 明治書院.
白川博之（1991）「『カラ』で言いさす文」『広島大学教育学部紀要　第 2 部』39 号、pp. 249–255.
白川博之（1995）「理由を表さない『カラ』」仁田義雄編『複文の研究（上）』pp. 189–219. くろしお出版.
白川博之（2009）『「言いさし文」の研究』くろしお出版.
高田博行・椎名美智・小野寺典子（2011）「歴史語用論の基礎知識」高田博行・椎名美智・小野寺典子（編）『歴史語用論入門』pp. 5–44. 大修館書店.
日本語文法学会（編）（2014）『日本語文法事典』大修館書店.
堀江薫・プラシャント‐パルデシ（2006）『言語のタイポロジー』研究社.
本多啓（2001）「文構築の相互行為性と文法化―接続表現から終助詞への転化をめぐっ

て―」pp. 143–183. ひつじ書房.
三井昭子(1997)「話しことばの『だから』『それで』」現代日本語研究会(編)『女性のことば・職場編』pp. 155–173. ひつじ書房.
宮内佐夜香(2014)「『ガ』・『ケレド』類を構成要素とする接続詞の発達について―近世後期江戸語・明治東京語における推移―」小林賢次・小林千草編『日本語史の新視点と現代日本語』pp. 603–620. 勉誠出版.
メイナード・K・泉子(2004)『談話言語学』くろしお出版.
矢島正浩(2010)「ソレデハの発生・発達史に見る文化・文政期」『文芸研究』169: pp. 1–15〔pp. 51–65〕
矢島正浩(2011)「時間的・空間的比較を軸にした近世語文法史研究―ソレダカラ類の語彙化を例として―」金澤裕之・矢島正浩(編)『近世語研究のパースペクティブ』pp.56–82. 笠間書院.
谷部弘子(1997)「『のっけちゃうからね』から『申しておりますので』まで」現代日本語研究会(編)『女性のことば・職場編』pp. 139–154. ひつじ書房.
谷部弘子(2002)「『から』と『ので』の使用にみる職場の男性の言語行動」現代日本語研究会(編)『男性のことば・職場編』pp. 133–148. ひつじ書房.
横森大輔(2010)「認知と相互行為の接点としての接続表現―カラとノデの比較から」山梨正明・辻幸夫・西村義樹・坪井栄治郎(編)『認知言語学論考 No.9』pp. 211–244. ひつじ書房.
横森大輔(2011)「自然発話の文法における逸脱と秩序：カラ節単独発話の分析から」『言語科学論集 vol. 17』pp. 49–75. 京都大学.
Beeching, Kate, and Ulrich Detges. (2014) Introduction. In Beeching, Kate, and Ulrich Detges. (eds.) *Discourse Functions at the Left and Right Periphery: Crosslinguistic Investigations of Language Use and Language Change,* pp. 1–23. Leiden: Brill.
Brinton, Laurel. (1996) *Pragmatic Markers in English: Grammaticalization and Discourse Functions.* Berlin: De Gruyter Mouton.
Evans, Nicholas. (2007) Insubordination and its Uses. In Irina Nikolaeva. (ed.) *Finiteness,* pp. 366–431. Oxford: Oxford University Press.
Fraser, Bruce. (2009) An Approach to Discourse Markers. *International Review of Pragmatics* 1: pp. 1–28.
Goldberg, Adele. (2006) *Constructions at Work: The Nature of Generalization in Language.* Oxford: Oxford University Press.
Higashiizumi, Yuko. (2006) *From a Subordinate Clause to an Independent Clause: A History of English* Because-*Clause and Japanese* Kara-*Clause.* Tokyo: Hituzi Syobo.
Higashiizumi, Yuko. (2011) Are *Kara* 'Because'-Clauses Causal Subordinate Clauses in Present-day Japanese? In Ritva Laury, and Ryoko Suzuki. (eds.) *Subordination in Conversation,*

pp. 191–207. Amsterdam: John Benjamins.

Higashiizumi, Yuko. (2015a) Periphery of Utterances and (Inter)subjectification in Modern Japanese: A Case Study of Competing Causal Conjunctions and Connective Particles. In Andrew D. M. Smith, Graeme Trousdale, and Richard Waltereit. (eds.) *New Directions in Grammaticalization Research,* pp. 135–156. Amsterdam: John Benjamins.

Higashiizumi, Yuko. (2015b) Insubordinate Constructions and the Left and Right Peripheries in Modern Japanese: A Corpus-Based Study of Grammaticalization of Adverbial Clauses. Paper presented at Grammaticalization Meets Construction Grammar, International Workshop, University of Gothenburg, Sweden, October 8–9 2015.

Iguchi, Yuko. (1998) Functional Variety in the Japanese Conjunctive Particle *Kara* 'Because'. In Toshio Ohori. (ed.) *Studies in Japanese Grammaticalization: Cognitive and Discourse Perspectives,* 99–128. Tokyo: Kurosio Publishers.

Izutsu, Mitsuko Narita and Katsunobu Izutsu. (2014) Truncation and Backshift: Two Pathways to Sentence-final Coordinating Conjunctions. *Journal of Historical Pragmatics* 15(1): pp. 62–92.

Matsumoto, Yo. (1988) From Bound Grammatical Markers to Free Discourse Markers: History of Some Japanese Connectives. In Shelly Axmaker, Annie Jaisser, and Helen Singmaster. (eds.) *Proceedings of the Fourteenth Annual Meeting of the Berkeley Linguistics Society, February 13–15, 1988. General Session and Parasession on Grammaticalization,* pp. 340–351. Berkeley, CA: Berkeley Linguistics Society.

Mori, Junko. (1996) Historical Change of the Japanese Connective *Datte*: Its Form and Functions. In Noriko Akatsuka, Shoichi Iwasaki, and Susan Strauss. (eds.) *Japanese/Korean Linguistics,* Vol. 5, pp. 201–218. Stanford: Center for the Study of Language and Information, Stanford University.

Ohori, Toshio. (1995) Remarks on Suspended Clauses: A Contribution to Japanese Phraseology. In Masayoshi Shibatani, and Sandra A. Thompson. (eds.) *Essays in Semantics and Pragmatics in Honor of Charles J. Fillmore,* pp. 201–218. Amsterdam: John Benjamins.

Ohori, Toshio. (2015) Destinies of Subordination. NINJAL International symposium on Grammaticalization in Japanese and Across Languages.

Ono, Tsuyoshi, Sandra A. Thompson, and Yumi Sasaki. (2012) Japanese Negotiation through Emerging Final Particles in Everyday Talk. *Discourse Processes* 49: pp. 243–272.

Onodera, Noriko O. (1995) Diachronic Analysis of Japanese Discourse Markers. In Andreas H. Jucker. (ed.) *Historical Pragmatics,* pp. 393–437. Amsterdam: John Benjamins.

Onodera, Noriko O. (2000) Development of *Demo* Type Connectives and *Na* Elements: Two Extremes of Japanese Discourse Markers. *Journal of Historical Pragmatics* 1(1): pp. 27–55.

Onodera, Noriko O. (2004) *Japanese Discourse Markers.* Amsterdam: John Benjamins.

Onodera, Noriko O. (2014) Setting Up a Mental Space: A Function of Discourse Markers at the Left Periphery (LP) and Some Observations about LP and RP in Japanese. In Kate Beeching and Ulrich Detges. (eds.) *Discourse Functions at the Left and Right Periphery: Crosslingistic Investigations of Language Use and Language Change*, pp. 92–116. Leiden: Brill.

Schiffrin, Deborah. (1987) *Discourse Markers*. Cambridge: Cambridge University Press.

Shinzato, Rumiko. (2007) (Inter)subjectivification, Japanese Syntax and Syntactic Scope Increase. *Journal of Historical Pragmatics* 8 (2): pp. 171–206.

Shinzato, Rumiko. (2015) Two Types of Conditionals and Two Different Grammaticalization Path. In Sylvie Hancil, Alexander Haselow, and Margje Post. (eds.) *Final Pacticles*, pp. 157–180. Amsterdam: John Benjamins.

Suzuki, Ryoko. (2009) Interactional Profile of Causal *Kara*-Clauses in Japanese Conversation: Because the 'Main' Clause Is There or Is Not There. Paper presented at the 11th International Pragmatics Conference. July 16, Melbourne, Australia.

Thompson, Sandra A., and Ryoko Suzuki. (2011) The Grammaticalization of Final Particles. In Heiko Narrog, and Bernd Heine. (eds.) *The Oxford Handbook of Grammaticalization*, pp. 668–680. Oxford: Oxford University Press.

Traugott, Elizabeth Closs. (2015) What can a Constructional Perspective on Language Contribute to an Understanding of "Periphery" and Pragmatic Markers that Occur There? Paper presented at the 4th Symposium on Discourse Markers, University of Heidelberg, Germany, May 6, 2015.

Traugott, Elizabeth Closs, and Graeme Trousdale. (2013) *Constructionalization and Constructional Changes*. Oxford: Oxford University Press.

第 5 章
日本語の卑罵語の歴史語用論的研究
―「～やがる(あがる)」の発達を中心に

澤田淳

1. はじめに

　歴史語用論では、語用論的フィロロジーと通時的語用論の双方の視点から、T／V代名詞、敬語、授受表現、談話標識、語用論標識、呼称詞、文末詞など多様な言語現象が考察されてきている (Jucker (ed.) (1995)、Traugott and Dasher (2002)、Jucker and Taavitsainen (eds.) (2010)、高田・椎名・小野寺(編著) (2011)、金水・高田・椎名(編) (2014) など参照)。中でも、話し手と聞き手や話題の人物との間の社会的関係や言語共同体の社会構造を映し出す日本語の敬語は、歴史語用論においてとりわけ注目されてきた現象であり、運用ルールの変化や対人配慮表示の仕方の変化、素材敬語から対者敬語への文法化・間主観化など、様々な角度からの歴史的考察がなされてきた。
　一方、日本語において同じく待遇表現[1]に位置づけられてきた卑罵語(卑語、軽蔑語、罵詈語などとも呼ばれる) (pejoratives) は、主に男性が使う卑俗な口語表現という特殊性を持つということもあってか、その言語的な特質や歴史的変遷について論じた研究は敬語に比べ多いとは言えない。しかしながら、卑罵語の中でも特に「～やがる」などの「補助動詞型」の卑罵語は、日本語の発話末における待遇表現のバリエーションの一角を占めており、発話の周辺部 (periphery) における語用論的機能を有する表現が、歴史的にいかなる表現を源泉とし、また通時的にどのように変化・発達してきたかを探る

歴史語用論的な周辺部研究（Beeching and Detges（2014: 12–13）、第Ⅰ部第1章1.2節参照）にとって興味深い考察対象となる。本稿では、「～やがる（あがる）」を中心に日本語の補助動詞型の卑罵語の発達の歴史について考察を行い、日本語が歴史的に発話末（右の周辺部）において待遇機能の幅を広げてきたことを論じる。

2. 卑罵語の文法

2.1 卑罵語の体系

　Fillmore（1975: 40）は、ダイクシスの範疇の1つに、社会的ダイクシスを立て、それを、敬意・丁寧さ・親密さ・失礼さなど種々の発話レベルの選択を決定したりなどする談話の参与者間の「社会的関係性」（social relationship）を示すものと定義している（Levinson（1983: 89）、澤田（2015: 58）も参照）。社会的ダイクシスを反映する代表的な現象としては、ヨーロッパの諸言語などで見られる二人称単数代名詞のT形（親称）／V形（敬称）（Brown and Gilman 1960）や、日本語や韓国語などで発達している敬語がよく知られているが、Traugott and Dasher（2002: 226–227）は、日本語の「～め」や「～やがる」を例に、卑罵語も社会的ダイクシス表現に含めている。

（1）　社会的ダイクシス表現に含まれるのは、フランス語やドイツ語のようなヨーロッパの諸言語に見られる対立的な二人称単数代名詞 *tu/vous*（TV）、*I pray (you)* のような挿入句（parentheticals）、*please* のような文副詞類、さらには、日本語、韓国語など少数の言語に存在する「素材」敬語や「対者」敬語と称される、語彙項目、派生定型句、接辞からなる巨大なシステムなどである。素材的な社会的ダイクシス表現は、概念化された描写事象（conceptualized described event）の中における1人ないしは2人以上の参与者の社会的地位の関係を、概念化された発話事象（conceptualized speech event）における直示の場（deictic ground）と関係づけて表示する。一方、対者的な社会的ダイクシス表現は、概念

化された描写事象内での役割とは独立に概念化された発話事象の参与者の社会的地位の関係を表示する。社会的ダイクシス表現の多くは、ポライトネス標識（politeness markers）であるが、社会的ダイクシス表現には、軽蔑的な態度を直接的に符号化する言語項目からなる小規模な下位類も含まれる。現代日本語における軽蔑的な社会的ダイクシス表現の例としては、名詞接尾辞「～め」（「あの人」と「あの人め」を比較のこと）や動詞接尾辞「V-やがる」（「話し手が卑しめる主語の人物がVする」の意）が含まれる。

(Traugott and Dasher 2002: 226–227)

　日本語では、卑罵語（卑語、罵詈語、軽蔑語などとも呼ばれる）は、「マイナス敬語」（南 1987: 12）、または、「反敬語」（菊地 1997: 40）として、伝統的に待遇表現の1つとして位置づけられてきた（三矢（1908: 228–229、688–689）、松下（1928:335–338）、松尾（1936: 851–852）、石坂（1944:224–229）、辻村（1968: 7–9）、南（1987: 12–13）、西田（1987: 28–33）、菊地（1997: 40–41）、Traugott and Dasher（2002: 226–227）、日本語記述文法研究会（編）（2009: 229）、西尾（2015）など参照）。卑罵語には、話し手による他者（聞き手や第三者）への軽蔑・さげすみ・卑しめ・見下し・罵りの気持ちや、出来事に対する忌々しさなどの悪感情などを表す「卑語的意味」（金水 2001: 18）が含まれる。現代日本語では、この種の卑語的意味は、(i) 名詞・人称表現（対称詞「おのれ」「きさま」「てめえ」、他称詞「奴」「野郎」「あいつ」など）、(ii) 名詞接頭辞・接尾辞（「くそガキ」「小せがれ」「ガキめ」「ガキども」「守銭奴」「新人ごとき」「町人風情」「小僧っこ」など）、(iii) 動詞（「ぬかす」「ほざく」など）、(iv) 補助動詞（「～やがる」など）などで認められる（「くそ～」は程度の甚だしさを示す「強意語」(intensifier) としても、「小～」「～っこ」は物事の小ささを示す「指小辞」(diminutives) としても、「～め」「～ども」は聞き手に対する話し手（側）のへりくだり（卑下）を示す「謙譲語B」（菊地1997）としても使われる）。

　単なるぞんざいな表現と本稿で言う卑罵語は区別される。たとえば、現代

語の「食う」は、「食べる」のぞんざいな表現であるが、他者に対する軽蔑や卑しめの意を含む語とは言えない。当該の表現が単なるぞんざい表現であるか卑罵語であるかは、その表現が話し手自身についても使えるか否かがが1つの判断基準となる。すなわち、単なるぞんざい表現と異なり、卑罵語は、通例、話し手自身については使いにくい（例：俺が｛食う／？ぬかす／？ほざく｝）。

日本語の卑罵語の中で特に注目されるのが、補助動詞型の卑罵語である。補助動詞型の卑罵語としては、「～やがる」「～くさる」「～てけつかる」「～さらす」「～よる」「～さがる」「～てこます」などがある。このうち、「～やがる」は共通語として広い範囲の地域で使われている。「～くさる」「～てけつかる」「～さらす」「～よる」「～さがる」「～てこます」などは、方言卑罵語であり、主として西日本の一部地域で用いられている。中でも近畿中央部方言（京阪方言）では多様な卑罵語の使用が認められるが、この方言地域では敬語も発達している（加藤 1973）。日高（2014: 384）は、「敬語の複雑な地域では、一方で、下向き待遇の表現も多様に分化している」と指摘している[2]。

述部における多様な卑罵語の発達は日本語の特色の1つとみなし得るが、一方で、卑罵語は敬語に比べると体系性に乏しい。述語形の卑罵語は、「～やがる」や「～くさる」などのように、主語を下位待遇する（見下げる）タイプ（主語下位待遇型）と、「～てこます」[3]（例：いてこます）（関西方言）や他者に不利益や損害をもたらす意の「～てくれる」（例：あの裏切り者め、どうしてくれようか）などのように、非主語を下位待遇する（見下げる）タイプ（非主語下位待遇型）[4] とに大別されるが、聞き手を下位待遇する専用の形式は存在しない。日本語において、敬語と異なり、卑罵語が歴史的に「間主観化」（intersubjectification）(Traugott and Dasher 2002) した「対者卑罵語」(cf. 対者敬語) を発達させてこなかった点は興味深

図1　述語形の卑罵語の体系

い。図1に述語形の卑罵語の体系を示す（共通語と方言の差異は捨象している）。

主語下位待遇型の卑罵語は、謙譲語B（菊地1997）と「主語を低める」点で共通する部分もあり、実際、「おる」のように両者にまたがる表現もある。しかし、謙譲語Bの下位待遇性が「へりくだり（卑下）」であるのに対して、「〜やがる」類の卑罵語の下位待遇性は「蔑み（見下げ）」である。さらに、この意味の違いから、謙譲語Bは「主語＝一人称者（側）」、「〜やがる」類の卑罵語は「主語＝非一人称者」[5]という人称制約の違いが存在する[6]。図2では、社外の人間に対して身内の課長を話題とする時には、へりくだって述べる（身内には敬語を使わない）よう指導された若い女性社員が、2回目の電話では、卑罵語を使って応対している。「主語を低める」謙譲語Bと卑罵語の機能的な近さを利用して、発話のおかしみを生み出している興味深い例である。

図2　サトウサンペイ『フジ三太郎』（朝日新聞社、1991年、145頁）

ここで、本稿の主たる考察対象である「〜やがる」について、敬語（尊敬語、謙譲語A、謙譲語B、丁寧語）との共起性の観点から考察してみよう。

「〜やがる」は、尊敬語との共起は不自然である（例：*お帰りになりやがる）。主語を見下げることと主語を高めることは待遇上矛盾するからである。また、謙譲語Bとの共起も不自然である（例：*参加致しやがります）。主語（一人称者（側））による「へりくだり（卑下）」と主語（非一人称者）への「蔑み（見下げ）」は意味的にも人称的にも両立し得ないからである[7]。

一方、謙譲語Aとの共起は可能である。非主語を高め（かつ主語を非主語よりも低く位置づけ）ることと主語を見下げることは意味的に矛盾しない。

（２）　あの新入り、汚れた皿をお客さんにお出ししやがった。

　菊地（1997: 40）が指摘するように、丁寧語との共起も可能である。聞き手に丁寧に述べることと主語を見下げることは意味的に両立し得ると言える。

（３）　親分、まずいですぜ。刑事（でか）が来やがりました。　　　　（菊地 1997: 40）

　では、主語を下位待遇する機能は、「〜やがる」が使われている全ての例において一貫して認められる機能であろうか。次節ではこの点について考える。

2.2　「〜やがる」の 2 種の構文型
　本稿では、「〜やがる」に次の 2 種の構文型を認める（下付き「i」は同一指示性を、PRO は音形のない主語を表す。「…」は、補文内の動詞（V）が取り得る種々の格成分を示す）。

（４）　A 型「〜やがる」：［X ガ i［PROi …V］ヤガル］
（５）　B 型「〜やがる」：［［X ガ…V］ヤガル］

　A 型、B 型は、それぞれ、いわゆる「コントロール構造」、「繰り上げ構造」（Postal 1974）を基盤とする。A 型と B 型の違いについて見る前に、「〜やがる」の複合動詞の分類の中での位置づけについて考えてみたい。
　「V やがる」は、「〜やがる」が前項動詞の連用形に接続し、また、間に副助詞の挿入を許さない（すなわち、形態的緊密性を有する）点で、複合動詞と同等の性質を持つ。(4)、(5)のような補文構造をなす点では、特に「統語的複合動詞」が有する性質と一致する。実際、影山（2013a: 435–436）は、Parker（1939）の記述を承け、「食べはる」「言いはる」などの「V はる」（関西方言の尊敬語）と共に、「V やがる」（「V くさる」）が統語的な複合動詞の範疇に含められる可能性を示唆している。影山（2013: 435）は、「V はる」「V や

がる」(「V くさる」)などは、「現代言語学の複合動詞研究では全く対象外になっており、形態論の観点からは研究の空隙である」とし、これらが「統語的な複合動詞の範疇に含めるべきかは、今後の検討に値するトピックである」と述べている。

ただし、「V やがる」は、「V 出す」「V 始める」「V 尽くす」などの「統語的なアスペクト複合動詞」(影山 2013b: 44) とは階層的位置を異にすると言える。「〜やがる」を「〜出す」「〜始める」「〜尽くす」などに後接させるのは自然であるが、「〜やがる」をそれらに前接させた場合、相対的に許容度が下がる(例:「下級生どもがさぼり{出しやがった／?やがり出した}」、「変な歌を歌い{始めやがった／?やがり始めた}」、「石油を掘り{尽くしやがった／*やがり尽くした}」)。この連結順序の制約は、「〜やがる」が統語的なアスペクト複合動詞の後項(「〜出す」「〜始める」「〜尽くす」など)よりも構造的に高い位置(ないしは、より周辺的(peripheral)な位置)にあることを示している。

影山 (2013a) の示唆をもとに考察を推し進めるならば、統語的複合動詞の中には、従来の「アスペクト的」(aspectual)なタイプとは別に、「社会直示的」(social deictic)なタイプが新たに設定可能ということになる。

では、A 型「〜やがる」と B 型「〜やがる」の違いについて具体的に見ていくことにしよう。以下は、A 型「〜やがる」の例である。

(6) 「うるせぇ、このやろう。てめぇ、とっといきやがれ」
　　　　　　　　　　　　　(大川悦生『東京にカワウソがいたころ』BCCWJ)
(7) 「馬鹿野郎っ、どこをほっつき歩いていやがった。縦が心配して、朝から捜してたぞ!」　　　　　(塚本青史『霍去病』BCCWJ)
(8) 「何しやがる。てめえ抜けがけして一人じめする気だな。二番手でいいなどとぬかしやがって最初からそのつもりだったんだな」
　　　　　　　　　　　　　　　　　　(池永陽『ひらひら』BCCWJ)
(9) 看護婦のヤツ、オレの顔を見るなり、『岡崎さん、AB 型は売るほどあるから要らないわよ』とぬかしやがった」

(高橋健而老『回想の東大駒場寮』BCCWJ)
(10) あの野郎、やっぱり嘘をついてやがった。
(佐藤雅美『IN POCKET』BCCWJ)
(11) 馬鹿な野郎が、タクシーの前に自転車で、急に飛び出してきやがった。
(藤田宜永『モダン東京物語』BCCWJ)

　A型「〜やがる」では、主語の意図的行為に対する話し手の悪感情（忌々しさ、等）を述べると同時に、主語を蔑む（見下げる）主語下位待遇機能を有する。A型「〜やがる」には、(6)–(8)のように聞き手を罵倒するタイプと、(9)–(11)のように第三者を罵倒するタイプがあり、対象に対する話し手の感情表出の度合いは、一般に、面罵である前者の方が高いと言える。
　次に、B型「〜やがる」の例を見てみよう。

(12) 「ちくしょう。ぽつぽつ降ってきやがったぜ」暗いのでよく見えないが、肌にあたる滴の感じから、看板にもかなりの雨粒が落ちているはずだ。
(三田誠広『僕って何』BCCWJ)
(13) 「ベトナム戦争からだよ、すべてが落ち目になりやがったのは」
(シドニィ・シェルダン（著）・天馬龍行（訳）『神の吹かす風』BCCWJ)
(14) 「まったくいろんなことがありやがった。次から次へとな」
(半村良『鈴河岸物語』BCCWJ)
(15) 締め直したつもりが、どこからか水が漏りやがる。
(佐江衆一『江戸職人綺譚』BCCWJ)
(16) 「(略)目釘が腐ってやがる、畜生…これをつっ込んで、ウム、ウム（力を入れて目釘をおし出す）…さ、抜けたぞ、さァ…」
(山田洋次『真二つ』BCCWJ)
(17) 「ちくしょう！まだ頭痛がしやがる」
(岡平『鉄甲巨兵 some-line』BCCWJ)

　ここでの「〜やがる」は、事象全体に対する話し手の悪感情（忌々しさ、

等)を表すのみで、主語を蔑む(見下げる)主語下位待遇機能は認められない。A型「～やがる」は、「よくも」や「生意気にも」などの動作主(主語)に対する話し手の非難・憎しみを表す動作主指向的な文副詞との共起が可能であるが、B型「～やがる」はそれが不可能である(例：*生意気にも雨が降りやがった／*よくも降りやがったな)。また、B型「～やがる」は、主語との選択制限を失っているため(主語は動作主でなくてもよい)、非行為動詞が生起する。B型「やがる」は、次のような無主語文の例すら存在する。

(18) ちくしょう。暑くなってきやがったな。

　A型「～やがる」と異なり、B型「～やがる」では、主語下位待遇機能は見出せないことから、社会的ダイクシス性が消失している。
　歴史的には、「～やがる」はA型からB型へと用法を拡張してきたと考えられる。主語との選択制限を持たないB型「～やがる」は、主語との選択制限を持つA型「～やがる」よりも文法化がさらに進んだ段階にあると言える。
　ここで、さらに次のような「～やがる」の例について考えてみよう。

(19)　漬物にするんだな、大根がズラズラ並んでやがる、白さが眼にしみるようだ…　　　　　　　　　　　　(山田洋次『真二つ』BCCWJ)
(20)　「会社なんて、一人や二人いなくなったところで、ちゃんと動くようにできてやがるんだよなあ」
　　　　　(加藤良平『遺伝子工学が日本的経営を変える！』BCCWJ)
(21)　春一番、いい風が吹いてやがるぜ。こんな日は愛車に乗り込みいざレースだ！　　　　　(http://togetter.com/li/943600?page=2)

　ここでの「～やがる」は、統語的にはB型に位置づけられるが、先に見た(12)-(18)のB型「～やがる」と異なり、話し手の悪感情(忌々しさ)を表しているわけではない。ここでの「～やがる」は、単に述べ方がぞんざい(卑

俗的、粗雑的)であることを示しているに過ぎない。菊地 (1997: 39) は、待遇的意味の1つに、「上品↔卑俗」(話し手の、事物の述べ方の上品／卑俗に関わるもの)を挙げ、「卑俗」の例として、「尻」に対する「けつ」、「逃げ去る」に対する「ずらかる」などを挙げているが、(19)–(21) の「～やがる」はこの類例と言える (もっとも、ぞんざい (卑俗／粗雑) な述べ方は、(6)–(18) の「～やがる」でも一貫して認められる特徴である)[8]。本稿では、B 型「～やがる」を2種に下位区分し、(12)–(18) のタイプの「～やがる」を B1 型、(19)–(21) のタイプの「～やがる」を B2 型として区別しておく。

　A 型、B1 型、B2 型の意味特徴の違いは、表1のようにまとめられる。A 型、B1 型、B2 型に進むに従い、「～やがる」の意味が次第に希薄化していく段階性が読み取れる (○／×は、当該の意味特徴の有り／無しを示す)。

表1　A 型、B1 型、B2 型「～やがる」の意味特徴の違い

	主語名詞句に対する卑しめ・罵り	事象全体に対する悪感情(忌々しさ、等)	ぞんざい(卑俗・粗雑)な述べ方
A 型	○	○	○
B1 型	×	○	○
B2 型	×	×	○

　A 型、B 型の区分は、他の補助動詞型 (主語下位待遇型) の方言卑罵語にも適用可能と言える。たとえば、島根県では、「～やがる」に相当する卑罵語として「～さがる」が使われている (注2も参照)。「～さがる」は、島根県下では、岩見：浜田市、出雲：飯石郡、簸川郡、出雲市、八束郡、松江市、大原郡、仁多郡、能義郡、安来市、隠岐：西ノ島町別府、美田尻 (旧黒木村) の地域 (旧称地名含む) で使われているという報告がある (広戸・矢富 (編) 1963: 250)[9]。次は、真田・友定 (編) (2011) で挙げられている「共通ケンカシナリオ」(【　】部分) の島根方言訳 (調査地点：松江市周辺) である。

(22)　A：これ、酒が ねがの。まっと ようぇ しちょけ。
　　　【おい、こらっ、酒が足りないぞ。酒ぐらい用意しておけ。】

B： えーかげんに しさがれ。えつまで 飲んじょーだー。
　　【いいかげんにしろよ。いつまで飲んでるんだ。】
A： 黙っちょれ。おのらー なんか 文句が あーか。
　　【だまれっ、なにか文句があるのか。】
B： わーこそ、だーに向かって 言っちょーだらー。
　　【おまえこそ、誰に向かって言ってるんだ。】
A： なにー、おどらー やーだかー。
　　【なにー、やるのか。】
B： おー、えつでも 相手に なっちゃーぞ。
　　【おう、いつでも相手になってやる。】
A： わーが 偉ぶっちょったてて しわがれーぞ。
　　【おまえ、えらそうにするなよ。たたきのめすぞ。】
B： やーなら やーてみーだわや。この だーくそめが。
　　【やれるもんなら、やってみろ。このバカ。】
A： なにー だーくそだててー。おどらー よーも 言ーさがったなー。
　　【なにー、バカだと。きさまー。よくもぬかしやがったな。】
B： やかましわや。
　　【うるさい。】　　　　　　　　　（真田・友定（編）2011: 138）

　筆者が行った安来市方言（出雲方言）の調査[10]によれば、卑罵語「〜さがる」は基本的にA型の用法しか持たず、B型の用法を持つ「〜やがる」よりも使用範囲が狭い[11]。

(23)　a.　おまえ、そぎゃんこと言いさがって！
　　　　　（おまえ、そんなこと言いやがって！）
　　　b.　とっとと行きさがれ！
　　　　　（とっとと行きやがれ！）
　　　c.　あいつがうちの畑を荒らしさがった。
　　　　　（あいつがうちの畑を荒らしやがった）

d. あいつがうちの柿を取ーさがった。
(あいつがうちの柿を取りやがった)　　　　　（以上、A型）

(24) a. *雨が降ってきさがった。
(雨が降ってきやがった)

b. *ちきしょう。道が混んでいさがーぞ。
(ちきしょう。道が混んでいやがるぞ)

c. *タイヤがパンクしさがった。
(タイヤがパンクしやがった)

d. *こないだ植えた苗がもう枯れていさがー。
(こないだ植えた苗がもう枯れていやがる)

e. *いい風が吹いていさがー。
(いい風が吹いていやがる)　　　　　　　　　（以上、B型）
　　　　　　　　　　　　　　　　　（島根県安来市方言（出雲方言））

　ここでの文法性の違いは、A型とB型の区別があって初めて説明可能となる。

　A型、B型の区別は、他の方言卑罵語にも適用可能であると考えられる。中井 (2002: 49) は、畿内中央部で使用される「〜よる」がマイナス感情を含む場合、「雨などの有情物以外の場合でも運用が可能」であるとする (例：［晴れて欲しいのに、明日、雨が降る状況で］明日雨降りよる)。「〜よる」がB1型の用法を持つことが示唆される。「〜よる」を含む他の方言卑罵語（「〜さらす」「〜てけつかる」など）の使用範囲に関する詳細な調査は今後の課題となる。

　補助動詞型の卑罵語が含む卑語的意味は、Grice (1975、1989) のいう「慣習的推意」(conventional implicature) であると言える (Potts and Kawahara (2004)、Gutzmann and McCready (2016) も参照)。慣習的推意は、言語表現に符号化された意味である点で言外の意味である「会話的推意」(conversational implicature) と異なる一方、「言表内容」(「言われた事柄」)(what is said) からも独立した非真理条件的意味を表す（第 I 部第 1 章 3.3 節も参照）。補助動詞

型の卑罵語が含む卑語的意味は、非真理条件的意味であるため、否定の作用域からは外れる。たとえば、以下の例では、「〜やがる」の卑語的意味(話し手の卑罵感情)は否定されていない。

(25) 　——このケチン坊、なかなか金を溜めこんでけつかつて、人には貸そうとし<u>やがらねえ</u>んだ！　中津は、<u>忌々</u>しげに考えた。
　　　　　　　　　　　　　　　(黒島傳治「武装せる市街」348 頁)

　次節では、「〜やがる」が慣習的推意としての卑語的意味を歴史的にどのように獲得したのかについて考察を行う。

3. 「〜やがる」の歴史

3.1. 「〜やがる」の発達

　「〜やがる」は、「〜あがる(上がる)」から転じた語(「〜あがる」の訛形)とされる(松尾(1936: 851)、吉田(1971: 504)、『日本国語大辞典第二版』など参照)。金水(2001)は、主に「(〜)おる」について検討した研究であるが、「〜あがる(やがる)」などの他の補助動詞型の卑罵語についても次のような示唆的な指摘を行っている。

(26) 「〜おる」のほかに、中央の文献に広く見られる卑語的表現として、「〜くさる」「〜(て)けつかる」「〜あがる(やがる)」等がある。前二者については、本動詞「くさる」「けつかる」自身に卑語的意味あるいは卑語につながりやすいマイナス的意味が認められるので、通常の文法化と見られる。これにたいし「〜あがる(やがる)」は、「上がる」が語源であるとすれば、その卑語的意味の起源について文法化とは別の過程を考えなければならない。なぜなら「上がる」には無標の運動動詞としての意味および尊敬語の意味はあるが、特に卑語に直接結びつくようなマイナス的意味がほとんどないからである。「上がる」に

は、例えば次のような「食う」「飲む」等の尊敬表現としての用法がある。
　（i）　中々ことの外むまうござる、一つ<u>あがり</u>まらせひ
　　　　　　　　　　　　　　　　　　　　　　　（虎明本狂言・饅頭）
　ありそうな仮説としては、このような尊敬語としての「上がる」を補助動詞化したものが敬意を失い、卑しむべき対象に対して半ば戯言的に使われたものが固定化し、卑語となったのではないか。卑語的用法の比較的早いものとして、次のような例が挙げられる。
　（ii）　ヤイかしましい、あたり隣も有るぞかし、よつぽどにほたへ<u>あがれ</u>
　　　　　　　　　　　　　　　　　　　　　　　（浄瑠璃・女殺油地獄）
　ただし、尊敬語の「上がる」と、卑語の補助動詞の「〜あがる」を結ぶ証拠となるような用例を得ていないので、今のところは仮説にとどまる。なお、同種の敬意逓減の過程をたどった例として、尊敬語「頂戴」が依頼表現（「〜て頂戴」）としては幼児語・女性語へと変質していった事実を思い合わせてもよい。　　　　　　（金水 2001: 18–19）

　複合動詞の後項「〜あがる」は、古代中央語の文献から見られる。中古語の「〜あがる」には、「上がる」の空間的上昇の意味を（部分的に）保持した用法以外にも、メタファーなどを介して意味が抽象化した用法も認められるが、いずれの用法も客観的であり、言表内容（命題内容）の次元の意味に留まる[12]。

(27)　すこしあげたる簾うちおろしなどもせず、<u>起き上がり</u>て、（略）。
　　　　　　　　　　　　　　（源氏物語・蜻蛉・271 頁）（空間的上昇）
(28)　炎燃え<u>あがり</u>て廊は焼けぬ。
　　　　　　　　　　　　　　（源氏物語・明石・227 頁）（空間的上昇）
(29)　日さし<u>あがる</u>ほどに起きたまひて、昨夜のところに文書きたまふ。
　　　　　　　　　　　　　　（堤中納言物語・390 頁）（空間的上昇）
(30)　次々の人々なり<u>上がり</u>て、この薫中将は中納言に、三位の君は宰相に

なりて、(略)。　　　　　　(源氏物語・竹河・107 頁)(地位の上昇(昇進))
(31)　いといたう人々懸想しけれど、思ひあがりて、男などもせでなむあり
　　　ける。　　　　　　　　(大和物語・325 頁)(気位を高く持つ)
(32)　あやし、童べの雪遊びしたるけはひのやうにぞ、震ひあがりにける。
　　　　　　　　　　　　　　(源氏物語・浮舟・150 頁)(極点への到達)
(33)　やがてただ言ひに言ひあがりて、車のとこしばりをなむ切りてはべり
　　　ける。　　　　　(落窪物語・209 頁)(興奮して動作が激しくなる)

　中世末期頃の中央の言語を反映する『天草版平家物語』(1592 年刊)、『エ
ソポのハブラス』(1593 年刊)、『虎明本狂言集』(1642 年書写)には、補助動
詞型の卑罵語(主語下位待遇型)の「〜あがる(やがる／やあがる)」の用例は
確認されない。また、『日葡辞書』(1603 年刊)や『ロドリゲス日本大文典』
(1604 年 –1608 年刊)にも、卑罵語「〜あがる(やがる／やあがる)」の記述
は見られない[13]。補助動詞型の卑罵語(主語下位待遇型)としては、『虎明本
狂言集』などに、次のような「〜おる」の用例が確認されるに留まる。

(34)　(主)「そうべつ何もしりおらひで、むさとした事をいひ出しおつて、某
　　　とからかひおる、あちへうせおれ
　　　　　　　　　　　　　　　　　(虎明本狂言・花あらそひ・553 頁)

　金水(2001: 17)が(26)で挙げる近世前期上方の近松世話物浄瑠璃「女殺油
地獄」(1721 年初演)の例は、中央の歴史的資料に現れる卑罵語「〜あがる」
の早い時期の用例である。主として近世前期上方語を反映する『噺本大系
第一巻〜第八巻』(東京堂出版)所収の噺本作品 68 編、『西鶴集(上／下)』(日
本古典文学大系)所収の浮世草子作品 6 編、『近松浄瑠璃集(上)』(日本古典
文学大系)所収の近松世話物浄瑠璃作品 14 編を調査したところ、卑罵用法
の「〜あがる」は、金水(2001)も挙げる近松世話物浄瑠璃「女殺油地獄」
における(35)の 1 例のみであった(「〜やあがる」「〜やがる」の例はなかっ
た)[14]。

以下に、近世前・後期の作品(前期上方語、後期江戸語を基調とする作品の双方)に現れる卑罵語「～あがる」の用例を幾つか加えておく(時代物の浄瑠璃・歌舞伎作品からの用例も含まれているが、少なくとも卑罵語「～あがる」については、同時代(近世期)の言語使用を反映したものと見て差し支えないものと考える)。

(35) ヤイかしましい。あたり隣も有るぞかし。よつぽどにほたえあがれ。
　　　　　　　　　　　　　(浄瑠璃(世話物)・女殺油地獄(1721年初演)・407頁)
　　　　　　　　　　　　　　　　　　　　　　　　　　　　　(金水 2001: 18)

(36) 難波の五郎眼をむき出し。ホヽあたゝかな事をぬかし上る。
　　　　　　　　　　　　　(浮世草子・鬼一法眼虎の巻(1733年刊)・156頁)

(37) 「(略)マアとつ付におる宅内め。身が前へ出あがらふ。」
　　　　　　　　　　　　(浄瑠璃(時代物)・菅原伝授手習鑑(1746年初演)・82頁)

(38) ᵓ官蔵ᵓ「默りあがれ。大切な一國にかゝった詮議。又者の女風情に預けて濟ふか。邪魔せずとそこ退け。」
　　　　　　　　　　　　(歌舞伎脚本(時代世話物)・幼稚子敵討(1753年初演)・121頁)

(39) ᵓ定八ᵓ「ぬかすな。去るお侍から頼まれて、汝を方ゝと尋て居る。サア、失せあがれ。」
　　　　　　　　　　　　(歌舞伎脚本(時代世話物)・幼稚子敵討(1753年初演)・182頁)

(40) ᵓ官蔵ᵓ「默りあがれ。二色の宝を盗だとは、何を」
　　　　　　　　　　　　(歌舞伎脚本(時代世話物)・幼稚子敵討(1753年初演)・199頁)

(41) わゐら狂ふて斗ゐずと、座敷へうせあがらないか。
　　　　　　　　　　　　　　　　　(洒落本・遊子方言(1770年刊)・287頁)

(42) エヽけたいな街妻めら．あつちへきり〳〵うせあがれと．
　　　　　　　　　　　　(浄瑠璃(時代物)・妹背山婦女庭訓(1771年初演)・437頁)

(43) イヤ、そつちからあたつたのだ。だまつていきあがれ。
　　　　　　　　　　　　　　　　　(噺本・聞童子(1775年刊)・128頁)

(44) 今のよふにこだれくさつて、おれがむかいにいたをしつていなから、隙入あがつて。　　　(噺本・夕涼新話集(1776年刊)・318頁)

(45) 出しあがれ。今働らいたは此守り。

$\qquad$（浄瑠璃（世話物）・新版歌祭文（1780 年初演）・157 頁）

(46) ヤイ〳〵勘六がこと譏り<ruby>上<rt>そし</rt></ruby>ったは長八めじゃな。イヤおれじゃない久兵衞じゃ。イヤおれじゃないぞ〳〵。ヱ丶やかましい。どいつこいつの用捨はない皆覺悟してけつかれ。

$\qquad$（浄瑠璃（世話物）・新版歌祭文（1780 年初演）・159–160 頁）

(47) ぬかしあがれと責せってう。お勝は聲かけ小助待ちゃ。

$\qquad$（浄瑠璃（世話物）・新版歌祭文（1780 年初演）・166 頁）

(48) <ruby>弥次<rt></rt></ruby>「コリヤまちあがれ。

$\qquad$（滑稽本・東海道中膝栗毛（1802 〜 09 年刊）・334 頁）

(49) <ruby>おやぢ<rt></rt></ruby>「あほなことぬかせやい。しやうじすてゝゆくもんがあろかい。あんだらつくしあがれ

$\qquad$（滑稽本・東海道中膝栗毛（1802 〜 09 年刊）・481 頁）

　近世後期の江戸語を基調とする作品では、「〜あがる」の訛形の「〜やがる」の使用が多く見られるのが特徴である（特に、「〜やあがる」での使用が目立つ。「〜やあがる」は、動詞連用形の末尾と「やがる」の「や」とが融合して拗長音となったものとされる（『日本国語大辞典第二版』参照））。「〜あがる」から「〜やがる」への変化は、前項動詞の連用形の語末母音の [i] と後項「〜あがる」の語頭母音 [a] の間に硬口蓋接近音の [j] がわたり音として現れることで生じている。「江戸言葉では、イ列の音の下に「ア」が付くと、その「ア」が「ヤ」となることがある」という湯沢（1957: 32–33）の指摘も参照されたい。表 2 は、後期江戸語を基調とする幾つかの作品に現れる卑罵語「〜あがる」「〜やがる」「〜やあがる」の用例数を示したものである（「〜やあがる」の多くは「〜やアがる」の表記で現れる）。

表2　近世後期江戸語作品に現れる卑罵語「〜あがる／〜やがる／〜やあがる」の数[15]

	〜あがる	〜やがる	〜やあがる
遊子方言(洒落本、1770年刊)	1	0	0
辰巳之園(洒落本、1770年刊)	0	0	2
東海道中膝栗毛(滑稽本、1802–1809年刊)	3	1	131
浮世風呂(滑稽本、1809–1813年刊)	0	1	43
春色梅児誉美(人情本、1832–1833年刊)	0	0	10
比翼連理花廼志満台(人情本、1836–1838年刊)	2	1	1

『東海道中膝栗毛』と『浮世風呂』から用例を幾つかを挙げておく。

(50)　北八「ヲ、イまち<u>あがれ</u>。おれをばひどいめにあはし<u>やアがつた</u>
　　　　　　　　　　　　　　　　　　　　　　（東海道中膝栗毛・259頁）

(51)　北八「おき<u>やがれ</u>。　　　　　　　　（東海道中膝栗毛・194頁）

(52)　弥次「エ、おき<u>やアがれ</u>、このべらぼうやろうめ。よくおれをとんだめにあはせ<u>やアがつた</u>　　　　　　（東海道中膝栗毛・39頁）

(53)　した「なんだ。此がきめエ。又啼てうし<u>やアがつた</u>か。見たくでもねへ。どど、どいつが打た。お鬢のがきか。何だ、お鴇と二人だ。あのがきめらア。惣体依怙地悪い奴等だ。なんぞの代曲にやア、泣してよこし<u>やアがる</u>。うぬも又、うぬだは。あいつらに泣せられることがあるもんか。（略）」　　　　　　　　　　　（浮世風呂・145頁）

(54)　●コウ、おめヘン所のおかみさんもお髪はお上手だの。　■なんの、しやらツくせへ。お髪だの、へつたくれのと、そんな遊せ詞は見ツとむねへ。ひらつたく髪と云ふな。おらアきつい嫌だア。奉公だから云ふ形になつて、おまへさま、お持仏さま、左様然者を云て居るけれど、貧乏世帯を持つち<u>やア</u>入らねヘ詞だ。せめて、湯へでも来た時は持前の詞をつかはねへじ<u>やア</u>、気が竭(つ)らアナ。　●そんなら、うぬが所のかゝアめは、髪を引束<u>やアがる</u>ことが、上手だナ　■ヲイ、上手だがどうした。うぬが所の旦那めは、今おらが内ヘ來<u>やアがつて</u>、おらが親玉めと一緒に酒を食つて居<u>やアがる</u>が、まだ滅多に仕舞<u>やアが</u>

らねへから、かゝアめに預けて置て、おれ獨で湯へ來やアがつたら、いつの間にかうぬも來て居やアがる。そつちらを向きやアがれ。背中をひつこすつてやらうから、跡でおれが背中もひツこすりやアがれ。うぬ又いたく引ツこすりやアがんな。アヽ、息が切た。ヲヽ、せつねへ　●待やアがれ。うぬがいくら引ツこすらうとぬかしやアがつても、おらア垢摺（あかすり）を落したから、うぬが垢摺でおれが背中を引ツこすりやアがれ。湯が熱くは水をうめやアがつて、うぬ又、すべりやアがらねへやうに、そろ〳〵とながしやアがれ。ヲヽ、息がきれた。ヲヽ、大義だ■是じやア喧嘩をするやうだ。アヽ、是でさつぱりした。モウ〳〵〳〵内に居ると、あなた、どう遊ばせ、斯（かう）遊ばせで、おそれぬかせるのう。しみ眞実否だ。　　　　　　（浮世風呂・160–161頁）

　風呂場での下層階級の女性同士の会話を示す(54)では、「おれ獨で湯へ來やアがつたら」という使用例があり、話し手自身の行為に対して「〜やアがる」が付けられているが、この例は、この時代の「〜やアがある」に人称制限（主語＝非一人称者）が無かったことを示すのではなく、「遊せ詞」に対する「持前の詞」が誇張的に使われる中で、逸脱的に用いられた「〜やアがる」の例であると考えられる。
　近世期に現れる「〜あがる／〜やあがる／〜やがる」の用例は基本的にA型で占められている（その中でも、特に、面罵の使用例が目立つ）[16]。2.2節において、「〜やがる」がA型からB型へと用法を拡張させた可能性に言及したが、この可能性は歴史的にも補強され得ると言える。
　その他の「〜やがる」類の補助動詞型卑罵語（「〜よる」「〜くさる」「〜ほざく」「〜（て）けつかる」「〜さらす」など）が見られるようになるのも近世期に入ってからである（卑罵語「〜おる」はやや早く、室町末期頃には、その使用例が見られる）。

(55)　　たんば「（略）よふまあ大切ない佛を、なんぜくひよつた」
　　　　　　　　　　　　　　　　　　　　（東海道中膝栗毛・435頁）

(56) 房も寐よう引手あまたにどこの誰めと寐くさった。
　　　　　　　　　　（浄瑠璃(世話物)・心中重井筒(1707年初演)・82頁)
(57) さては盗ほざいたな。
　　　　　　　　　　（浄瑠璃(世話物)・心中天の網島(1720年初演)・365頁)
(58) それほど見たくば、近くへ寄つて見られに来た．サア我ウがぞんぶんに見けつかれ．
　　　　　　　　　　（浄瑠璃(世話物)・心中二枚絵草紙(1706年初演)・52頁)
(59) どう掏摸め覺えてけつかれ。
　　　　　　　　　　（浄瑠璃(世話物)・丹波与作待夜の小室節(1707年頃初演)・110頁)
(60) ᵐ平「兵六め、又拳に負さらしたな。何をさしても不器用な獄道では有る。」　（歌舞伎(時代物)・韓人漢文手管始(1789年初演)・327頁)

　山崎(1963: 417)は、「罵詈表現」の歴史を、体言でのみ表れる「体言罵詈表現時代」と、体言のみならず述語要素(動詞・助動詞など)にまで広く現れるようになる「動詞罵詈表現時代」とに二分し、その転換期として中世末期から近世初期頃を想定する。辻村(1968: 8)も、近世のことばの一特色として、「軽卑表現の発達」を挙げることができるとする。「中古〈をり〉卑語説」(金水2006: 168)をどのように説明するかなど課題もあるが、近世期に入って述語形の卑罵語の種類が格段に増加した点は間違いないと言える。以下は、近世後期の作品からの例であるが、多様な述語形の卑罵語の使用が認められる((61)の例に見られる「ひろぐ」は「する」の卑罵語で「しやがる」の意[17])。

(61) ᵒ次「コリヤ何ひろぐ。此つゝみはおいらのだハ ᵍⁿ助「ナニぬかしくさる。おどれら、やばなことはたらきくさるな。コリヤ見い。ふろしきのはしに、こちの名がかいてあるわい
　　　　　　　　　　　　　　　　　　　　　　（東海道中膝栗毛・338頁)
(62) ᵂうらいの人「イヤこやつ、ぞんざいなものゝぬかしよふじや。こゝなあんだらめが　ᵏ⁸「ナニあんだらたア何のことだ。道をきくからおし

へてやるのだハ 〈往来〉「イヤ細言ぬかすない。どたまにやしてこまそかい
（東海道中膝栗毛・359頁）

(63) 〈ていしゅ〉「おどれかい。ほてくろしい事さらしたな。マアおきくされ。ドレ頬見せさらせ 〈北八〉「イヤこの才六めらは、何でおれをそのよふにぬかしやアがる 〈ていしゅ〉「ぬかしたがどふすりやア。おどれ、吉弥めにきりもんかして欠落させおつたからは、ゆくさきはしつてけつかるじやあろ。ありていにほざき出しくされ 〈北八〉「とんだことをいふ。何おれがしるものか 〈ていしゅ〉「イヤ〰そないにぬかしさらしても、われが人にたのまれて、糸引くさつたにちがいはないわい
（東海道中膝栗毛・365頁）（山崎1963: 624）

(64) 〈中六〉「ヤイ〰〰、こいつらア、とんだ奴ぢやアねへかエ。湯の中は乱會の床だと思つてけつかるの。あつちイ倚りやア、新内と豊後のはねがかゝるシ、こつちへ除きやア、謠だか浄瑠璃だか、脳天から雫を浴しやアがつた。サア〰、どいつでも出ヤアがれ。あかるい所で勝負しべい
（浮世風呂・292頁）（山崎1963: 624）

　近世期の庶民社会における多様な人間関係の影響を受け、またそれを反映する形で、近世期において種々の卑罵語が発達し、待遇表現や発話のスタイルに多様性が生まれたと考えられる。総じて、日本語は、素材敬語の上に、対者敬語を発達させると共に、補助動詞型の授受表現や卑罵語を生み出すことによって、発話末（右の周辺部）において待遇機能の幅を広げてきたことになる。

3.2　補助動詞型の卑罵語における卑罵的意味の発生基盤

　金水（2001: 18）では、卑罵語「～あがる」が尊敬語「（～）あがる」の敬意逓減化によって成立した可能性が示唆されている。敬意逓減化により生じた卑罵語の例としては、二人称代名詞「貴様」「おまえ（御前）」などが知られている（佐久間（1951: 39–431）、辻村（1968: 175–208）等参照）。室町期から近世期にかけて用いられた助動詞「さる」も、元来の軽い尊敬・親愛の意味に

加え、そこから転じた卑罵の意味を表し得ていた点が知られている(『日本国語大辞典第二版』の「さる」(助動)の記述を参照)。このことから、尊敬語「(〜)あがる」の敬意逓減化により卑罵語「〜あがる」が生じたとする仮説も成り立ち得るものと言えるが、尊敬語「(〜)あがる」が飲食に使用が狭く限定される点を考えた場合、尊敬語「(〜)あがる」を卑罵語「〜あがる」の発生基盤と想定することにはやや疑問も残る。そこで、本稿では敬意逓減化とはやや異なった観点から卑罵用法の「〜あがる」の発生基盤について考えてみたい。

　中古以降の中央の文献に現れる「〜あがる」の中に、「平常心や慎みを失い(興奮して)、動作が度を越して激しくなる」意の「〜あがる」がある。

(65)　「(略)打杭うち立てはべりし所に立てはべりし。男ども、『所こそ多かれ、ここにしも』と言ひはべりしを、やがてただ言ひに言ひあがりて、車のとこしばりをなむ切りてはべりける。さて、人うちけるは、それはなめげに言ひたてりしを、憎さに、冠をなむうち落として、男ども引きふれはべりし。(略)」　　　　　　　　（落窪物語・209頁）
【こちらで打杭を立てておりました場所に相手が車をとめたのでございます。供人たちが『場所は多いのに、なぜここに限ってとめた』と言いましたのを、お互いに、ただただ言いつのって、車の床縛りの綱を切ってしまったのです。ところで、人をなぐったのは、そいつが無礼に言いまくったので、憎さに冠をうち落として、供人たちが引き倒したのでございます。】

(66)　三条内大臣、御もとに、客人まうで来たりけるに、隣に公重の少将の居られたりけるが、この殿の侍と、ものをいひあがりて、大つぶて打ちけるものは、そひ給ひたる、かたはらの格子を、いとおびただしく打ちたりければ、客人、気色おぼえけるに、人を召して、(略)。
　　　　　　　　　　　　　　　　　　　　（十訓抄・355–356頁）
【(略)公教公のお宅の侍と、何かのことで激しい言い合いとなり、大きな石つぶてを投げつけてきた。(略)】

近世前期以降の文献で確認される次の(67)のような「他者が慎みを失い高慢になる」意を表す「増長用法」の「〜あがる」(例「つけあがる」)[18] や、(68)のような「他者に対する罵りや蔑み」などの意を表す「卑罵用法」の「〜あがる」は、(65)、(66)のような「〜あがる」の延長線上に成立した用法であると考えられる。

(67) ヤア女と思ひ用捨すりゃ。付上ったるひっ切め。
(浄瑠璃(時代物)・源平布引滝(1749年初演)・81頁)
(68) 難波の五郎眼をむき出し。ホヽあたゝかな事をぬかし上る。
(浮世草子・鬼一法眼虎の巻(1733年刊)・156頁)

ここで、中世末から近世期の文献に現れる補助動詞型卑罵語(主語下位待遇型、非主語下位待遇型の双方)を整理してみると、それらは次の2種に大別できると言える。

(69) a. 本動詞に卑語的意味(下位待遇的意味)が認められ、その卑語的意味(下位待遇的意味)が補助動詞において継承されているタイプ。
b. 本動詞には卑語的意味(下位待遇的意味)が認められず、卑語的意味(下位待遇的意味)が補助動詞において新たに獲得されたタイプ(ただし、本動詞の中に卑語的意味(下位待遇的意味)につながり得るような「マイナス的意味」(金水2001: 18)を含む場合はある)。

aタイプには、「〜(て)けつかる」「〜さらす」「〜ほざく」「〜てこます」などがある。これらの卑罵語が有する卑語的意味(下位待遇的意味)は、本動詞「けつかる」「さらす」「ほざく」「こます」において認められる卑語的意味(下位待遇的意味)を基本的に引き継いでいる。次のような非主語下位待遇型の「〜てくれる」もこのaタイプに含められよう。

(70) ＾(山伏)「いでおのれいのりころひて̲く̲れ̲う̲

(虎明本狂言・かに山ぶし・456頁)

(71) ＾(出家)「やいおのれ、最前から某をなぶつたがよひか、只今おきて見よ、此長刀にてすねをなひ̲で̲く̲れ̲う̲ぞ

(虎明本狂言・あくばう・200頁)

　古典語「くれる」(古語は「くる」)は、次の例に見られるような現代語「やる」に相当する用法を持ち、そこでの受け手は与え手よりも身分・地位が低く(森 2016)、受け手を下位待遇する卑語的意味が認められる。この主語視点の「くれる」の下位待遇的意味を引き継ぎ、文法化によりその意味をさらに先鋭化させたのが(70)、(71)のような「～てくれる」であると言える。

(72) 北の方、「あたらあが子を、何のよしにてか、さるものに̲く̲れ̲て̲は見む」と惑ひたまへば、
【北の方は「なんと惜しい大切な子を、何のわけであんな者にくれてやるものですか」うろたえなさるので、】　　(落窪物語・164頁)

(73) 「(略)物な̲く̲れ̲そ。しをり殺してよ」
【「(略)何も食べさせるな。責め殺してしまえ」】(落窪物語・101頁)

　一方のｂタイプには、「～あがる(やがる)」のほか、「～くさる」が挙げられる。「～くさる」は「腐る」が語源であると考えられているが(『日本国語大辞典第二版』)、本動詞「くさる」自体には卑語的意味(下位待遇的意味)はない。可能性としては、本動詞「くさる」の用法の1つにある(74)のような他者の堕落した状態を表すマイナス的意味が「～くさる」の卑語的意味につながった可能性がある。他者の堕落した状態に対しては話し手の卑罵感情(見下げ、蔑み)が生じやすいと言えるからである。

(74) 「(略)一の大納言にて、いとやむごとなくてさぶらはせたまふに、̲く̲さりたる讃岐前司古受領の、鼓打ちそこなひて、立ちたうびたるぞか

し」と放言したいまつりけるを、(略)。　　　　(大鏡・191–192 頁)
【「(略)お一方はただ今第一の大納言でたいへん高貴な身で御覧になっていらっしゃるのに、一方は腐った讃岐前司の古国司で、しかも、競馬の太鼓を打ち損って、地面に立っておられるんだよ」と言いたいほうだいのことを申しあげましたが、(略)】

　卑罵語「〜さがる」は、中央の歴史資料においてその使用例が確認できていないが、「さがる(下がる)」の意味の一角にある「物事の程度が低くなる」(「(人が)落ちぶれる、卑しくなる」)意を表すマイナス的意味が「〜さがる」の卑語的意味につながった可能性がある(「なりさがる」も参照)[19]。いずれにせよ、島根県方言で発達している「〜さがる」はｂタイプの卑罵語であると言える。
　柳田(1991: 214–215)によれば、「〜おる」は、室町末期江戸初期頃に以下のようなアスペクト的意味(進行態)を含まない卑罵用法を発達させたという。これによれば、卑罵語「〜おる」の発達時期も、「動詞罵詈表現時代」(山崎 1963: 417)への転換期である中世末期から近世初期頃であることになる。

(75)　(土)「まだりくつをいひおる、あちへうせおれ」
　　　　　　　　　　　　　(虎明本狂言・なりあがり・532 頁)
(76)　(大名)「すさりおれ、言語道断うつけたやつめでおる、おのれがくらうた物の名をわするる事が有物か、(略)
　　　　　　　　　　　　　(虎明本狂言・ぶんざう・250 頁)
(77)　コリャ下郎め。見苦しい置きをれと肩を取つて
　　　　　　　　　　　　　(浄瑠璃(世話物)・心中宵庚申・440 頁)
(78)　まだいひをるか聞分ない。
　　　　　　　　　　　　　(浄瑠璃(世話物)・丹波與作待夜の小室節・101 頁)

　卑罵語「〜おる」の卑語的意味の出自に関しては先行研究で見解を異にする見方が提出されている。柳田(1991)は、「〜おる」は、室町末期江戸初期

において、尊敬表現「(お)〜ある」と対比的に捉えられる中で卑罵語となったとされる。一方、金水(2001)は、「〜おる」の卑語的意味は本動詞「おる」から引き継がれた可能性が示唆されている。金水(2006)では、平安第二期(西暦950年頃以降)の和文作品の「をり」に主語の指示対象を低く待遇する下位待遇性が認められ、この時代の「をり」は、「ゐたり」という新しい語の導入により古語化し、卑語へと転落していたとされる(「中古〈をり〉卑語説」)。

(79) 乞食どもの杯、鍋など据ゑてをるも、いと悲し。下衆ぢかなるここちして、入りおとりしてぞおぼゆる。

(蜻蛉日記・162頁)(金水2006: 171)
【物乞どもが、食器や鍋などを地面に据えて座っているのも、いかにもあわれである。卑しい者の中に入りこんだような感じがして、予想していたすがすがしい気分が、実際にはなかなか得られそうにもないような気がした】

詳細な検討は本稿の範囲を超えるが、ここでは、基本的に金水(2001)の見解に沿って、卑罵語「〜おる」は本動詞「おる(をり)」の下位待遇性を受け継いでおり、存在やアスペクト的な意味が希薄化することで、卑語的意味がさらに「先鋭化」(金水2001: 18)する方向で発達したのが、(75)–(78)のような室町末期江戸初期頃の作品に現れる「〜おる」であるとみなしておきたい[20]。

3.3 「〜あがる」における意味変化

前節では、「〜あがる」の卑語的意味は、中古以降の中央の文献に現れる「〜あがる」の「平常心や慎みを失い(興奮して)、動作が度を越して激しくなる」意が基盤となって、補助動詞「〜あがる」において新たに獲得された意味であるとする試論を提示した。「〜あがる」で想定される卑語化(pejoration)は、推意を背景とする主観化(subjectification)(Traugott 2010:

60) とみなし得る。すなわち、他者による平常心や慎みを失った度を越した（出過ぎた）動作に対して、話し手の卑罵的感情が会話的推意として生じ、その語用論的意味が慣習化（意味化）したことで、「～あがる」に卑罵用法が生じたと考えられる（会話的推意が慣習的推意として定着していく過程については、Grice (1975: 58)、Cole (1975: 273–277)、Hopper and Traugott (2003: 82) を参照）。

　しかしながら、「～あがる」は、その後の歴史において、卑罵用法を失っており、一旦、主観化を遂げた「～あがる」は、元来の客観的用法（上方向への移動など）に意味領域を縮小させ、「脱主観化」(de-subjectification) するに至っている。「～あがる」が脱主観化していく背景には、音韻変化によって「～あがる」から分岐した「～やがる」の存在がある。以下の例が示すように、卑罵用法の「～あがる」は、明治期の作品の中でも引き続き使用が見られ、同一文中に「～あがる」と「～やがる」が併用される例もあるが、現代共通語の少なくとも書きことばの中では基本的に「～やがる」に収斂している。

(80)　「考げえると詰らねえ。いくら稼いで鼠をとつたつて――てえ人間程ふてえ奴は世の中に居ねえぜ。人のとつた鼠を皆んな取り上げ<u>やがつ</u>て交番へ持つて行き<u>あがる</u>。（略）」
　　　　　　　　　（夏目漱石「吾輩は猫である」『漱石全集　第一巻』16 頁）
　　　　　　　　　　　　　　　　　　　　　　　　　　　　（吉田 1971: 505）
(81)　「へん年に一遍牛肉を誂へると思つて、いやに大きな声を出し<u>やがら</u>あ。牛肉一斤が隣り近所へ自慢なんだから始末に終へねえ阿魔だ」と黒は嘲りながら四つ足を踏張る。
　　　　　　　　　（夏目漱石「吾輩は猫である」『漱石全集　第一巻』46 頁）
(82)　帰りがけに覗いて見ると涼しさうな部屋が沢山空いてゐる。失敬な奴だ。嘘をつき<u>あがつた</u>。
　　　　　　　　　　　（夏目漱石「坊っちゃん」『漱石全集　第二巻』262 頁）
(83)　バッタの癖に人を驚ろかし<u>やがつて</u>、どうするか見ろと、いきなり括

り枕を取つて、二三度擲きつけたが、相手が小さ過ぎるから勢よく抛
げつける割に利目がない。

(夏目漱石「坊っちゃん」『漱石全集　第二巻』283 頁)

　伸長してきた「〜やがる」との競合によって、「〜あがる」は次第に卑罵
用法を駆逐されていき、元来の客観的意味へと意味領域を縮小させるに至っ
たと考えられる。「〜あがる」の意味変化は、総体として捉えた場合、主観
化の一方向性の仮説に対する反例となる[21]。

4. おわりに

　日本語において、補助動詞型の卑罵語は、敬語や授受表現などと共に、発
話末(右の周辺部)において対人関係を反映する待遇表現のバリエーションを
形成している。本稿では、補助動詞型の卑罵語、その中でも特に「〜やがる
(あがる)」の歴史に焦点を当てた考察を行い、日本語が歴史的に発話末(右
の周辺部)において待遇機能の幅を広げてきたことを論じた。本稿では、現
代語の「〜やがる」が、コントロール構造を基盤とするタイプ(A 型)と繰り
上げ構造を基盤とするタイプ(B 型)とに区別でき、後者の「〜やがる」が前
者の「〜やがる」よりも文法化が進んだ段階にある点を、出雲方言の補助動
詞型の卑罵語「〜さがる」との比較対照を交えつつ論じた。さらに、「〜や
がる」の前駆形「〜あがる」における卑語的意味の発生メカニズムについて
考察を行い、他者による平常心や慎みを失った(度を超えた)行為に対して、
話し手の卑罵的感情が会話的推意として生じ、その意味が慣習化したこと
で、「〜あがる」が卑罵用法を獲得したという試論を提示した。また、卑罵
用法を獲得し、主観化を遂げた「〜あがる」が、その後の歴史において、「〜
やがる」との競合により、卑罵用法を駆逐され、脱主観化を遂げるに至って
いる点を指摘した。「〜あがる」の意味変化は、総体として捉えた場合、主
観化の一方向性の仮説に対する反例となる。
　歴史語用論のアプローチからの周辺部研究では、周辺部に生起する語用論

標識が、いかなる語彙を源泉とし、通時的にどのように変化・発達してきたかを探ることになるが（Beeching and Detges 2014: 12–13）、「〜やがる（あがる）」を含む補助動詞型の卑罵語の歴史はその興味深いケース・スタディの１つとなると言える。

　今後の課題の１つとして、卑罵語の対照研究が挙げられる。述部において、文法的な敬語を発達させている言語においては、文法的な卑罵語の発達も見られることが予想される。実際、日本語と同様、文法的な敬語体系を有する韓国語では、述語部分において、接頭辞「처〜」(che) [22] や補助動詞「〜지랄」(cilal)（概ね日本語の「〜やがる」に近い意味を表す）のような文法的な卑罵語が発達している。ただし、これらの卑罵語は、基本的に行為動詞と共に使われ、総じて、日本語の「〜やがる」ほどは使用範囲は広くないようである（ハングルのローマ字表記はイェール式による）。

(84)　왜　　　내꺼　　　멋대로　처먹고　　　　　　지랄이야？
　　　way　naykke　mestaylo　che-mek-ko　　cilaliya?
　　　何で　俺のもの　勝手に　強意語-食べる-接続語尾　やがる
　　　「何で俺のものを勝手に食べてやがるんだ」

(85)　또　　처자고　　　　　　　지랄이야.
　　　tto　che-ca-ko　　　　　　cilaliya.
　　　また　強意語-寝る-接続語尾　やがる
　　　「また寝てやがる」

(86)　쟤　　또　　처오고　　　　　　　　지랄이네.
　　　cyay　tto　che-o-ko　　　　　　cilaliney.
　　　あいつ　また　強意語-来る-接続語尾　やがるなぁ
　　　「あいつまた来てやがるなぁ」

(87)　왜　　문을　　처잠그고　　　　　　지랄인지…
　　　way　mwun-ul　che-camku-ko　　cilalinci…
　　　何で　ドア-を　強意語-閉める-接続語尾　やがるんだ
　　　「何でドアを閉めてやがるんだ」

(88) ?왜　　이런　　　곳에　　　　나무가　　　　　처쓰러져있고
　　　way　ilen　　kosey　　　namwu-ka　　che-ssulecyeiss-ko
　　　何で　こんな　ところに　木-が　　　　強意語-倒れている-接続語尾
　　　지랄인지…
　　　cilalinci…
　　　やがるんだ
　　　「何でこんなところに木が倒れてやがるんだ」

(89) ?왜　　문이　　　　처잠겨있고　　　　　　　　지랄인지…
　　　way　mwun-i　　che-camkyeiss-ko　　　　　　cilalinci…
　　　何で　ドア-が　強意語-閉まっている-接続語尾　やがるんだ
　　　「何でドアが閉まってやがるんだ」

(90)?? 왜　　바닥이　　처더러워져있고　　　　　　지랄인지…
　　　way　patak-i　　che-telewecyeiss-ko　　　　cilalinci…
　　　何で　床-が　　強意語-汚れている-接続語尾　やがるんだ
　　　「何で床が汚れてやがるんだ」

ただし、以下のような例は比較的自然なようである。

(91)　주말에　　　비가　　처오고　　　　　　　　지랄이야　니미랄….
　　　cwumaley　pi-ka　che-o-ko　　　　　　　　cilaliya　　nimilal….
　　　週末に　　雨-が　強意語-降る-接続語尾　　やがる　　くそ
　　　「週末に雨が降りやがる、くそ…」

　　　　　　　　　　　　　　　　　（http://cafe.naver.com/roaduphill/163）

　非行為的事象の中でも降雨（降雪）のような自然現象は特別であり、行為的事象に準じた解釈が許容されやすいのであろう（cf. 澤田（2014））。
　これとの関連で想起されるのは、韓国語の尊敬の補助語幹「시（si）」の特異な現象である。尊敬の補助語幹「시」は、通例、人間主語の行為的事象の中で使われるが、一部の話者の間では、降雨（降雪）といった自然現象を表す

事象の中でも使われている（李・李・蔡（2004: 240）参照）。

(92) 비가　　오신다.　　　　　　　　　　　（cf. 李・李・蔡 2004: 240）
　　　pi-ka　　osinta.
　　　雨-が　　お降りになる
　　　「lit. 雨がお降りになる」

(93) 밤새워　　　눈이　　　내리셔서
　　　pamsaywe　nwun-i　naylisyese
　　　夜通し　　雪-が　　お降りになって
　　　마당　　장독대에　　　눈이　　쌓였네요 ^^
　　　matang　cangtoktay-ey　nwun-i　ssahyessneyyo
　　　庭　　　甕置台-に　　　雪-が　　積もりました
　　　「lit. 夜通し雪がお降りになって、庭の甕置台に雪が積もりました ^^」
　　　　　　　　　　　　　　　　（http://blog.naver.com/dobearo/20201509215）

　おそらく自然崇拝の名残りであると考えられるが、興味深いことに、日本の一部の方言地域（富山県五箇山地方など）でも自然現象に対して尊敬語が使われる現象が報告されており（真田 1994: 212-213、国立国語研究所 1986: 214-215、大西 2016: 78-90）、言語間の意外な共通性が認められる [23]。
　敬語も視野に収めた形での卑罵語の「事象拡張」の現象の考察に関しては今後の課題としたい。

付記
本稿は、日本認知言語学会第 10 回大会（京都大学、2009 年 9 月 27 日）、及び、「平成 28 年度　国際モダリティワークショップ―モダリティに関する意味論的・語用論的研究―」（於：関西外国語大学、2016 年 8 月 23 日）において発表した内容に大幅な加筆・修正を施したものである。本稿の草稿に対して有益なご助言を下さった小野寺典子氏と東泉裕子氏、並びに、インフォーマント調査にご協力下さった方々に感謝申し上げたい。データの収集にあたっては、「現代日本語書き言葉均衡コーパス（BCCWJ）」（国

立国語研究所)、「日本語歴史コーパス」(国立国語研究所)、「日本古典文学大系データベース」(国文学研究資料館)の恩恵を受けた。

注

1 待遇表現の定義は、菊地(1997: 33)の次の定義に従う。

　(i) 基本的には同じ意味のことを述べるのに、話題の人物／聞手／場面などを考慮し、それに応じて複数の表現を使い分けるとき、それらの表現を待遇表現という。　　　　　　　　　　　　　　　　　　(菊地 1997: 33)

　菊地(1997: 33–34)によれば、たとえば、「いらっしゃる」(尊敬語)と「来やがる」(卑罵語)は、共に〈来る〉という「基本的意味」を含むが、それぞれ、〈主語を上位者として高める〉、〈主語に対して悪い感情をこめて述べる〉という「待遇的意味」の部分で異なるという。

　菊地(1997)の言う「基本的意味」、「待遇的意味」は、それぞれ、Grice (1975、1989)における「言表内容」(what is said)、「慣習的推意」(conventional implicature)のレベルの意味に対応し得る点が注目される(Potts and Kawahara (2004)、本稿 2.2 節参照)。

2 辻村(編)(1995: 661)における次の記述も参照(京阪方言の卑罵語「〜よる」については、宮治(1987)、井上(1993, 1998)、中井(2002)、金水(2006)、青木(2010)、西尾(2015)などを参照)。

　(i)　卑罵表現には「読む」に対して「読ミヤガル」が全国的に使われており、特に関東を中心として東北や中部に勢力が強い。西日本では他の語形と併用されていてそれほど盛んではない。

　「読ンデケツカル」は近畿や中部で多く使われるが、西関東の一部でも見られる。

　「読ミクサル」は近畿・中国・四国に多いが、九州の一部でも聞かれる。さらに西日本では、「読ミサラス」「読ミサガル」なども見られる。

　長崎・佐賀では「読ミハタス」、熊本では「読ミクサリヤガル」という形もある。以上のように、尊敬表現の盛んな近畿地方は、逆方向の卑罵表現も多様で、さらに、第三者についてのみ用いる軽い軽蔑的表現の「読ミヨル」がある。この「ヨル」は京都の郡部などでは継続態的な意味が強く、紀伊半島山間部や四国などの辺境では「ヨル」が尊敬として用いられているという。　　　　　　　　　　(辻村(編)1995: 661)(加藤(1973: 42-44)も参照)

　卑罵語「〜さがる」「〜はたす」に関して、『日本方言大辞典(上巻／下巻)』(小学

館)では、下記のような記述が見られる。
　　(ii) a.「さがる【下】」：動詞の連用形に付いて、その動作をする者を卑しめる気
　　　　　持ちを表す。やがる。鳥取県西伯郡「使いに行って来さがれ」島根県「行
　　　　　きさがった」　　　　　　　　　　　　　　　（『日本方言大辞典（上巻）』983頁）
　　　　b.「はたす」：活用語の連用形に付けて、ののしる意を表す。やがる。佐賀
　　　　　県「行きはたせ」　熊本県「何をいーはたすか」
　　　　　　　　　　　　　　　　　　　　　　　　　（『日本方言大辞典（下巻）』1909頁）
　出雲方言の卑罵語「〜さがる」については、2.2節で取り上げる。

3　「〜てこます」は、次のような「やる」の意の卑語の授与動詞「こます」が文法化した形式である。
　　(i)^(山賊)「されひ、こじきにとらすると思て、こますするぞ
　　　　　　　　　　　　　　　　　　　　　　　　　　（虎明本狂言・やせ松・146頁）

4　非主語下位待遇型の卑罵語は、「尊大語」（「話し手が尊大すなわち威張っていかにも偉そうな態度で、自分を上位に置き、相手や第三者を下位に置いた形で表現するもの」（『日本語文法大辞典』（明治書院）「尊大語」の項目参照（西田直敏氏執筆、422頁、波線は本稿の筆者））とも共通する特徴を一部含んでおり（波線部分を参照）、他者に不利益や損害をもたらす意の「〜てくれる」「〜てくれてやる」のように、非主語下位待遇型の卑罵語であるか尊大語であるかは必ずしも明確に区別しにくいものもある。

5　菊地（1997: 40）は、事態に対する印象が悪ければ、話手自身の動作について、次のように「〜やがる」を使うことも人によってはあるだろうとしている。
　　(i) しまった。また失敗しやがった。　　　　　　　　　　　　　（菊池1997: 40）
　私見では、(i)では、話し手は自己を他者化しており、「主語＝非一人称者」の人称制限そのものは存在する。もっとも、(i)のような場合、「〜やがる」よりも「〜ちまう」などを使う場合の方が多いだろう（ただし、「〜ちまう」は卑罵語ではない）。
　　(ii) しまった。また失敗しちまった。

6　京阪方言の卑罵語の「〜よる」は、「〜やがる」などよりも人称制限が厳しく、主語は三人称者に限られる（主語に二人称者は現れない）ようである（宮治（1987: 46）、金水（2006: 194）、西尾（2015: 83）などを参照）。

7　ただし、謙譲語Bのうち、とくに主語を低めるわけではなく、単に聞き手に対する丁重さを表す用法（丁重語）（菊地1997: 273）（例：花粉の季節がやって参りました）については、「〜やがる」との共起が可能かもしれない（ただし、戯言的な言い方に感じられ、人によっては不自然と判断されよう）。
　　(i) 花粉の季節がやって参りやがりました。
　　　　　　　　　　　　　　　　　（http://x64.peps.jp/bfraven/top/kbbs.php）

なお、(i)での「〜やがる」は、主語を見下げているわけではなく、出来事に対する悪感情のみを表しており、次節で述べるB型の「〜やがる」にあたる。
8 対象（人）に対する卑しめの意味が抜け落ちて、ぞんざい（卑俗・粗雑）な述べ方を示す語へと意味の希薄化が認められる現象としては、他に「やつ」や「こいつ／そいつ／あいつ」などが挙げられる。たとえば、次の例の「そいつ」は、「それ」のぞんざいな表現となっており、指示対象も人ではなく、前発話の事柄である（「こいつ／そいつ／あいつ」の指示対象の拡張に関しては、小川・澤田・大谷（2011）を参照）。
  (i)「少し沢山ふかして、みんなのところにも夜食のさし入れする？」
    「そいつはいいな。今日は売上げも好調だったし」
                        （五木寛之『青春の門』）（BCCWJ）
9 藤原（1978: 621）によれば、卑罵語「〜さがる」の使用は、島根県のほか、鳥取県、三重県、岐阜県にも見出せるとされる。
  (i)「〜上がる」は、多く、「＋ヤガル」の形でおこなわれている。
    「〜上がる」に対する「〜下がる」もある。生田弥範氏の『山陰方言概論』（今井書店）には、「鳥取県方言」の、「ののしる時、見下げて言いつける時」の、
      見さがれ　　しさがれ　　ねさがれ　　話しさがれ
    というのが見えている。島根県・三重県・岐阜県にも、「〜サガル」が見いだせる。
                        （藤原 1978: 621）
10 データの作成および分析にあたり、島根県安来市（旧：能義郡）広瀬町出身で安来市方言（出雲方言）が母方言の澤田治美氏（1946年生まれ）の協力を得た。
11 インフォーマント調査では、次の例を自然とみなす話者（1939年生まれ・女性・島根県安来市西赤江町在住）がいた。
  (i) 台風が来さがった。
    （台風が来やがった）
この例が自然なのは、動詞「来る」が基本的に人間を主語とする移動動詞であり、台風の移動が人間の移動に準じて捉えられやすいからだと考えられる。
12 『平安時代複合動詞索引』（清文堂）では、「〜あがる」の複合動詞形として、「言ひあがる」「浮きあがる」「打ちあがる」「起きあがる」「生ひあがる」「思しあがる」「思ひあがる」「返りあがる」「差しあがる」「立ちあがる」「飛びあがる」「成りあがる」「延びあがる」「走りあがる」「這ひあがる」「響きあがる」「震えあがる」「燃えあがる」「持ちあがる」「揺るぎあがる」「｛沸き／湧き｝あがる」「居あがる」（意味：座席から立ち上がりかける。座席からのびあがる（『日本国語大辞典第二版』参照））、「踊りあがる」が挙げられている。
13 それぞれの作品の調査テクストは次の通り。江口正弘（著）（1986）『天草版平家物語 対照本文及び総索引 本文篇』明治書院／大塚光信・来田隆（編）（1999）『エソポ

のハブラス 本文と総索引 本文篇』清文堂出版／大塚光信（編）(2006)『大蔵虎明能狂言集翻刻註解（上巻／下巻）』清文堂出版／土井忠生・森田武・長南実（編訳）(1980)『邦訳日葡辞書』岩波書店）／J. ロドリゲス（著）・土井忠生（訳註）(1955)『日本大文典』三省堂出版．

14 調査にあたっては、「日本古典文学大系データベース」（国文学研究資料館）、「噺本大系本文データベース」（国文学研究資料館）を利用した。調査作品は以下の通り（『噺本大系　第一巻～第八巻』には一部江戸噺本の作品が含まれているが、今回の調査では除外しなかった）．

『**噺本大系　第一巻～第八巻**』(東京堂出版)：第一巻：「寒川入道筆記」(1613 年成立)、「戯言養気集」(慶長・元和頃刊)、「昨日は今日の物語」(古活字十行本／古活字八行本(元和・寛永頃刊)、製版九行本(1636 年刊)、写本(書写年不明))、「わらいくさ」(1656 年刊)、「百物語」(1659 年刊)、「私可多咄」(1671 年刊)／第二巻：「醒睡笑」(1623 年序)、理屈物語(1667 年刊)／第三巻：「一休はなし」(1668 年刊)、「一休関東咄」(1672 年刊)、「狂哥咄」(1672 年刊)、「かなめいし」(寛文頃刊)、「竹斎はなし」(1672 年頃刊)、「一休諸国物語」(1672 年頃刊)／第四巻：「秋の夜の友」(1677 年刊)、「囃物語」(1680 年刊)、「杉楊子」(1680 年刊)、「新竹斎」(1687 年刊)、「篭耳」(1687 年刊)、「二休咄」(1688 年刊)、「諸国落首咄」(1698 年刊)／第五巻：「宇喜蔵主古今咄揃」(1678 年刊)、「当世軽口咄揃」(1679 年刊)、「軽口大わらひ」(1680 年刊)、「当世手打笑」(1681 年刊)、「当世口まね笑」(1681 年序)、「鹿野武左衛門口伝はなし」(1683 年刊)、「鹿の巻筆」(1686 年刊)、「正直咄大鑑」(1687 年刊)、「当世はなしの本」(貞享頃刊)／第六巻：「枝珊瑚珠」(1690 年刊)、「軽口露がはなし」(1691 年刊)、「遊小僧」(1694 年刊)、「初音草噺大鑑」(1698 年刊)、「露新軽口はなし」(1698 年)、「露五郎兵衛新はなし」(1701 年刊)、「軽口御前男」(1703 年刊)、「軽口ひやう金房」(元禄頃(1688 年 -1703 年) 刊)／第七巻：「軽口あられ酒」(1705 年刊)、「露休置土産」(1707 年刊)、「軽口星鉄炮」(1714 年刊)、「軽口福蔵主」(1716 年刊)、「軽口出宝台」(1719 年刊)、「軽口はなしとり」(1727 年刊)、「軽口機嫌嚢」(1728 年刊)、「座狂はなし」(1730 年刊)、「咲顔福の門」(1732 年刊)、「軽口独機嫌」(1733 年刊)、「軽口蓬莱山」(1733 年刊)、「水打花」(享保頃(1716 年 -1735 年) 刊)、「軽口もらいゑくぼ」(享保頃(1716 年 -1735 年) 刊)／第八巻：「軽口初売買」(1739 年刊)、「軽口福おかし」(1740 年刊)、「軽口新歳袋」(1741 年刊)、「軽口耳過宝」(1742 年刊)、「軽口若夷」(1742 年刊)、「軽口へそ順礼」(1746 年刊)、「軽口瓢金苗」(1747 年刊)、「軽口笑布袋」(1747 年刊)、「軽口浮瓢単」(1751 年刊)、「軽口腹太鼓」(1752 年刊)、「軽口福徳利」(1753 年刊)、「軽口豊年遊」(1754 年刊)、「口合恵宝袋」(1755 年刊)、「軽口東方朔」(1762 年刊)、「軽口扇の的」(1762 年刊)、「軽口はるの山」(1768 年刊)、「軽口片頬笑」(1770 年刊)

『**西鶴集(上／下)**』(日本古典文学大系)：「好色一代男」(1682 年刊)、「好色五人女」

(1686年刊)、「好色一代女」(1686年刊)、「日本永代蔵」(1688年刊)、「世間胸算用」(1692年刊)、「西鶴織留」(1694年刊)

『近松浄瑠璃集(上)』：「曾根崎心中」(1703年初演)、「堀川波鼓」(1706年初演)、「心中重井筒」(1707年初演)、「丹波與作待夜の小室節」(1707年頃初演)、「五十年忌歌念佛」(1707年初演)、「冥途の飛脚」(1711年初演)、「夕霧阿波鳴渡」(1712年初演)、「大經師昔暦」(1715年初演)、「鑓の權三重帷子」(1717年初演)、「山崎與次兵衛壽の門松」(1718年初演)、「博多小女郎波枕」(1718年初演)、「心中天の網島」(1720年初演)、「女殺油地獄」(1721年初演)、「心中宵庚申」(1722年初演)

15 「遊子方言」「辰巳之園」「東海道中膝栗毛」「浮世風呂」「春色梅児誉美」の調査に際しては、「日本古典文学大系データベース」(国文学研究資料館) を利用した。また、「比翼連理花廼志満台」の調査に際しては、国立国語研究所 (2015)『ひまわり版「人情本コーパス」(日本語歴史コーパス江戸時代編)』http://pj.ninjal.ac.jp/corpus_center/chj/edo.html#ninjou (Ver. 0.1) を利用した。

　なお、「比翼連理花廼志満台」に現れた次の「〜やああがる」の例は、便宜上「〜やあがる」としてカウントした。

　　(ⅰ) これから後店のめへでも通り<u>やああがり</u>やあただはおかねへ よくおほえてけつかれ　　　　　　　　　　　(比翼連理花廼志満台・二編上・18 頁)

16 歌舞伎脚本(世話物)の「小袖曾我薊色縫」に、次のB型(B1型)とおぼしき用例があるが、この文は『日本古典文学大系』が底本する本文にはなく(他系統の写本により補われた箇所であり)、本文としての信頼度にやや疑問を残す。

　(ⅰ) (三次「とんだものが掛り<u>ゃアがった。</u>○」　　　　　　　　　　　　　　　　　(歌舞伎(世話物)・小袖曽我薊色縫(1859年初演)・325頁)

17 島根県の一部地域(出雲：簸川郡、八束郡、大原郡)などでの使用が報告されている卑罵語「ひろぐ」は、近世期の作品に見られる「ひろぐ」と同語であろう(『日本方言大辞典』「ひろぐ」の項目も参照)。

　　(ⅰ) (1)するの卑語。「邪魔をヒログな」(2)言うの卑語。「悪態をヒログな」**ふろぐとも。**　　　　　　　　　　　　　　　(広戸・矢富(編)1963: 583)

18 姫野(1999: 42)は、「つけあがる」「思いあがる」を「〜あがる」の「増長」用法とし、「この2語は、一体化していて分析が困難だが、しいて言えば、「あがる」は、程度を超えて"あがる"厚かましさ」を表し、また、「好ましくない状態」を示すとする。

　なお、『時代別国語大辞典　室町時代編一』(三省堂)では、本動詞「あがる」の意義の1つとして、「他に対する平常心や慎みを失って高慢になる」を立て、以下のような用例を挙げているが、(67)の「増長用法」の「〜あがる」は、この「あがる」の補助動詞用法と言える。

　　(ⅰ) 人はあかりあかりて落ち場を知らぬなり。たた慎みて不断そら恐ろしきこ

とと、毎事につけて心を持つべき由、仰られ候　　　　　　　　（実悟旧記）
　(ii) モシ又アガリテ言ハバ、無道ノ者、愚ナル者、バカ者ナドノ無礼ヲシカケ、
　　　 悪口ヲ云ヒカクル事アラバ、其人ニヨリテ酔狂人トモ見フベシ　（三徳抄）
　また、『江戸時代語辞典』(角川学芸出版)では、「あがる」の意義の１つに「の
ぼせ上がる・たかぶる」を立て、『当世滑稽談義』(1771年刊)から次の例を挙げて
いるが、(i)、(ii)と同種の例であろう。
　(ii) おどけましりの高慢に、元来舎利弗腹立上戸、これこれ坊主あまり上るな
　　　 胸がわるい　　　　　　　　　　　　　　　　　　　　　（当世滑稽談義）
19　たとえば、次の例を参照(ただし、この箇所は異文が見られ、宮内庁書陵部所蔵本
の本文では、「あるいは不覚なるをも侮る。下がりざまなるをも侮りて」となって
いる(『新編日本古典文学全集51 十訓抄』121頁参照))。
　(iii) 或はふかくなるをもあなづる。或はわれより下れるをも侮る
　　　　　　　(東大国文研究室本十訓抄〔1252〕三・序)(『日本国語大辞典第二版』)
　なお、語彙化しているが、他動詞形の「見くだす」(「〜くだす」)や「見さげる」
(「〜さげる」)にも、他者を劣ったものと見るマイナス的意味が含まれている。
20　金水(2006: 193–194)が指摘するように、平安時代の「をり」「〜をり」、室町時代
末江戸時代初期の「おる」「〜おる」、現代京阪方言の「おる」「〜よる」のそれぞ
れが有する「卑語的意味」の内実については、さらに深い検討が求められる。
　(i) 本章で見たように、平安時代の「をり」は、主として中流貴族階級からの
　　　冷笑的な視点に基づく三人称者の描写に用いられていたが、室町時代末江
　　　戸時代初期の資料に見られる「おる」や「- おる」は、上位者から下位者
　　　の二人称に対しても盛んに用いられ、尊大語的なニュアンスの強いもので
　　　あった。それに対し現代京阪方言の「おる」「- よる」は、使用者の品位を
　　　も下げてしまう機能を持ち、また「- よる」は三人称者しか主語に取れない
　　　という制約を持っている。このように、同じ卑語でもその性質はかなり異
　　　なっているのである。そもそも、「卑語」あるいは「下位待遇語」とは何か
　　　という問題について、謙譲語との関連も含めて、敬語論全体の中で検討を
　　　重ねる必要があるであろう(cf. 西尾 2003)。　　　　（金水 2006: 193–194）
21　Traugott (2011: 70)は、「文法化と(間)主観化における一方向性は、検証可能な強
い仮説であるので、それらを引き起こす相互作用の要因と同様に、理論的にきわ
めて重要である」(福元広二(訳))と述べているが、一方でTraugott (1995)におい
て、次のようにも述べられている。
　(i) 言語変化において見出される規則性のほとんどにおいて言えることだが、
　　　［主観化の一方向性についても］反例は存在するものの、そうした反例は
　　　全て文法化の最終段階において見られるものである。一例として、英語
　　　におけるパーフェクト(完了相)(perfect)からパーフェクティブ(完結相)

(perfective)への発達（本書のKathleen Careyの論文を参照）、さらにこれと幾分似た変化として、スペイン語のパーフェクトの用法が驚き（surprise）や情報的価値（information value）を表すようになり、そして最終的に、今日過去（hodiernal past time）を表すようになる変化が挙げられる（Schwenter 1994）。さらに別の事例として、フランス語の接続法（subjunctive）に見られる様相態度（modal attitude）の標識から従属（subordination）の標識への発達が挙げられる。しかしながら、これらの事例のどれ一つを取ってみても、完全な脱主観化（complete desubjectification）の事例とは言えない。時制や節接続詞は、少なくとも部分的には、話し手の時間（speaker time）や談話構成（discourse organisation）との関係性を符号化するために機能するものだからである。　　　　　　（Traugott 1995: 45–46）（[　　]内の補足は本稿の筆者）

　ここでの説明に見られるように、Traugott（1995）では、文法化の最終段階（すなわち、機能語となった後の段階）においては、「主観化の一方向性」に対する反例が存在するものの、そこでの意味変化において新たに生じている意味には未だ話し手の関与が認められる点で純客観的とは言えず、したがって、「完全な脱主観化」の事例とは言えない点を指摘している。

　本稿が取り上げる「〜あがる」の意味変化は、主観的意味（卑語的用法）が獲得された段階までは典型的な主観化とみなし得るが、その後の意味変化において「〜あがる」から主観的意味としての卑語的用法は失われており、「完全な脱主観化」の事例とみなし得る。

22　接頭辞「처」は「強意語」（intensifier）であるが（Yoon 2015: 59）、(84)–(87)では、卑罵的なニュアンスがある。

23　次の記述を参照。
　(i)　五箇山地方の方言の記述をしていて、いくつか気づいたことがあります。その一つに、この地方にはもともと天体や天象を擬人化し、それに対して敬語を使うということがありました。それがある年層を境にして無くなってきています。はっきりとした線を引くことはできませんが、およそ五十歳くらいが境のようです。「日様出やっさった」「お月様かくりゃっさった」「星様出てござる」、待ちこがれた雨が降れば、「よい雨が降らっさってのい」などと、この地方での最上級の敬語を使います。四十代の人たちは、自分では使わないまでも、これを聞いて変な気はしないといいます。しかし、年層がもっと下がると、「そんなこと言わん」とそっけない答が返ってきます。　　　　　　　　　　　　　　　　　　　　（真田 1994: 212–213）

使用テクスト
○大和物語：『新編日本古典文学全集12　竹取物語・伊勢物語・大和物語・平中物語』

(小学館)／○落窪物語、堤中納言物語：『新編日本古典文学全集17　落窪物語・堤中納言物語』(小学館)／○源氏物語：『新編日本古典文学全集21／24／25　源氏物語』(小学館)／○蜻蛉日記：『新編日本古典文学全集13　土佐日記／蜻蛉日記』(小学館)／○大鏡：『新編日本古典文学全集34　大鏡』(小学館)／○虎明本狂言：『大蔵虎明能狂言集翻刻註解(上巻・下巻)』(清文堂出版)／○十訓抄：『新編日本古典文学全集51　十訓抄』(小学館)／○「女殺油地獄」「曽根崎心中」「丹波与作待夜の小室節」「心中天の網島」「心中重井筒」「心中宵庚申」：『日本古典文学大系49　近松浄瑠璃集 上』(岩波書店)／○「菅原伝授手習鑑」：『日本古典文学大系99　文楽浄瑠璃集』(岩波書店)／○「鬼一法眼虎の巻」：『八文字屋本全集　第十二巻』(汲古書院)／○「妹背山婦女庭訓」：『新編日本古典文学全集77　浄瑠璃集』(小学館)／○「新版歌祭文」「源平布引滝」：『日本古典文学大系52　浄瑠璃集 下』(岩波書店)／○「幼稚子敵討」「韓人漢文手管始」：『日本古典文学大系53　歌舞伎脚本集 上』(岩波書店)／○「小袖曽我薊色縫」：『日本古典文学大系54　歌舞伎脚本集 下』(岩波書店)／○「心中二枚絵草紙」：『新編日本古典文学全集75　近松門左衛門集(2)』(小学館)／○「聞童子」「夕涼新話集」：『噺本大系　第十巻』(東京堂出版)／○「遊子方言」「辰巳之園」：『日本古典文学大系59　黄表紙 洒落本集』(岩波書店)／○「東海道中膝栗毛」：『日本古典文学大系62　東海道中膝栗毛』(岩波書店)／○「浮世風呂」：『日本古典文学大系63　浮世風呂』(岩波書店)／○「春色梅兒譽美」「春色辰巳園」：『日本古典文学大系64　春色梅兒譽美』(岩波書店)／○夏目漱石「吾輩は猫である」「坊っちゃん」『漱石全集 第一巻／第二巻』(岩波書店)／○黒島傳治「武装せる市街」：『日本現代文學全集73　葉山嘉樹・徳永直・黒島傳治集』(講談社)

参考文献

青木博史(2010)『語形成から見た日本語文法史』ひつじ書房.
石坂正蔵(1944)『敬語史論考』大八州出版.
井上文子(1993)「関西中央部における「オル」・「〜トル」軽卑化のメカニズム」『阪大日本語研究』5: pp. 1–32. 大阪大学.
井上文子(1998)『日本語方言アスペクトの動態—存在型表現形式に焦点をあてて』秋山書店.
大西拓一郎(2016)『ことばの地理学—方言はなぜそこにあるのか—』大修館書店.
小川典子・澤田淳・大谷直輝(2011)「日本語の人称詞の指示対象の拡張に関するコーパス分析」『KLS』31: pp. 96–107. 関西言語学会.
影山太郎(2013a)「見過ごされていた外国語文献—Charles Kenneth Parker: *A Dictionary of Japanese Compound Verbs* (Maruzen Co., 1939) —」影山太郎(編)『複合動詞研究

の最先端―謎の解明に向けて―』pp. 431–436. ひつじ書房.
影山太郎 (2013b)「語彙的複合動詞の新体系―その理論的・応用的意味合い―」影山太郎 (編)『複合動詞研究の最先端―謎の解明に向けて―』pp.3–46. ひつじ書房.
加藤正信 (1973)「全国方言の敬語概観」林四郎・南不二男 (編)『敬語講座6　現代の敬語』pp.25–83. 明治書院.
菊地康人 (1997)『敬語』講談社.
金水敏 (2001)「文法化と意味―「〜おる (よる)」論のために―」『国文学　解釈と教材の研究』46 (2) (2月号): pp. 15–19.
金水敏 (2006)『日本語存在表現の歴史』ひつじ書房.
金水敏・高田博行・椎名美智 (編) (2014)『歴史語用論の世界―文法化・待遇表現・発話行為―』ひつじ書房.
国立国語研究所 (1986)『社会変化と敬語行動の標準』秀英出版.
佐久間鼎 (1951)『現代日本語の表現と語法』恒星社厚生閣.
真田ふみ (1994)『方言百話―越中五箇山―』桂書房.
真田真治・友定賢治 (編) (2011)『県別罵詈雑言辞典』東京堂出版.
澤田淳 (2014)「日本語の授与動詞構文の構文パターンの類型化―他言語との比較対照と合わせて―」『言語研究』145: pp. 27–60. 日本言語学会.
澤田淳 (2015)「ダイクシスからみた日本語の歴史―直示述語、敬語、指示詞を中心に―」加藤重広 (編)『日本語語用論フォーラム 1』pp. 57–100. ひつじ書房.
高田博行・椎名美智・小野寺典子 (2011)「歴史語用論の基礎知識」高田博行・椎名美智・小野寺典子 (編)『歴史語用論入門―過去のコミュニケーションを復元する―』pp. 5–44. 大修館書店.
高田博行・椎名美智・小野寺典子 (編著) (2011)『歴史語用論入門―過去のコミュニケーションを復元する―』大修館書店.
辻村敏樹 (1968)『敬語の史的研究』東京堂出版.
辻村敏樹 (編) (1995)「敬語」金田一春彦・林大・柴田武 (編)『日本語百科大事典　縮刷版』pp. 609–669. 大修館書店.
Traugott, Elizabeth Closs［福元広二 (訳)］(2011)「文法化と (間) 主観化」高田博行・椎名美智・小野寺典子 (編著)『歴史語用論入門―過去のコミュニケーションを復元する―』pp. 59–70. 大修館書店.
中井精一 (2002)「西日本言語域における畿内型待遇表現法の特質」『社会言語科学』5 (1): pp. 42–55. 社会言語科学会.
西尾純二 (2003)「マイナス待遇表現の言語行動論的研究」大阪大学大学院文学研究科提出博士論文.
西尾純二 (2015)『マイナスの待遇表現行動』くろしお出版.
西田直敏 (1987)『敬語』東京堂出版.

日本語記述文法研究会(編)(2009)『現代日本語文法7　談話・待遇表現』くろしお出版.
日髙水穂(2014)「待遇表現(方言)」日本語文法学会(編)『日本語文法事典』pp. 384-385. 大修館書店.
広戸惇・矢富熊一郎(編)(1963)『島根県方言辞典』島根県方言学会.
藤原与一(1978)『昭和日本語方言の総合的研究 第一巻 方言敬語法の研究』春陽堂.
姫野昌子(1999)『複合動詞の構造と意味用法』ひつじ書房.
松尾捨治郎(1936)『国語法論攷』文學社.
松下大三郎(1928)『改撰標準日本文法』紀元社.
三上章(2002)『構文の研究』くろしお出版.
南不二男(1987)『敬語』岩波書店.
三矢重松(1908)『高等日本文法』明治書院.
宮治弘明(1987)「近畿方言における待遇表現運用上の一特質」『国語学』151: pp. 38–56. 国語学会.
森勇太(2016)『発話行為から見た日本語授受表現の歴史的研究』ひつじ書房.
山崎久之(1963)『国語待遇表現体系の研究　近世編』武蔵野書院.
柳田征司(1991)『室町時代語資料による基本語詞の研究』武蔵野書院.
湯沢幸吉郎(1957)『増訂　江戸言葉の研究』明治書院.
吉田金彦(1971)『現代語助動詞の史的研究』明治書院.
李翊燮・李相億・蔡琬(著)［梅田博之(監修)前田真彦(訳)］(2004)『韓国語概説』大修館書店.
Beeching, Kate, and Ulrich Detges. (2014) Introduction. In Kate Beeching and Ulrich Detges(eds.)*Discourse Functions at the Left and Right Periphery: Crosslinguistic Investigations of Language Use and Language Change,* pp. 1–23. Leiden: Brill.
Brown, Roger, and Albert Gilman. (1960) The Pronouns of Power and Solidarity. In Thomas A. Sebeok (ed.) *Style in Language*, pp. 253–276. Cambridge: The MIT Press.
Cole, Peter. (1975) The Synchronic and Diachronic Status of Conversational Implicature. In Peter Cole and Jerry L. Morgan (eds.) *Syntax and Semantics. Volume 3. Speech Acts.* pp. 257–288. New York: Academic Press.
Fillmore, Charles. J. (1975) *Santa Cruz Lectures on Deixis 1971.* Indiana: Indiana University Linguistic Club.
Grice, H. Paul. (1975) Logic and Conversation. In: Peter Cole and Jerry L. Morgan (eds.) *Syntax and Semantics 3: Speech Acts*, pp. 41–58. New York: Academic Press.
Grice, Paul. (1989) *Studies in the Way of Words.* Cambridge: Harvard University Press.
Gutzmann, Daniel, and Eric McCready. (2016) Quantification with Pejoratives. In Rita Finkbeiner, Jörg Meibauer, and Heike Wiese. (eds.) *Pejoration,* pp. 75–101. Amsterdam: John Benjamins.

Hopper, Paul J., and Elizabeth Cross Traugott. (2003) *Grammaticalization*. Second Edition. Cambridge: Cambridge University Press.

Jucker, Andreas H. (ed.) (1995) *Historical Pragmatics: Pragmatic Developments in the History of English*. Amsterdam: John Benjamins Publishing Company.

Jucker, Andreas H., and Irma Taavitsainen. (eds.) (2010) *Historical Pragmatics*. Berlin: Mouton De Gruyter.

Levinson, Stephen C. (1983) *Pragmatics*. Cambridge: Cambridge University Press.

Parker, Charles Kenneth. (1939) *A Dictionary of Japanese Compound Verbs with an Introduction on Japanese Cultural and Linguistic Affiliations with the Yangtze-Malaya-Tibetan-Pacific Quadrilateral*. Tokyo: Maruzen Company.

Postal, Paul M. (1974) *On Raising: One Rule of English Grammar and Its Theoretical Implications*. Cambridge: MIT Press.

Potts, Christopher, and Shigeto Kawahara. (2004) Japanese Honorifics as Emotive Descriptions. In Watanabe, Kazuha and Robert B. Young. (eds.) *Proceedings of Semantics and Linguistic Theory*. 14: pp. 235–254. Ithaca, NY: CLC Publifications.

Schwenter, Scott A. (1994) The Grammaticalization of an Anterior in Progress: Evidence from a Peninsular Spanish Dialect. *Studies in Language*. 18(1): pp. 71–111.

Traugott, Elizabeth Closs. (1995) Subjectification in Grammaticalization. In Dieter Stein and Susan Wright.(eds.) *Subjectivity and Subjectivisation,* pp. 31–54. Cambridge: CambridgeUniversity Press.

Traugott, Elizabeth Closs. (2010) (Inter) subjectivity and (Inter) subjectification: A Reassessment. In Kristin Davidse, Lieven Vandelanotte, Hubert Cuyckens. (eds.) *Subjectification, Intersubjectification and Grammaticalization,* pp. 29–71. Berlin: Mouton de Gruyter.

Traugott, Elizabeth Closs, and Richard B. Dasher. (2002) *Regularity in Semantic Change*. Cambridge: Cambridge University Press.

Yoon, Suwon. (2015) Semantic Constraint and Pragmatic Nonconformity for Expressives: Compatibility Condition on Slurs, Epithets, Anti-honorifics, Intensifiers, and Mitigators. *Language Sciences*. 52: pp. 46–69.

第 6 章
Sort/kind of at the peripheries
Metapragmatic play and complex interactional/textual effects in scripted dialog

Joseph V. Dias

1. Introduction: Why study *sort/kind of* at the left periphery and right periphery?

Even a casual perusal of a corpus, whether it be the BNC (British National Corpus), which contains mostly written samples, or COCA (Corpus of Contemporary American English), which is more balanced between the spoken and written, reveals that *sort/kind of* overwhelmingly appears at medial positions in sentences or utterances. In fact, in the analysis of *sort/kind of* at the left and right peripheries that was done for this study, 99% of occurrences in COCA were found at medial positions. So, why study a phenomenon so rare and uncharacteristic of these expressions at these positions?

- Despite their rarity, native speakers do not perceive right periphery and left periphery (henceforth abbreviated LP and RP) *sort/kind of* to sound peculiar and, as we will see in cases at these positions in a Corpus of American Soap Operas (Davies, 2011), scriptwriters feel comfortable enough with this placement to use it in their representations of spoken English.
- Stand alone *sort/kind of* and occurrences at the peripheries might demon-

strate further extensions toward new syntactic, pragmatic, and semantic domains as they move to locations at the edges often taken by more established (or, at least, better documented) discourse/pragmatic markers.
- Looking at language units from a diachronic perspective, Traugott (1982) and Traugott and Dasher (2002) demonstrated that units of language from medial positions can function in stance marking and textual ways in the LP. Movement of these elements to the RP signals their use in more modalising and intersubjective ways. Despite *sort/kind of* being atypical at LP and RP, they might represent emerging usages.

So the questions that will be researched through this study will include:

- Do *sort/kind of* function in any way differently at the peripheries than they do at medial positions?
- Does *kind of* function differently than *sort of* at the peripheries?
- Do LP and RP occurrences of *sort/kind of* in actual speech differ in any appreciable way from fictional representations? In other words, might fiction writers and scriptwriters misrepresent or exaggerate LP and RP *sort/kind of* or, alternatively, might they provide insights into how they function at even deeper metalinguistic levels?

1.2　Function, position and where *sort/kind of* fit in

Beeching and Detges (2014: 1) observe that Western linguistics represents discourse, as it unfurls itself in time, as "progression from 'left' to 'right.'" A corollary to the notion is that elements of language on the left and right margins will take on different functions.

When we speak of periphery, the question arises "periphery of what?". Beeching and Detges (2014: 1–2) note that it may be defined in relation to an utterance, the argument structure, the sentence, or the turn. It might even be in connection to an action or something occurring in the context that is nonlinguistic (e.g., a cat's meow). For Onodera (2014: 93) the LP represents an utterance-initial position where such discourse markers as *well*, *so*, *let's see* appear, while RP signifies the utterance-final position where we can find expressions such as *y'know* or *then*.

It would be too constraining, and difficult from a practical point of view, if we were to consider *sort/kind of* simply at the periphery of the sentence or argument structure. For one thing, at LP, the utterance is most often a sentence fragment and the referent must be sought in a previous utterance or turn, and, as we shall see, sometimes multiple utterances or turns away. In both the LP and RP positions they may serve as discourse markers that must be looked at in as wide a context as possible, so some of the examples given will display three or four utterances or turns distant from the LP or RP token in question in order to carry out an analysis using as sufficiently wide a context as possible.

1.3　Early examples of *sort/kind of* at LP/RP

For the sake of this investigation, *sort of* and *kind of* will be considered at LP if they, at minimum, are followed by some modifier made up of three words or more, and at RP if they are preceded in an utterance by three words or more, not counting other obvious pragmatic markers or backchannel expressions. When statistical comparisons are made, no case of LP *sort/kind of* followed by a comma or other punctuation mark was counted and, at RP, no cases in which they were preceded by a comma or dash were counted. Although stand-alone occurrences of *sort/kind of* were not counted as being at LP or RP, they will be briefly discussed as they often have rich interactional and textual functions and their relative distributions will give us insights into the extent of the grammaticalization of *sort of* vs. *kind of*.

Cases of *sort/kind of* at RP and LP have been discovered and documented even in the OED and, thanks to a passion for "old time radio" drama, I have discovered earlier examples in the scripts of these dramas, as the following examples, in reverse chronological order, attest:

(1) a. Except I feel like, well, what you're doing anyway is just sitting here and saying all these things just to tease me and to taunt me, **sort of**.
OED   1959   Psychiatry XXII.   293/1

b. WALTER: They come from outside the solar system. **Sort of** an advance scouting party.
Series: X Minus One   Show: Knock   Date: May 22 1955
Available online at https: //archive.org/details/OTRR_X_Minus_One_Singles

c. (TO ELMER) What, Elmer? Oh, do you think you could? Well, if you wouldn't mind trying ... You see, I'm so nervous with him and he senses it. He's like a horse. You might ... Well, don't exactly rock him, but just a little motion, **sort of**. That's it. Well, he's quiet. You certainly know how, don't you, Elmer?
Fleischmann's Yeast Hour   Show: Nurse's Day Out   Date: Aug 09 1934
Available online at http: //www.oldtimeradiodownloads.com/

The first example, taken from what seems to be an interview with a psychiatric patient, displays the sole case of *sort of,* at either LP or RP position, in the OED; no cases at all are listed for *kind of.* The second earliest example was found in a science fiction radio broadcast. In an analysis of tokens of *sort/kind of* in the five fiction subgenres in COCA carried out for this paper, science fiction was found to have the highest representation for both LP and at all positions combined (normalized for the number of tokens per million), while at RP it was second only to juvenile fiction (for *sort of*) and fictionalizations of movies (for *kind of*).

Although it is tempting to speculate that science fiction writers see the use of RP/ LP *sort/kind of* as the future, it seems to be the case that they favor it at all positions compared with writers in other genres.

Example 1C, although it is the earliest example discovered, shows a sophisticated use of multiple discourse markers (*oh, well, you see, sort of*) demonstrating remarkable metalinguistic sensibilities by the scriptwriter in using language to finesse emotional nuance and create interactional richness, processes that linguists would not begin to explore until more than 50 years later. Aijmer and Stenström (2004: 8) note that spoken English includes markers like these that are not generally considered in grammars and have, for the most part, interactive functions.

1.4 Prescriptions against *sort/kind of*

One of my earliest memories of being conscious that there was something unique about *sort/kind of* was when a nun teaching my fourth grade class made a pronouncement that she did not want to hear us sprinkling our speech with *you know, like,* sorta and kinda (the latter being the phonologically reduced forms of *sort/kind of*). There is no greater spur to a child's interest in something than when a nun forbids it. Much later in life I came to know that these forbidden linguistic fruits were something called discourse, or pragmatic, markers. Like other habits I was cautioned against, avoiding them proved futile.

In prescriptive grammars, even one based on the 524 million-word Bank of English corpus, pronouncements like the following can be found:

> Particularly in spoken English, you may hear 'these' and 'those' used before 'sort of', 'kind of', and 'type of' followed by a plural noun, although 'sort', 'kind' and 'type' themselves are in the singular. However, many people regard this usage as ungrammatical..."　　　(Chalker, 1996: Section 5.26, p. 86)

This leads the author to declare that the following sentence is perceived by "many people" as ungrammatical:

> I was asking her what it was like, you know, I mean, what's your weather like and all these sort of boring questions. (Ibid, p. 28)

As will be shown later, this lack of agreement between *sort* and the plural noun is not due to a problem of careless usage, it can be traced back to a stage in the grammaticalization of *sort of* when it began to be used as a "degree modifier" (Traugott, 2008) rather than just to reference a member of a set. Inconsistent lay and pedagogical prescriptions against current usages of *sort/kind of* spring from a lack of knowledge of this heretofore invisible history, that have ultimately led to their use at the very edges of utterances and sentences, and even as complete stand-alone expressions.

2. Previous research on *sort/kind of*

As ubiquitous as they are in the English language, *sort/kind of* and the role they play both in grammar and for achieving various complex interactional undertakings have in no way been thoroughly or adequately described in the literature. The more we learn about them from corpus studies, the greater the number of quandaries arise concerning just how *kind of* is different from *sort of*, and how they came to be unshackled from their binominal roots with concrete propositional meanings to carry the rich discourse and pragmatic functions that they exhibit today.

Due to the serendipity of *sort/kind of* being part of binominal constructions, they have received considerable attention and reanalyses from a construction grammar perspective by a number of linguists (Brems, 2011; Denison, 2002 & 2005; and Traugott, 2008), who have convincingly made a case for the grammaticalization of these humble expressions. This paper will focus on the relatively recent usages of *sort/kind of* in the forms that they have been variably referred to as "discourse markers/particles" or "adjusters" (Aijmer, 2002: 175), "free adjuncts" (Traugott, 2008: 229), or as "pragmatic markers" (Aijmer, 2008: 74). However, it will be helpful in better understanding the functions and usages of *sort/kind of* today if we review historical linguistic scholarship on the expressions.

2.1 The grammaticalization of *sort/kind of*

Traugott (2008: 219–250) considered *sort of* (and to a lesser extent *kind of*) within a diachronic analysis of degree modifiers in English. She persuasively demonstrated the path of the grammaticalization of *sort of* and fit it into a construction grammar perspective. It may best illustrate her approach by relating how *sort/kind of* are connected with the four levels of constructs/constructions that she conceptualized:

- **constructs**: tokens such as those accessed through corpora—these are considered the "locus of change" (Traugott 2008: 236) e.g., I'm sort of numb right now.
- **micro-constructions**: individual construction types e.g., From [NP1 [of NP2]] to [[NP1 of] NP2] as *sort of* moved from the sense of a set/group/class to carrying more degree marking and hedging functions.
- **meso-constructions**: sets of particular constructions that behave similarly
  e.g., Traugott noticed that *sort of, a lot of*, and *a shred of* had much in common (as degree modifiers)
- **macro constructions**: form-meaning pairing understood in terms of their structure and function e.g., degree modifier constructions in general

Grammaticalization was defined by Hopper and Traugott (2003: 1–2) as a process of language change. How, for example, lexical units in particular contexts come to serve grammatical functions or grammatical units take on novel grammatical functions. The concerns of this research framework extend to morphosyntactic, semantic-pragmatic, and even phonological changes over time. The changes through time in *sort of* which Traugott describes fall mainly in the latter two categories. Traugott (2008: 225) chronicles some of the local steps toward the grammaticalization of *sort of* and showed how they "involve equally fine-grained and constrained semantic and pragmatic shifts, sometimes with indeterminate intermediate states." She begins by noting the diverse range of expressions that have the NP1 of NP2 pattern in English, which display a wide variety of functions—from approximative (a sort of snail) to locative (the back of the hotel). The abstract string that represents such expressions can be rendered as [NP1 [of NP2]] , with the head (part that is seen as being in the foreground) being N1. Traugott (Ibid: 227) schematizes the commonality of the changes undergone by kind of/ sort of/ a bit of / a shred of/ as follows:

[NP1 [of NP2]] to [[NP1 of] NP2] — in which the head moved from NP1 to NP2, leading to a reversal of modification

Long before *sort* came to have a more intimate relationship with *of* in a two-word lexical unit, it had the meaning of 'set' or 'group,' as shown in these examples from the OED:

(2) To beholde so fayre and good a sorte Of goodly knyghtes.
    OED 1509　S. Hawes Pastime of Pleasure (1845) xxvii. 129

(3) One sorte of them was burnt, another sort hanged, the thirde drowned, and the fourth sorte had no more hurt but their heades cut off.
    OED 1583　T. Stocker tr. Tragicall Hist. Ciuile Warres Lowe Countries i. 2

At some time in the 16th century—and becoming firmly established by the following century—the partitive usage of *sort*, to mean "a member of a set," emerged, as in this example:

(4) Al sort of erroneous teachers, and licentious livers, were tolerated.
   OED 1641 J. Tombes Leaven of Pharisaicall Wil-worship (1643) 14

Traugott (2008: 228) contends that when the partitive meaning appeared and both NP1 and NP2 could take on indefinite articles (e.g., a sort of a(n) (ap) prentice) an inference was made possible that "class membership is not uniquely identifiable; it is not exact." This opened the way for their use as degree modifiers as in:

(5) Bishop Burnet is even kind enough to make a sort of an excuse for Sir Thomas More.
   OED 1846–9 S. R. Maitland Ess. 47

The implication in the previous example is that an excuse was made but it may have been an inadequate one; so we might see excuses on a degree continuum. Partitive uses continued alongside those of degree modifiers, and when the use of the indefinite article with NP2 declined and it behaved like other degree modifiers (e.g., *awfully*), the interpretation that *sort of* was being used as a degree modifier became more salient, as in:

(6) Just before Christmas, the workload, it sort of doubles and you suddenly think, 'Okay. It's gone from I can do this to why am I doing this', I think has gone through my head quite a few times.
   COCA ACAD StudiesInEducation Spring 2015, Vol. 47 Issue 1, p. 17

Then, as a degree modifier, *sort of* was not constrained in a NP construction and its propositional meaning declined, even becoming phonologically reduced as sortuv/sorta, and often having the properties of an adverb. Most recently, it came to appear as an independent utterance and at utterance initial and utterance final positions. *Sort of* continues to be used in all the ways illustrated here except those which appeared at step one when it carried the meaning 'set' or 'group.'

Also taking a construction grammar perspective, and using empirical data gathered from corpora, Brems (2011: 2) has looked at *sort of, kind of,* and *type of*—like Traugott (2008)—in the context of a consideration of binominal structures, but she divided these expressions into two types of structures that include either a ...

1) size (or shape) noun expression (e.g. *a bunch, heaps of, a bit,* etc.)—SN for "Size Noun Constructions"
2) type noun expressions (e.g., *sort of, kind of, type of*)—TN for "Type Noun Constructions"

Examining the *sort/kind of* TN constructions diachronically and synchronically, Brems' eclectic approach (2011) offers many important insights along the way to show how polysemous uses in contemporary usage can be accounted for. Although her interest in them is primarily for their grammatical pedigree, how synchronic uses reflect that heritage—and especially for insights they provide into processes of grammaticalization –she (Ibid : 317–320) realizes that when used as discourse markers they are no longer tied to grammatical boundaries and do not necessarily have scope over what precedes or follows them. Her book-length treatment of these expressions includes discussions of their textual, (inter) subjective, and various extended uses, including when they appear as stand alone expressions.

3. *Sort/kind of* as discourse markers

Functional theories of language have shown that beyond the grammatical systems that form propositional content, various structures and resources—often embedded in the grammatical system—convey the interactive position of a speaker regarding the proposition. For example, it is well recognized that English modal auxiliaries are associated with the interpersonal functions of utterances (Verstraete, 2001). "You must be kidding," for example, conveys disapproval of what an interlocutor has just expressed, and may actually cast doubt about whether humor was being engaged in at all, rather than making a claim about the certainty of the previous utterance being in jest.

Although the present paper does not focus on modal auxiliaries, it does concern expressions, *sort/kind of*, that have been labeled variously as downtoners (Quirk, et al., 1985: 446), degree modifiers-cum-free adjuncts (Traugott, 2008: 226), discourse particles with phatic functions (Aijmer, 2002: 48), or type-noun constructions used as adjuncts (Brems, 2011: 317) and have, as one element in their complicated functioning, a connection to epistemic modality, that is, in utterances they provide a window into how confident speakers are about knowledge, or how they evaluate and believe in knowledge that is behind a proposition (Nuyts, 2001).

When the question arises of what might be considered a discourse marker, Schiffrin (1988: 327) suggests that the researcher/explorer begin by concentrating on units of discourse, segmenting the stream of interaction into chunks that can be identified and differentiated by both the analyst and, very importantly, by the participants themselves. She further encourages us to look at "how they display the boundaries between their jointly constituted activities."

The proposals Schiffrin (1988: 328) put forward for identifying discourse markers have stood the test of time. They include:

- syntactic detachability from an utterance or sentence
- typically appearing at the initial position (LP) of an utterance
- phonological reduction
- exhibiting a range of prosodic contours
- ability to operate at global and local levels of discourse, on different planes (i.e., having indeterminate meaning or being reflexive (of the language/ of the speaker)

We can see how some of these identifiers apply to the following example:

(7) ALISON: Well, we're on the mend, actually, kind of.
   EMILY: Really?
   ALISON: Yes. As friends.
    SOAP 2010 As the World Turns

In the first utterance, *kind of* appears in conjunction with two other discourse markers (*well* and *actually*) that frame the central argument. Although there is not phonological reduction (in this particular case, though we often see *sort/kind of* rendered as *sorta/kinda* or *sortuv/kinduv*) and *kind of* is not placed at LP, it is syntactically detachable and it certainly operates on different planes and at the global and local levels of discourse. It demonstrates a move toward self-repair (Aijmer, 2002: 198–199; Kitzinger, 2013: 232) of the statement "we're on the mend," offering the disclaimer that it may be an overstatement . In that sense, we see its local influence at the level of utterance (subjectivizing the content), while at the same time, an awareness and projection of how the proposition will be taken by the interlocutor (intersubjectivizing—anticipation of a possible misinterpretation by Emily).

(8) # "But, darlin', "She cooed," you look so handsome in a tuxedo. Sorta like James Bond, Clint Eastwood on Oscar night, and Elvis all rolled into one."
　# "Now, when did you ever see the King wearing a tux?"
　　COCA　2014　Fiction　Killer physique: A Savannah Reid Mystery

In this case we see *sort of* phonologically reduced to "sorta" and appearing on the LP, the position Schiffrin (1988: 328) believed was the most frequently occurring location for discourse markers. We can see a layering of deictic and (inter)subjective functions at this position, points that will be expanded in Section 8 of this chapter.

　Following Bazzanella (1990: 630), Aijmer (2002) classifies *sort/kind of* with other "discourse particles" that have phatic functions that underpin the interactive nature of exchanges. Called phatic connectives, *sort/kind of* are grouped with other expressions—I think, actually—that can be considered evidentials (forms that indicate the nature of evidence for a given statement). Aijmer cites Chafe (1986: 270) as claiming that *sort of* "has less than optimal codability," meaning that it may be disputable as to whether what it modifies accurately describes, represents, or characterizes what is being referred to.

4. Corpora used in current study and reasons for selection

Two corpora were used in the present study to investigate differences in distributions and possible grammatical and functional differences in *sort/kind of*; one that includes samples of actual face-to-face conversation along with various genres of fiction and broadcast and print news sources, and the other a more specialized corpus dealing solely with American television melodramas (so-called "soap operas").

　The Corpus of Contemporary American English (COCA) was selected partly due to its size. At 410+ million words, it is more than four times the size of the British National Corpus (BNC) that has already been used by others to research *sort/kind of* (e.g., Gries and David, 2007). The enormity of it provides obvious advantages for the study of lower-frequency constructions such as *sort/kind of* at LP and RP. It is also a well-balanced corpus in terms of the genres represented and registers.

Also hosted and maintained by Mark Davies (2011) on servers at Brigham Young University, The Corpus of American Soap Operas (henceforth "SOAP") contains 100 million words from 22,000 transcripts from U.S. soap operas from the early 2000s. It was thought that the scriptwriters might be tempted to draw from the rich (inter)subjective and textual possibilities of *sort/kind of*, particularly at LP, to further their melodramatic ends. The use of this database gives us a window into metalinguistic uses of the forms that are beyond the "built in" metalinguistic qualities that are a basic characteristic of pragmatic markers.

4.1 The results summarized

Charts comparing the distributions of *sort of* and *kind of* at LP, RP, and at medial positions can be found in Appendix 1a for SOAP and Appendix 1b for COCA. We see that *kind of* appears more than 5 times more often than sort of overall in SOAP, whereas there are only twice as many instances of kind of (compared to sort of) in COCA. This shows a clear preference for *kind of* by soap opera scriptwriters that goes far beyond the strong preference for it in the more balanced COCA corpus. Just as Aijmer (2013: 124) found in her study of *actually* and *in fact*, *sort of* and *kind of* are not different from each other categorically; they appear in the same text types but with varying frequencies. A tantalizing question, which could not be adequately answered in this chapter, is why it should be the case that *kind of* is used so much more frequently in SOAP even though *sort of* is further along in its grammaticalization and might be presumed to have richer (inter)subjective and textual functions that would be attractive for scriptwriters to capitalize on?

A striking similarity in how *sort/kind of* is used in samples from the two corpora is that the medial position was overwhelmingly favored for both forms; 94% or more of the occurrences. However, as a percentage of the total tokens used at all positions, *sort/kind of* is represented more at both RP and LP in SOAP than in COCA (see appendices 1a and 1b). This is particularly pronounced in the case of *sort of* at RP (4.67% of total tokens at RP vs. .53% in COCA at the same position), suggesting that scriptwriters have taken note (whether consciously or unconsciously) of the potentialities of *sort/kind of* at the peripheries and have made use of them for interactional and textual effects that shall be explored below, at even higher rates than they are used in the actual face-to-face encounters reflected in COCA. It is curious that the greatest representation is at RP (at least for *sort of*) since it is the LP uses that seem to contribute more to textuality in addition to being (inter)subjectively complex.

When we look at the breakdown according to genre in COCA (which was not done for SOAP since we were dealing with a single genre), it was found that although the overall frequency of both *kind of* and *sort of* over all positions in the spoken categories was three times that of the fictional sub-genres, representation was greater (albeit not by such a wide margin) at both LP and RP for *sort of* in fictional compared to spoken genres (See Appendix 2). This provides evidence that fiction writers in general, not only the writers of soap operas, are attentive to RP and LP uses of the form and use it at even higher rates than it is used in reality. That this was the case for *sort of* but not *kind of* might be reflective of the former being further along in its grammaticalization, as we see in the following section.

4.2 Evidence for the more "advanced" grammaticalization of *sort of* and insights that position might offer in that regard

As we saw in Section 2 of this paper, *sort/kind of* are on a trajectory of grammaticalization (Brems, 2011; Denison, 2002 & 2005; and Traugott, 2008) that has brought us from partitive uses of the forms to those—co-occuring in time—used as degree modifiers, hedges, and in other pragmatically complex ways, bringing us so far from the forms' binominal roots that stand alone and RP/LP occurrences have come to be commonplace. We can use the distributions of stand alone instances of *sort/kind of* (i.e., cases in which they form an entire utterance or are only accompanied by other pragmatic markers such as *well*, *yeah* or *actually*) as one benchmark indicating relative levels of grammaticalization.

SOAP
    kind of   .08% of total occurrences (50 out of 60,637)
    sort of   .76% of total occurrences (81 out of 10,650)
COCA
    kind of   .02% of total occurrences (31 out of 190753)
    sort of   .16% of total occurrences (132 out of 83,353)

Table 1: Distribution of "stand alone" *sort/kind of* in both SOAP and COCA

Although the actual number of occurrences are small, which must temper our conclusions, there is a consistent pattern of *sort of* being favored as the form of choice for stand alone use.

Just as when it stands alone, when we move to the left or right peripheries there are practically no instances of the form being used in a purely denotative manner, and, even when they are found, as the following noteworthy example attests, they differ markedly from medial occurrences:

(9) PETE: Whoa, no, Adam Chandler is a pretty scary guy. I mean, he's the kind of guy who says, "You're toast," and you're looking over your shoulder for the rest of your life.
    COLBY: The kind of guy who collects enemies. Kind of guy people want to kill.
    SOAP   2009   All my children

Kind of is introduced in a medial position with its referential meaning of "variety of" or "type of," but as it gradually moves to LP, after the turn is transferred to Colby, its referential meaning, although not lost entirely, is subordinated to textual and social cohesive functions. Nearly all other cases of LP *sort/kind of* were found to not even contain vestigial referential meaning. Approximative or hedging meanings, along with similar textual and intersubjective characteristics were the norm. This held true even when LP *sort/kind of* was followed by a noun phrase beginning with the indefinite article "a," which at medial position indicates a high likelihood of the form conveying its denotative meaning.

That *kind of* (as opposed to *sort of*) is more likely to carry a denotative meaning—i.e., as variety or type of—when used in the medial position is further evidence of *sort of* being the more grammaticalized form of the two. In checking the first 100 of the 60,637 cases of *kind of* appearing in medial position in SOAP, it was found that 57 of them (57%) carried the referential "type/variety of" meaning, whereas when examining the first 100 of the 10,650 instances of *sort of* in medial position, only 36 (36%) carried the referential meaning.

5. The influence of position on meaning and function – similarities with *actually* and *in fact*

In her discussion of the textual and pragmatic functions of *actually* and *in fact*, Aijmer (2013: 125) stated that "position is probably the most important formal feature constraining [their] interpretation." Although this may be an exaggeration for *sort/kind of*, there is no doubt that position plays a highly valuable role. The following example of *sort of* at LP in a sample from SOAP illustrates this.

(10) JESSE: What is this, Tad?
    TAD: Uh, it's a coming-out party. Sort of a celebration to welcome you back to the land of the living.

SOAP   2008   All my children

Even though *sort of* might be taken primarily in its denotative sense if the expression was reconfigured as one utterance with medially positioned *sort of,* as in "The coming-out party is sort of a celebration...", when placed at LP, the contestibility of characterizing this "coming-out party" as a celebration becomes prominent, enhancing its (inter)subjective qualities.

Following the work of Tognini-Bonelli (1993), Aijmer (2013: 112) notes that *actually* can be used strategically to take on a different position by rephrasing what has been said. *Sort/kind of* at LP (although not exclusively at that position) can also involve rephrasing, topic shifts, and self-corrections that are done, generally, in cooperative rather than adversarial, ways as this example from SOAP illustrates.

(11) VICTOR: I guess you're right. (Sighs) she was rather distant with me at the hospital. Sort of overjoyed to see Brad Carlton.
    NICK: Well, of course. That's the way it should be.
    SOAP   2004   Young and Restless

More of a re-focusing than a genuine topic shift, this ironic downtoning of a characterization too extreme to be downtoned, is interesting in that *actually* may be substituted for *sort of* to create a perfectly conceivable exchange but without the irony or the clearer invitation to dispute the characterization that *sort of* implies. At LP, the choice of *actually* versus *kind/sort of* often seems to be more of a stylistic one for scriptwriters or other fiction writers despite the core meaning of "unexpectedness" (Oh, 2000: 243) that *actually* has come to have, and a core meaning of "fuzziness" for *sort/kind of*. This interchangeability is not possible at medial positions from a grammatical point of view and at RP it would generally lead to utterances so unnatural that they could not be seen as stylistically similar.

This is further evidence of characteristics peculiar to LP. Which is not to say that there are not important differences between how *actually* and *sort/kind of* function at LP. For one thing, the use of actually does not involve the elided personal pronouns (or optional copular or auxiliary verbs) that are characteristic of LP *sort/kind of* and help to create richer textual cohesive effects through person deixis and the corresponding anaphoric relationships set up by it ... more on this later in the paper.

Aijmer (2013: 107) contends that *actually* does not have meaning so much as "meaning potential," which is "a rich semantic representation consisting of senses, subsenses, implications, salient and non-salient meanings and connotations." The same may be said of *sort/kind of.* We will explore some of that meaning potential at RP and, especially, LP in the following sections in respect to cohesive functions and how they affect, and are influenced by, complexity and metapragmatic functions.

6. Metapragmatic usage of *sort/ kind of* by scriptwriters

It may be argued that pragmatic markers are by their very nature metalinguistic in that they are indexical and depend on the context for meanings to unfold. The metalinguistic level that will be discussed here, however, will be in cases where interlocutors bring up the pragmatic markers themselves as objects of discussion. This may be termed metapragmatic (Jaworski et al., 2004: 62).

A curious aspect of dialog in naturalistic settings is that the use of *sort/kind of* is seldom challenged even when its function seems to be evading difficult truths, maintaining a frustratingly noncommittal stance, or simply as a strategy to be minimally responsive. Challenges to the use of *sort/kind of* by interlocutors that explicitly focus on the propriety of deploying these pragmatic markers in particular contexts were found to be non-existent in the spoken samples that involved interaction among adults. In COCA just one challenge was uncovered and that was in a televised interview with a child who was teased by the journalist for resorting to *sort of* repeatedly (sometimes as stand alone complete utterances) instead of answering questions explicitly. An implicit rule in conversation, perhaps toward mutually face-saving ends, seems to be to avoid making the use of *sort/ kind of* an issue of discussion.

However, in the SOAP corpus it was not difficult to find examples of irritation and frustration with the use of *sort/kind of* by an interlocutor leading to the expression itself becoming a focus of the interaction, as in the following examples:

(12) ABBY: Yeah. But, like I said, I mean, I'm seeing someone, kind of.
 JED: How "kind of" is "kind of"?
 ABBY: Well, you know, not hot.
 JED: Kind of.
 ABBY: Right. Kind of understood.
 JED: Hard to compete with "kind of understood."
 SOAP 2007-02-27 Days of Our Lives

The confirmation check that the RP *kind of* triggers reveals a metalinguistic understanding, on the part of the speaker (and therefore the scriptwriter) of the scalar nature of the expression used in a context where a categorical response is expected. Considering that the question may have been the more face threatening (Brown and Levinson, 1987: 61) "Are you or aren't you seeing someone?", the one that was used, "How "kind of" is "kind of"?", might be seen as "playing along" with the scalar implications, possibly in a playfully flirtatious manner. The RP *kind of* is seen by the scriptwriter as a resource to stimulate interaction and used for dramatic effect, even though this level of metapragmatic awareness hardly ever appears in actual communicative contexts, as evidenced by a careful search for possible specimens in COCA. The fact that RP occurrences of *sort/kind of* appear in fiction counter the possible argument that the forms are primarily displacements from medial position when found in naturally occurring discourse. They are clearly more than a mere artifact of cognitive processing demands.

The next example shows how, with a less cooperative interlocutor, any possible scalar readings of *kind of* are not entertained and no patience is shown for the maintenance of what is perceived as a contradictory expression. In fact, the absurdity of it is mocked by a wholesale appropriation of the repeated utterance. Again, this metapragmatic playfulness with RP elements on the part of the scriptwriter may be indicative of a recognition of the potentiality that RP holds for this marker by the scriptwriter.

(13) ATTENDANT: Their mother, a Miss China Lee, left us your name in case of emergency. You're the boys' stepfather?
     NICK: Technically, kind of.
     ATTENDANT: You've married the boys' mother?
     NICK: Technically, kind of.
     ATTENDANT: Then technically, kind of, they're your children, sir.
       SOAP   2007-08-17   Days of Our Lives

The repetition of "Technically, kind of." by each interlocutor provides lexical cohesion that helps to hold the dialog together as a text and the speakers as negotiators of meaning. The importance of grammatical cohesive devices surrounding LP *sort/kind of*, particularly reference and ellipsis, will be covered in the next section.

7. Cohesion, coherence and complex textual functions at LP

Most of the major concerns of text linguistics (de Beaugrande, 1980; van Dijk, 1972), which include aspects that sentence grammar cannot cope with—such as ellipsis, pronouns, cohesion, and coherence—come to the fore when *sort/kind of* as discourse or pragmatic markers are the focus of attention. Citing Enkvist (1976: 65), Hasselgård (2004: 65) remarks that cohesive functions are often found in elements located at the initial part of a sentence or utterance.

Fetzer (2012: 447) points out that coherence involves logical consistency and connection, whereas cohesion concerns the use of language to signal semantic relations between segments of discourse. Grammatical cohesion would pertain to issues such as ellipsis, reference, conjunction and substitution, while lexical cohesion would have more to do with collocation, repetition, metonymy, synonymy, and antonymy.

In the following discussion of LP *sort/kind of,* grammatical cohesion will be the main concern, although the cohesive function of repetition will be briefly covered as well. LP *sort/kind of* act as discourse connectives as described by Fetzer (2012: 457) in that they are "processed bottom-up, [and] they fulfill an important indexical function, connecting local domains of discourse with global ones."

Ellipsis and deixis are particularly relevant to a discussion of LP *sort/kind of* because, except for the relatively uncommon appearance of the expressions at LP that function purely as fillers, personal pronouns (including it) and optional copular and auxiliary verbs are elided, making it necessary for an interlocutor, audience member or other observer to create coherence by following the cohesive threads.

Although deixis refers to expressions representing person, place or time—such as "he," "there," or "now"—the type of deixis that surrounds *sort/kind of* at LP is almost invariably person deixis in which the person, thing or proposition must be inferred from the context. Although it may be presumptuous, for the present discussion elided pronouns (+/- copular or auxilary verbs) will be considered as semantizations of LP *sort/kind of.* The elided items can be consistently and reliably inferred when analyzing the expressions at this position. Those inferences make it possible to locate anaphors (and more rarely cataphors) in the wider discourse and appreciate the rich textuality that is thereby imbued. To be clear, this is a position-specific semantization.

8. Varying levels of complexity and their possible influence on cohesion and coherence

Baicchi (2004) and Bruti (2004) have worked to create a scale for the textual complexity of textual and linguistic phenomena using written and spoken data in Italian and English. Baicchi's work shows how complexity, markedness, and interpretability are interrelated in her focus on titles and headlines, while Bruti looked at cataphoric devices. Inspired by their independent work toward similar ends, I have tried to formulate criteria for determining the complexity of the deictic functions and phoric relations of LP *sort/kind of* and it is hoped that the discussion of specific examples here will clarify points raised in the previous section. This is simply exploratory and no way exhaustive.

The criteria to be examined for determining complexity—which can be seen to be loosely correlated with difficultly—include:

1) Whether the elided deictic element represents a single word/concept or stands for an entire proposition
2) How complicated the implicature is (e.g., if causal or other logical relationships must be inferred)
3) Cataphoric rather than anaphoric reference
4) How distant the referent is from LP *kind/sort of* — related to this is reference within one's own turn vs. situated in another turn

Examples will be given in the order of less to more complex. Some of the criteria overlap in the same illustrations. There is a rough correspondence between greater complexity and increased textual richness.

8.1 Single word/concept vs. entire proposition

The first example, on the lowest end of the complexity scale, has an anaphoric referent that immediately precedes LP *sort of* and it is a single word/concept rather than a whole proposition that must be inferred.

(14) I was only vaguely aware of it. But aware enough to be puzzled. It was an unpleasant smell. Sort of sweet but putrid.
  COCA　FIC: Postmortem　Author: Patrucua Daniels Cornwell Publisher: Charles Scribner's Sons

Even when reference seems fairly straightforward, as in the following example, a combination of endophora and exophora adds to the complexity of the implicature.

(15) BUZZ:　The church is pretty, though. Sort of gives you a new way of looking at weddings.
　OLIVIA:　Can I ask you a personal question?
　　SOAP　2005-11-23　Guiding Light

The anaphoric reference for the elided deictic pronoun "it" seems to be "church" at first glance but the knowledge that pretty things or places may help to change one's perspective adds to the complexity by requiring resources from within and outside the text.

8.2 Implied causality

The following has a rather complex implicature in that it requires drawing an inference about a causal connection: "his reason for running out was due to an emergency." This is not too difficult an inference to make as it involves commonly held knowledge about the consequences of emergencies, but it does add to the complexity.

(16) LIZZIE: Josh. Where's the reverend?
  JOSH: Hi. He had to run out. Sort of an emergency thing. Are you okay?
  SOAP   2007-07-18   Guiding Light

8.3 Cataphoric reference

The implicature involved in the following is much more complicated, particularly if one does not possess the detailed background knowledge of the interlocutors.

(17) OCTAVIO: Sonia – more beautiful than ever. I guess you know why I'm here.
   SONIA: Somebody's got to avenge Padilla's death. Sort of thought I'd see you sooner than this.
   OCTAVIO: Good. Let's not make this hard.
   SOAP   2004-08-06   One Life to Live

The implicature here is that Octavio has come to avenge Padilla's death and he has taken his time coming. It requires knowledge of the kind of person Octavio is, which is tied with why he has come. This is a cataphoric reference as we cannot infer that the referent of *sort of* is "I" (i.e., Sonia). She might have been intending to say "Sort of thought [you'd walk right into this bar, did you?]. So we have to wait for the cataphoric referent until we can begin to make sense of the expression.

These examples were meant to illustrate just some of the complex textual functions sort/kind of take on at LP and how some of them are tied to social cohesion (intersubjectivity) as well.

9. Brief discussion of some remarkable rhetorical uses of *kind/sort of* at RP

The vast majority of cases of RP *kind of* in COCA appeared in broadcast news, both scripted and more spontaneous. In the case of spontaneous speech, *kind of* often appears to be a fairly random displacement from medial position that might be motivated by cognitive processing demands or even part of a speech mannerism, as the following example shows.

(18) CAITLIN: I remember one time, I was going up to get a math sheet, and there was this person who I thought was beginning to be my friend kind of. And I was going up to get a sheet, and she touched my elbow which was really dry and rough at that time. And she, like, yelled really loud, ew.
  COCA　SPOK: NPR—Skin Deep　15/04/09

In news stories that are scripted, however, or in transcribed interviews found in newspapers and magazines, *sort/kind of* is used as a rhetorical device to signal that what follows will somewhat contradict the preceding content, as in the following example. It is a calculated displacement from medial position.

(19) # He and his now ex-wife, Lesly, a fitness instructor, would take Svein and his older brother up to a ski hill for days on end in their motor home. They were in full support, sort of .
  # "I was thinking what any other mother would think. It was pretty frightening,"
  # Lesly said. "I was worried about him."
    COCA　NEWS: Denver Post: An example of Tuft love　09/02/27

RP *sort of* could have been placed in medial position in the same utterance—"They were *sort of* in full support"—but in that position it is clearly marked in the context of a news story, even though in naturalistic conversations it is not uncommon for *sort/kind of* to be placed amidst what appear to be categorical expressions. Whereas it would have a predominantly subjective (stance marking) function at the medial position, at RP it is intersubjective since it is intended to communicate a shift in direction to the audience. It might be paraphrased as "with a caveat that will now be explained." This usage has rather local discourse marking (textual) influence in comparison to what can be achieved by *sort/kind of* at LP. This example of *sort of* at RP is not anomalous in news stories. Dozens of examples of this rhetorical use of *sort of* can be found in both scripted broadcast and transcribed newspaper and magazine interviews.

The unscripted samples, like the following, did not exhibit the rhetorical and discourse marking features of the scripted ones, but had a pronounced intersubjective function similar to the Japanese utterance ending particle 'ne.'

(20) WHITFIELD: Welcome back to the NEWSROOM where really right now it's the chat room, which means you join Jacqui and I in a little chitchat about all kinds of interesting novel things going on. I guess our selection, they're all kind of economy-related sort of.
JACQUI-JERAS: A little bit.
COCA SPOK: CNN Newsroom Duct Tape Prom 09/03/15

The *sort of* at the end of sample 20 simply seems to be a reiteration of the earlier (in the same sentence) *kind of*, with similar softening functions. The *sort of* in this sample is used completely differently from that used at RP in sample 19, which was imbued by the writer with the clear discourse function of signaling that what follows will undercut what was just expressed, in other words, a betrayal of expectations.

10. Conclusion

This chapter has focused on commonly encountered discourse/pragmatic markers that, on occasion, appear at RP and LP. We saw that 99% of the total occurrences of *sort/kindt of* in COCA were medially positioned and that LP and RP placements of *sort/kind of* were somewhat higher, but still quite low, in SOAP, where 94% to 99% of instances were at medial positions. As Chomsky (2016) has said:

"In linguistics we all know that the kind of phenomena that we inquire about are often exotic. They are phenomena that almost never occur. In fact, those are the most interesting phenomena, because they lead you directly to fundamental principles."

There was value in investigating these rare positionings of *sort/kind of* as they point to emerging usages and meanings and shed light on some common features that pragmatic markers take on as they migrate to the peripheries.

We found dramatic distributional differences between *kind of* and *sort of* in the corpora, with *kind of* appearing more than five times more often than *sort of* overall in SOAP, whereas there were only twice as many instances of *kind of* (compared to *sort of*) in COCA, leading us to conclude that there is a distinct preference for *kind of* by soap opera scriptwriters.

In terms of position, *sort/kind of* was found to be represented more at both RP and LP in SOAP than in COCA, which was especially the case for *sort of* at RP, indicating that scriptwriters have been attentive of how *sort/kind of* operates at the peripheries and are making use of the constructions for textual and interpersonal effects.

Some distinct differences were found in how *sort/kind of* functioned in naturalistic as opposed to fictional settings. Challenges to the use of *sort/kind of* by interlocutors were found to be non-existent in the spoken samples that involved interaction among adults, whereas uses of *sort/kind of* in fictional contexts sometimes led to confrontation.

Finally, metapragmatic play with *sort/kind of* at RP by scriptwriters also provides a window into a keen awareness of the potentialities for these pragmatic markers even though these creative minds may be conceiving of functions that do not yet exist in naturalistic settings and perhaps never will.

References

Aijmer, Karin. (2002) *English Discourse Particles: Evidence from a Corpus* 10. Amsterdam: John Benjamins.

Aijmer, Karin, and Anna-Brita Stenström. (2004) Discourse Patterns in Spoken and Written Corpora. In Karin Aijmer and Anna-Brita Stenström (eds.) *Discourse Patterns in Spoken and Written Corpora. Vol. 120*, pp. 1–13. Amsterdam: John Benjamins Publishing.

Aijmer, Karin. (2008) Modal Adverbs in Interaction–Obviously and Definitely in Adolescent Speech." In Terttu Nevalainen, Irma Taavitsainen, Päivi Pahta and Minna Korhonen (eds.) *The Dynamics of Linguistic Variation: Corpus Evidence on English Past and Present*, pp. 61–83. Amsterdam: John Benjamins.

Aijmer, Karin. (2013) *Understanding Pragmatic Markers: A Variational Pragmatic Approach*. Edinburgh: Edinburgh University Press.

Baicchi, Annalisa. (2004) The Cataphoric Indexicality of Titles. In Karin Aijmer and Anna-Brita Stenström (Eds.) *Discourse Patterns in Spoken and Written Corpora. Vol. 120*, pp. 17–38. Amsterdam: John Benjamins Publishing.

Bazzanella, Carla. (1990) Phatic Connectives as Interactional Cues in Contemporary Spoken Italian. *Journal of Pragmatics* 14 (4): pp. 629–647.

Beeching, Kate, and Ulrich Detges. (eds.) (2014) *Discourse Functions at the Left and Right Periphery: Crosslinguistic Investigations of Language Use and Language Change*. Leiden: Brill.

Brems, Lieselotte. (2011) *Layering of Size and Type Noun Constructions in English (Vol.74)*. Berlin: Walter de Gruyter.

Brown, Penelope, and Stephen C. Levinson. (1987) *Politeness: Some Universals in Language Usage*. Cambridge: Cambridge University Press.

Bruti, Silvia. (2004) Cataphoric Complexity in Spoken English. In Karin Aijmer and Anna-Brita Stenström (Eds.) *Discourse Patterns in Spoken and Written Corpora. Vol. 120*, pp. 39–64. Amsterdam: John Benjamins Publishing.

Chafe, Wallace. (1986) Evidentiality in English Conversation and Academic Writing. In Wallace L. Chafe and Johanna Nichols (eds.) *Evidentiality: The Linguistic Coding of Epistemology*, pp. 261–273. Norwood, N.J.: Ablex.

Chalker, Sylvia. (1996) *English Guides 9: Linking Words*. London: Harper Collins.

De Beaugrande, Robert. (1980) *Text, Discourse, and Process: Toward a Multidisciplinary Science of Texts*. Norwood (NJ): Ablex.

Denison, David. (2002, September) History of the Sort of Construction Family. In *Second International Conference on Construction Grammar*, Helsinki 7, pp. 279–304.

Denison, David. (2005) The Grammaticalisations of Sort of, Kind of and Type of in English. Paper presented at *New Reflections on Grammaticalization (NRG): 3*, University of Santiago de Compostela, 3, pp. 17–20.

Enkvist, Nils Erik. (1976) Notes on Valency, Semantic Scope, and Thematic Perspective as Parameters of Adverbial Placement in English. *Reports on Text Linguistics: Approaches to Word Order*.

Fetzer, Anita. (2012) Textual Coherence as a Pragmatic Phenomenon. In Keith Allan and Kasia M. Jaszczolt (eds.) *The Cambridge Handbook of Pragmatics*, pp. 447–467. Cambridge: Cambridge University Press.

Gries, Stefan Th, and Caroline David. (2007) This is Kind of/Sort of Interesting: Variation in Hedging in English. Volume 2: Towards Multimedia in Corpus Linguistics. In *Studies in Variation, Contacts and Change in English 2: Towards Multimedia in Corpus Studies*. Helsinki: Research Unit for Variation, Contacts and Change in English (VARIENG).

Hasselgård, Hilde. (2004) The Role of Multiple Themes in Cohesion. In Karin Aijmer and Anna-Brita Stenström (eds.) *Discourse Patterns in Spoken and Written Corpora. Vol. 120*, pp. 66–87. Amsterdam: John Benjamins Publishing.

Hopper, Paul J., and Elizabeth Closs Traugott. (2003) *Grammaticalization*. Cambridge: Cambridge University Press.

Jaworski, Adam, Nikolas Coupland, and Dariusz Galasinski. (eds.) (2004) *Metalanguage: Social and Ideological Perspectives (Vol. 11)*. Berlin: Walter de Gruyter.

Kitzinger, Celia. (2013) Repair. In Jack Sidnell and Tanya Stivers (eds.) *The Handbook of Conversation Analysis*, pp. 229–256. Hoboken (New Jersey): Wiley-Blackwell.

Nuyts, Jan. (2001) *Epistemic Modality, Language, and Conceptualization: A Cognitive-Pragmatic Perspective. Vol. 5*. Amsterdam: John Benjamins.

Oh, Sun-Young. (2000) Actually and in Fact in American English: A Data-Based Analysis. *English Language and Linguistics* 4 (02): pp. 243–268.

Onodera, Noriko. (2014) Setting Up a Mental Space: A Function of Discourse Markers at the Left Periphery (LP) and Some Observations about LP and RP in Japanese. In Kate

Beeching and Ulrich Detges (eds.) *Discourse Functions at the Left and Right Periphery: Crosslinguistic Investigations of Language Use and Language Change*, pp. 92–116. Leiden: Brill.

Quirk, Randolph, Sidney Greenbaum, Geoffrey Leech, Jan Svartvik, and David Crystal. (1985) *A Comprehensive Grammar of the English Language (Vol. 397)*. London: Longman.

Schiffrin, Deborah. (1988) *Discourse Markers*. Cambridge: Cambridge University Press.

Tognini-Bonelli, Elena. (1993) Interpretative Nodes in Discourse: Actual and Actually. In Mona Baker, Gill Francis and Elena Tognini-Bonelli (eds.) *Text and Technology: In Honour of John Sinclair*, pp. 193–212.

Traugott, Elizabeth Closs. (1982) From Propositional to Textual and Expressive Meanings: Some Semantic-Pragmatic Aspects of Grammaticalization. In W.P. Lehmann and Y. Malkiel (eds.) *Perspectives on Historical Linguistics*, pp. 245–271.

Traugott, Elizabeth Closs, and Richard B. Dasher. (2002) *Regularity in Semantic Change*. Cambridge: Cambridge University Press.

Traugott, Elizabeth Closs. (2008) Grammaticalization, Constructions and the Incremental Development of Language: Suggestions from the Development of Degree Modifiers in English. In Regine Eckardt, Gerhard Jäger and Tonjes Veenstra (eds.) *Trends in Linguistics: Variation, Selection, Development*, pp. 219–250.

Van Dijk, Teun A. (1972) *Some Aspects of Text Grammars: A Study in Theoretical Linguistics and Poetics*. The Hague: Mouton.

Verstraete, Jean-Christophe. (2001) Subjective and Objective Modality: Interpersonal and Ideational Functions in the English Modal Auxiliary System. *Journal of Pragmatics* 33 (10): pp. 1505–1528.

Chomsky, Noam. (2016) "On linguistics and limits of big data." Lecture presented at conversations on linguistics and politics with Noam Chomsky. <http: //www.rochester.edu/newscenter/ conversations-on-linguistics-and-politics-with-noam-chomsky-152592/> 2016.7.8

Davies, Mark. (2008-) *The Corpus of Contemporary American English (COCA): 520 million words, 1990-present*. <http://corpus.byu.edu/coca/>.

Davies, Mark. (2011-) *The Corpus of American Soap Operas: 100 million words*. <http://corpus.byu.edu/soap/>

OED Online. "sort, n.2". Oxford University Press. <http: //hawking2.agulin.aoyama.ac.jp: 2166/view/Entry/184953?redirectedFrom=sort+of> 2016.6.27

The British National Corpus, version 2 (BNC World). Distributed by Oxford University Computing Services on behalf of the BNC Consortium. <http: //www.natcorp.ox.ac.uk>

Appendix 1a
Corpus of American Soap Operas

Sort of:
	LP (tokens) / Norm. per M	RP (tokens) / Norm. per M	medial (tokens)/ Norm. per M
total/Norm. per M 10650 / 106.5	139 / 1.39 (1.31% of total)	497 / 4.97 (4.67% of total)	10014 / 100.14 (94.03% of total)

ratio of LP occurrences to those appearing at medial position: 1:75.62
ratio of RP occurrences to those appearing at medial position: 1:20.43
sort of at the peripheries: total: 636 tokens (6.36 per mil norm. – 5.79% of all occurrences)

Kind of:
	LP (tokens) / Norm. per M	RP (tokens) / Norm. per M	medial (tokens)/ Norm. per M
total/Norm. per M 60637 / 606.37	712 / 7.12 (1.17% of total)	199 / 1.99 (0.33% of total)	59726 / 597.26 (98.50% of total)

ratio of LP occurrences to those appearing at medial position: 1:83.88
ratio of RP occurrences to those appearing at medial position: 1:300.13
kind of at the peripheries: total: 911 tokens (9.11 per mil norm. – 1.50% of all occurrences)

Appendix 1b
Corpus of Contemporary American English

Sort of:
	LP (tokens)/Norm. per M	RP (tokens)/Norm. per M	medial (tokens)/ Norm. per M
total/Norm. per M 83353 / 15.84	337 / 0.06 (0.40% of total)	442 / 0.08 (0.53% of total)	82574 /15.69 (99.07% of total)

ratio of LP occurrences to those appearing at medial position: 1:245.03
ratio of RP occurrences to those appearing at medial position: 1:186.82
sort of at the peripheries: total: 779 tokens (0.15 per mil norm. – 0.93% of all occurrences)

Kind of:
	LP (tokens)/Norm. per M	RP (tokens)/Norm. per M	medial (tokens)/ Norm. per M
total/Norm. per M 190753 / 36.24	618 / 0.12 (0.32% of total)	196 / 0.04 (0.10% of total)	189939/ 36.09 (99.57% of total)

ratio of LP occurrences to those appearing at medial position: 1:307.34
ratio of RP occurrences to those appearing at medial position: 1:969.08
kind of at the peripheries: total: 814 tokens (0.15 per mil norm. – 0.43% of all occurrences)

Appendix 2

SORT OF at LP, RP, and all positions in COCA
– Corpus of Contemporary American English

GENRE	LP –481 occurrences			RP –813 occurrences			All positions –83353 occurrences		
	FREQ	SIZE (M)	PER MIL	FREQ	SIZE (M)	PER MIL	FREQ	SIZE (M)	PER MIL
SPOKEN	139	109.4	1.27	234	109.4	2.14	49140	109.4	449.21
FICTION	216	104.9	2.06	349	104.9	3.33	14237	104.9	135.72
MAGAZINE	62	110.1	0.56	111	110.1	1.01	8194	110.1	74.42
NEWSPAPER	59	106.0	0.56	105	106.0	0.99	7338	106.0	69.25
ACADEMIC	5	103.4	0.05	14	103.4	0.14	4444	103.4	42.97

KIND OF at LP, RP, and all positions in COCA
– Corpus of Contemporary American English

GENRE	LP –652 occurrences			RP –302 occurrences			All positions –190753 occurrences		
	FREQ	SIZE (M)	PER MIL	FREQ	SIZE (M)	PER MIL	FREQ	SIZE (M)	PER MIL
SPOKEN	285	109.4	2.61	170	109.4	1.55	96076	109.4	878.28
FICTION	262	104.9	2.5	99	104.9	0.94	30856	104.9	294.14
MAGAZINE	69	110.1	0.63	14	110.1	0.13	24504	110.1	222.54
NEWSPAPER	31	106	0.29	17	106.0	0.16	24593	106.0	232.09
ACADEMIC	5	103.4	0.05	2	103.4	0.02	14724	103.4	142.37

第 6 章（日本語訳）
周辺部の *sort/kind of*
―台本の対話に見られるメタ語用論的遊びと
複雑な相互作用／テクスト的効果

ジョセフ・V・ディアス
岩井恵利奈 訳

1. 序論―なぜ左の周辺部と右の周辺部の *sort/kind of* を調べるのか

例のほとんどが書きことばである BNC（British National Corpus：『イギリス英語コーパス』）でも、話しことばと書きことばのよりバランスの取れた COCA（Corpus of Contemporary American English：『現代アメリカ英語コーパス』）であっても、コーパスにざっと目を通してみると、圧倒的多数の *sort/kind of* は文中あるいは発話中に現れている〔訳注：「文中あるいは発話中」の原語は medial positions in sentences or utterances〕。実際、本研究では左／右の周辺部の *sort/kind of* を分析したが、COCA で見つかった例の 99% が発話中に生起していた〔訳注：「左／右の周辺部」の原語は left and right peripheries。以下、left periphery は「左の周辺部」、right periphery は「右の周辺部」〕。ではなぜ、そのような稀で非典型的である周辺部の表現を調べるのか。

- 左の周辺部と右の周辺部の *sort/kind of* は稀であるが、ネイティブ・スピーカーはそれらを特異とは感じていない。また、後に SOAP（Corpus of American Soap Operas：『アメリカソープオペラコーパス』）（Davies 2011）の例の中で見ていくように、台本作家は英語の話しことばを再構成する際、左／右の周辺部でそれらの表現を用いることを心地よく

感じている。
- *Sort/kind of* が、より確立した（または少なくともより立証されている）談話／語用論標識がしばしば現れる周辺部へと移動する時、独立して使用される〔訳注：原語は stand alone〕*sort/kind of* や、周辺部で用いられる *sort/kind of* は、新たな統語的、語用論的、意味論的な領域へと広がりを見せるかもしれない。
- 通時的観点から言語単位を分析し、Traugott (1982) と Traugott and Dasher (2002) は、発話中から移動してきた言語単位は左の周辺部で態度を示したり、テクストを形成する働きを持つことを明らかにした。それらが右の周辺部へ移動すると、よりモーダル的・間主観的な使用となる。*Sort/kind of* が左／右の周辺部で用いられるのは非典型的であるが、それらは新たに生じた使用かもしれない。

以上から、本研究が見ていく問題点は次のようなものとなる。

- *Sort/kind of* の機能は、発話中と周辺部とで何らかの違いがあるか。
- 周辺部では *sort of* と *kind of* の機能に違いがあるか。
- 実際の話しことばで見られる左／右の周辺部の *sort/kind of* と、フィクションで見られるそれらの表現とでは何らかの明白な違いがあるか。換言すれば、フィクション作家や台本作家は、左／右の周辺部の *sort/kind of* を誤って用いたり、誇張して用いたりすることがあるか。あるいは、一層深いメタ言語レベルにおけるそれらの機能について何らかの洞察を与えるか。

1.2　機能、位置、*sort/kind of* の備わる場所

　Beeching and Detges (2014: 1) は、談話が展開される時、それは「『左』から『右』への進行」であるという西洋言語学の説明に注目する。ここから、左の周辺部と右の周辺部の言語要素には異なる機能があるという考えが生じる。

周辺部が話題になる時、問題となるのは「何の周辺部か」である。Beeching and Detges (2014: 1–2) は、発話、項構造、文、あるいは話順との関連からそれを定義できると考える。さらに、行為やコンテクスト中に起こった非言語的要素（例えば、猫のニャーという鳴き声）との関係も指摘する。Onodera (2014: 93) によれば、左の周辺部は *well, so, let's see* といった談話標識が現れる発話頭の位置、右の周辺部は *y'know* や *then* 等の表現が見られる発話末の位置である。

単純に文あるいは項構造の周辺部で *sort/kind of* を捉えようとすると、非常に制約的かつ現実的な面で困難さを伴う。一例を挙げると、左の周辺部に現れる発話のほとんどは文の断片であり、その指示対象は先行の発話または話順、あるいは追って見ていくことになるが、時に複数先の発話または話順の中に探さなければならない場合がある。*Sort/kind of* は左／右の周辺部の両方で談話標識として働き、それらは可能な限り広範囲のコンテクストを考慮し調べる必要がある。この理由から、本稿が提示する例の中には、できる限り十分に広範なコンテクストを使って分析が行えるよう、問題となっている左／右の周辺部の項目から 3, 4 つ先の発話または話順まで提示しているものもある。

1.3　左／右の周辺部に生起する *sort/kind of* の早期の例

本研究では、少なくとも 3 語かそれ以上からなる修飾要素が後続している *sort of* と *kind of* は、左の周辺部に位置しているとみなし、3 語かそれ以上からなる発話が先行している *sort of* と *kind of* は、右の周辺部に位置しているとみなす。そのカウントには、他の明白な語用論標識や相づち表現は含まないものとする。統計比較を行う際、左の周辺部の *sort/kind of* の後にカンマまたはその他の句読点が後続する例はカウントせず、右の周辺部では、カンマまたはダッシュが先行する例はカウントしなかった。独立して使用される *sort/kind of* は、左／右の周辺部に現れているものとしてカウントしなかった。しかし、それらはしばしば豊かな相互作用的・テクスト的な機能を持ち、その相対分布は *sort of* vs. *kind of* の文法化の程度について洞察を与えるものであ

る。よって、それらについても手短に検討していくことにする。

　左／右の周辺部の *sort/kind of* は、OED (Oxford English Dictionary：『オックスフォード英語辞典』)でも例が挙げられている。また、筆者は昔のラジオドラマを愛聴していたおかげで、そのドラマの台本から早期の例を見つけることができた。以下、年代の新しい順に例を提示していく。

（1）　a. Except I feel like, well, what you're doing anyway is just sitting here and saying all these things just to tease me and to taunt me, **sort of**.
（OED　1959　Psychiatry XXII.　293/1）
＜私が感じることは別に、ええと、いずれにしろあなたがしていることは、ただここに座ってそうした諸々のことを言っているにすぎません、ただ私をからかいなじるために、言ってみれば(sort of)。＞

　　　b. WALTER: They come from outside the solar system. **Sort of** an advance scouting party.
（Series: X Minus One Show: Knock Date: May 22 1955 Available online at https://archive.org/details/OTRR_X_Minus_One_Singles）
＜ウォルター：彼らは太陽系の外側から来ます。まあ言ってみれば(Sort of)先発の偵察隊です。＞

　　　c. (TO ELMER) What, Elmer? Oh, do you think you could? Well, if you wouldn't mind trying … You see, I'm so nervous with him and he senses it. He's like a horse. You might … Well, don't exactly rock him, but just a little motion, **sort of**. That's it. Well, he's quiet. You certainly know how, don't you, Elmer?
（Fleischmann's Yeast Hour Show: Nurse's Day Out Date: Aug 09 1934 Available online at http://www.oldtimeradiodownloads.com/）
＜（エルマーに向かって）何、エルマー？ ああ、自分ならできると思うの？ええ、やってみるのに差支えないなら…このとおり、私は

彼にとても神経質になっていて、彼はそれを感じているの。まるで馬のよう。あなたは…えっと、厳密には彼を揺さぶらないで、ただ少し動かす、みたいな感じ(sort of)。そう。あら、この子静かだわ。あなたはやり方がよくわかっているのね、エルマー？＞

1つ目の例は、精神病患者との面談からの抜粋と思われるが、OEDで見つかった左／右の周辺部の *sort of* の唯一の例である。*Kind of* の例は挙げられていなかった。2番目に早期の例は、サイエンス・フィクションを題材とするラジオ放送から見つかったものである。本稿の執筆にあたり、COCAに含まれるフィクションの5つの下位ジャンルにおける *sort/kind of* の生起数を調べたが、その結果、サイエンス・フィクション(Science Fiction)は左の周辺部およびすべての位置における生起数が最も多かった(生起数は100万語あたりに標準化した)。一方、右の周辺部については、サイエンス・フィクションは、児童向け小説(Juvenile Fiction)(*sort of* の場合)と映画を小説化したもの(Fictionalizations of Movies)(*kind of* の場合)に次いで2番目に生起数が多かった。将来 *sort/kind of* が左／右の周辺部で用いられることをフィクション作家が見通していると考えたくなるが、他のジャンルの作家と比べ、フィクション作家はすべての位置で好んで用いるようである。

(1c)は、見つかった中で最も早期の例であるが、複数の談話標識(*oh, well, you see, sort of*)の巧みな使用が見られる。それは、感情的な意味合いを上手く表現したり、相互作用的な豊かさを作り出そうとする台本作家の言語使用の優れたメタ言語的感性を表している。こういったプロセスは、その後50年経って初めて言語学者らによって探究され始めることとなる。Aijmer and Stenström (2004: 8) は、英語の話しことばにはそのような標識が含まれ、それらは一般に文法では扱われず、その大半が相互作用的機能を持つと述べている。

1.4 *Sort/kind of* に対する規範

Sort/kind of のユニークな出来事として筆者が覚えている最も幼い頃の記憶

の1つは、筆者がいた4学年のクラスを教えていた修道女が、*you know*, *like*, *sorta*, *kinda*（最後の2つは *sort/kind of* が音韻的縮約されたかたち）をわれわれ生徒がことばの中にちりばめるのを聞きたくないと言った時のことである。彼女がそのように禁じる時以上に、子供の興味を刺激するものはない。人生のかなり後になって、筆者はそれらの禁じられた言語的産物が談話標識あるいは語用論標識と呼ばれるものであることを知ることとなった。他の習慣でもそうであるが、そのような注意を受けるも、筆者はそれらの表現を避けることは無駄だと悟るのであった。

　規範文法では、5億2400万語からなるコーパスである BOE（Bank of English:『バンク・オブ・イングリッシュ』）に基づく場合でさえ、以下のような言及がなされる。

> とりわけ英語の話しことばでは、these や those が sort of, kind of, type of の前で用いられ、それに複数形の名詞が後続するのを耳にすることがある。Sort, kind, type それ自体は単数形であるにもかかわらずである。しかし、多くの人々はこの使用を非文法的と捉える…
> (Particularly in spoken English, you may hear 'these' and 'those' used before 'sort of', 'kind of', and 'type of' followed by a plural noun, although 'sort', 'kind' and 'type' themselves are in the singular. However, many people regard this usage as ungrammatical...)　　　（Chalker 1996, Section 5.26: 86）

この引用に基づくと、以下の文は「多くの人々」によって非文法的と感じられることになる。

> I was asking her what it was like, you know, I mean, what's your weather like and all these sort of boring questions　　　　　　（ibid.: 28）

　追って明らかにしていくが、*sort* と複数名詞間のこういった不一致は、不注意な使用が原因なのではない。それは、*sort of* が単に a member of a set に

言及するものから、「程度の修飾要素（degree modifier）」（Traugott 2008）として使用され始める文法化の段階に遡ることができる。*Sort/kind of* の今日の使用に対して非専門家の間で一貫性がなかったり、教育的な規定がなされるのは、その現在に至るまでの目に見えない歴史についての知識不足から生じている。その歴史は最終的に、発話や文のまさに周辺部での使用、さらには完全に独立して使用される表現としての使用を導いてきたのである。

2. *Sort/kind of* に関する先行研究

　英語の至るところで目にする *sort/kind of* であるが、それらの表現について、またそれらが文法で、また様々な複雑な相互作用的企てを達成するのに担う役割については、先行研究では決して徹底的に、また十分に記述されて来なかった。コーパス研究からより多くを学べば学ぶほど、より多くの困惑が招かれる。それは、単に *kind of* が *sort of* とどのように異なるのかという問題や、具体的な命題的意味を持つ binominal 構造を起源とするもの〔訳注：もともと NP1 of NP2 の構造の一部（NP1 of）であったということ。2.1 節も参照〕から、いかにして現在の豊かな談話・語用論的な機能を持つように発達していったのかといった問題に関わる。

　幸運にも binominal 構文〔訳注：NP1 of NP2 を取る構文。2.1 節も参照〕の一部であったことで、*sort/kind of* は多くの言語学者らの関心を集め、構文文法の観点から再度分析が行われてきた（Brems 2011; Denison 2002, 2005; Traugott 2008）。彼らはそれらの目立たない表現が文法化を起こしてきた証拠を挙げ、説得力のある主張を行っている。本稿では、「談話標識／談話詞（discourse markers/particles）」または「調整装置（adjusters）」（Aijmer 2002: 175）、「自由付加詞（free adjuncts）」（Traugott 2008: 229）、「語用論標識（pragmatic markers）」（Aijmer 2008: 74）として様々に言及がなされる *sort/kind of* の比較的最近の使用を分析する。だが、*sort/kind of* の歴史言語学研究を概観することで、今日におけるそれらの機能や使用をより良く理解できるだろう。

2.1　*Sort/kind of* の文法化

　Traugott（2008: 219–250）は、英語の程度の修飾要素（degree modifier）の通時的分析の中で、*sort of* について（また *kind of* についても）検討した。彼女は *sort of* の文法化過程について説得力のある実証を行っており、それを構文文法の観点に適合させた。彼女が概念化する構造体／構文（construct/construction）の 4 つのレベルに *sort/kind of* がどのように関わるかを見てみると、彼女のアプローチが最もよく説明されるだろう。

- **構造体（constructs）**：コーパスでアクセスされるようなトークン（tokens）。——「変化の場所（locus of change）」（Traugott 2008: 236）と考えられる。例えば、I'm sort of numb right now。
- **micro- 構文**：個々の構文のタイプ。例えば、*sort of* は set/group/class の意味から、程度を示したりヘッジをする機能を担うように変化する時、［NP1［of NP2］］から［［NP1 of］NP2］へと変わる。
- **meso- 構文**：類似の振る舞いをする特定の構文のグループ。例えば、Traugott は *sort of, a lot of, a shred of* が（程度の修飾要素として）多くの共通点を持つと指摘した。
- **macro- 構文**：構造と機能の観点から理解される形式と意味のペア。例えば、程度の修飾要素の構文全般。

Hopper and Traugott（2003: 1–2）は、文法化（grammaticalization）を言語変化のプロセスと定義する。例えば、特定のコンテクストにおける言語単位がどのように文法機能を担うようになるのか、あるいは、文法単位がどのように新たな文法機能を持つようになるのかといったプロセスである。この研究枠組みの関心は、形態統語的、意味論的・語用論的、さらには音韻的な通時的変化にまで及ぶ。Traugott が説明する *sort of* の通時的変化は、主に最後の 2 つのカテゴリーの変化である。Traugott（2008: 225）は、*sort of* の文法化の局所的な段階を年代順に記録し、それらがいかに「時に曖昧な中間状態を伴いながら、均等にきめ細かい、制約された意味論的・語用論的な変化を伴う」

ものであるかを示した。彼女は、近似 (approximative) (a sort of snail) や位置 (locative) (the back of the hotel) を表すなど多種多様な機能を持つ、英語の NP1 of NP2 のパターンを持つ様々な表現を指摘することから始めている。それらの表現の抽象的な構造関係は [NP1 [of NP2]] と表すことができ、主要部(前景にあると見られる部分) は NP1 である。Traugott (ibid.: 227) は、*kind of/sort of/a bit of/a shred of* の変化に共通した特徴を以下のように体系化する。

[NP1 [of NP2]] から [[NP1 of] NP2] ― 主要部が NP1 から NP2 へと移り、修飾の逆転が起こった

Sort は、*of* とより密接な関わりを持ち、2 語からなる語彙単位となるずっと以前は、set や group の意味を持っていた。以下の OED の例にそれが見られる。

（2） To beholde so fayre and good a **sorte** Of goodly knyghtes.
　　　　（OED　1509　S. Hawes Pastime of Pleasure (1845) xxvii. 129）
　　　＜とてもハンサムで道徳的に実直な立派な騎士団 (sorte) を見るために。＞

（3） One **sorte** of them was burnt, another **sort** hanged, the thirde drowned, and the fourth **sorte** had no more hurt but their heades cut off.
　　　　　　　　　　（OED　1583　T. Stocker tr. Tragicall Hist.
　　　　　　　　　　　　　　　Ciuile Warres Lowe Countries i. 2）
　　　＜彼らのあるグループ (sorte) は焼け死に、別のグループ (sort) は首つりにされ、3 つ目は溺死し、4 つ目のグループ (sorte) はそれ以上痛めつけられなかったが頭を切り落とされた。＞

16 世紀のある時点で――そして次の世紀までにしっかりと定着していき

――a member of a set を意味する *sort* の部分的な (partitive) 使用が始まる。以下はその例である。

（4）　Al **sort** of erroneous teachers, and licentious livers, were tolerated.
　　　（OED　1641　J. Tombes Leaven of Pharisaicall Wil-worship (1643) 14）
　　　＜誤った教師のすべてのメンバー（sort）と不道徳な生活者は、寛容に扱われた。＞

Traugott (2008: 228) は、部分的な意味が生じ、NP1 と NP2 の両方が不定冠詞を取る時（例えば a sort of a (n) (ap) prentice)、「クラス・メンバーシップは一意的に識別可能ではない。それは正確ではない」という推論が可能になったと主張する。これが、次のような程度の修飾要素としての使用を導いた。

（5）　Bishop Burnet is even kind enough to make a **sort of** an excuse for Sir Thomas More.
　　　　　　　　　　　　　　　（OED　1846–9　S. R. Maitland Ess. 47）
　　　＜司教バーネットはさらに親切にも、トマス・モア卿のために多少の（sort of）弁解をした。＞

この例で含意されているのは、弁解 (excuse) はなされたが、それが十分ではなかったかもしれないということである。したがって、弁解を程度の連続体において見ることになる。部分的な使用は、程度の修飾要素としての使用と平行して続いていった。そして、NP2 で不定冠詞が使われることが減り、*sort of* が他の程度の修飾要素（例えば *awfully*）のように振る舞うようになると、それが程度の修飾要素として用いられているという解釈がより際立ったものになった。以下はその例である。

（6）　Just before Christmas, the workload, it **sort of** doubles and you suddenly think, 'Okay. It's gone from I can do this to why am I doing this', I think has gone through my head quite a few times

(COCA ACAD StudiesInEducation Spring 2015, Vol. 47 Issue 1, p. 17)

＜クリスマス直前は、仕事量、それはすごいことに (sort of) 2 倍になり、あなたは突然考えます、「わかった。できると思ったけど、なぜ私はこれをしているのだ」と、多分もう何度も私の頭をよぎったことです＞

そして、程度の修飾要素として、*sort of* は NP 構文で制約を受けず、命題的意味は減衰し、さらには *sortuv/sorta* のように音韻的縮約が起こり、しばしば副詞の性質を持つようになった。ごく最近では、独立した発話として現れたり、発話頭や発話末の位置に現れるようになった。*Sort of* は、set あるいは group の意味を持つ最初の段階の使われ方を除いて、ここで見たすべての方法で使われ続けている。

　Brems (2011: 2) もまた、構文文法の観点から、コーパスから集めた経験的なデータを使い、*sort of, kind of, type of* を――Traugott (2008) のように――binominal 構造を考慮し分析している。しかし彼女は、それらの表現を以下の 2 つの構造のタイプに分類した。

1) size (or shape) noun expression (例えば *a bunch, heaps of, a bit* 等) ――"Size Noun Constructions" は SN と表記
2) type noun expression (例えば *sort of, kind of, type of*) ――"Type Noun Construction" は TN と表記

Brems (2011) は、TN 構文である *sort/kind of* を通時的・共時的に調べており、その折衷的なアプローチは、現代の多義的な使用を説明しようとする際に多くの重要な洞察を与えてくれる。彼女の主な関心は、それらの表現の文法的な由来〔訳注：原語は pedigree〕、すなわち、共時的な使用がいかにその遺

産を反映しているか——そして特に、その使用が文法化のプロセスに与える洞察——を明らかにすることにある。しかし、Brems (ibid.: 317–320) はそれらの表現が談話標識として使用される時、もはや文法的な境界とは結び付かず、必ずしも先行部分あるいは後行部分を作用域としないと考える。本一冊分にのぼる彼女のその研究では、それらの表現のテクスト的、(間)主観的、その他多岐に及ぶ使用についての議論が行われ、また、いつ独立して使用される表現となるのかについても検討が行われている。

3. 談話標識としての *sort/kind of*

　機能言語学理論は、命題内容を形成する文法システムを越えて、様々な構造や資源が——しばしば文法システムに埋め込まれて——命題に関する話し手の相互作用的な態度を伝達することを明らかにしてきた。例えば、英語の法助動詞が、発話の対人的機能と関係していることはよく知られる (Verstraete 2001)。例えば "You must be kidding"（冗談でしょう）は、対話者の発言に対する不賛同を伝達するが、実際にはその前のふざけた発話の確実性について主張しているのではなく、そもそもユーモアが行われていたのかどうか疑いを掛けているのかもしれない。

　本稿は法助動詞に焦点を当てるものではないが、ここで扱う *sort/kind of* は、緩和語 (downtoners) (Quirk et al. 1985: 446)、程度の修飾要素 - 兼 - 自由付加詞 (degree modifiers-cum-free adjuncts) (Traugott 2008: 226)、交感的機能を持つ談話詞 (discourse particles with phatic functions) (Aijmer 2002: 48)、付加詞として用いられる TN 構文 (type-noun constructions used as adjuncts) (Brems 2011: 317) として様々にラベル付けされており、それらが複雑に機能する一要因として認識様態的法 (epistemic modality) との関わりがある。すなわち、それらは発話において、話し手が命題の背後にある知識についてどう確信を持っているか、あるいはその知識をどう評価し信じているかを知る手段を提供する (Nuyts 2001)。

　「何を談話標識とみなせるか」という問題が生じる時、Schiffrin (1988:

327)が提案するのは、分析者はまず談話の単位に着目し、分析者と、そして非常に重要なのが、参加者自身の両者によって特定され分化されるようなチャンクにインタラクションの流れを分けていくことである。彼女はさらに、「参加者が共同で作り上げる活動間の境界をどのように提示しているか」を見ることを勧める。

談話標識を特定するための Schiffrin (1988: 328) の提案は、長らく使用され続けてきた。それは次のようなものである。

・発話または文から統語的に分離可能である。
・典型的に発話頭(左の周辺部)に現れる。
・音韻的縮約が起こる。
・様々な韻律曲線を持つ。
・談話の広域レベルと部分レベルで、また異なる水準で作用する(すなわち、不確定の意味を持つか、あるいは(言語／話し手に関して)再帰的である)。

これらの基準が、以下の例にどのように適用されるかを見てみる。

(7) ALISON: Well, we're on the mend, actually, **kind of**.
EMILY: Really?
ALISON: Yes. As friends. (SOAP 2010 As the World Turns)
＜アリソン：えっと、私たち良い方向に向かっているわ、実際、ある意味で(kind of)。
エミリー：本当？
アリソン：うん。友達として。＞

最初の発話では、*kind of* は中心の項〔訳注：" we're on the mend"〕を枠づけする他の2つの談話標識(*well* と *actually*)と一緒に用いられている。*Kind of* には音韻的縮約は見られず、また左の周辺部に位置していない。しかし、統

語的に分離可能であり、談話の異なる水準で、また広域レベルと部分レベルで作用している。それは "we're on the mend," という発言の自己修復（self-repair）(Aijmer 2002: 198–199; Kitzinger 2013: 232) への移行を示し、その発言が言い過ぎであったかもしれないという打ち消し（disclaimer）を与える。その意味で、*kind of* は発話レベルの部分的な影響力（内容を主観化している）を持つと同時に、対話者がその命題（"we're on the mend"）をどのように捉えるかに関する気づきや予示を与えている（間主観化している──Emily が語釈する可能性を予知している）。

（8） "But, darlin'," she cooed, "you look so handsome in a tuxedo. **Sorta** like James Bond, Clint Eastwood on Oscar night, and Elvis all rolled into one."
"Now, when did you ever see the King wearing a tux?"
　　　（COCA　2014　Fiction Killer physique: A Savannah Reid Mystery）
＜「でも、あなた、」彼女は優しくささやいた、「タキシード姿とてもハンサムよ。何か(sorta)ジェームズ・ボンド、オスカーの夜のクリント・イーストウッド、エルヴィスを合わせたような感じ。」
「でも、国王がタキシードを着ているのなんていつ見たことがある？」＞

この例では、*sort of* は "sorta" と音韻的に縮約しており、Schiffrin (1988: 328) が談話標識の最も現れやすい位置と考えた左の周辺部に現れている。この位置では、直示機能と（間）主観的機能の層化（layering）を見ることができる。この点については本章の第 8 節で議論する。

　Bazzanella (1990: 630) を受け、Aijmer (2002) は、相互作用的性質を支える交感的（phatic）機能を持つ他の「談話詞（discourse particles）」とともに *sort/kind of* を分類する。交感的連結詞（phatic connectives）と呼ばれ、*sort/kind of* は evidentials（与えられた発言の証拠性を示す形式）と考えられる他の表現（I think や actually）と一緒に分類されている。Aijmer は Chafe (1986: 270) を引用し、*sort of* は「最適な記号化可能性（optimal codability）を持つとは言えな

い」と述べる。つまり、*sort of* が修飾するものが、指示されているものを正確に記述し、表現し、または特徴づけているかについては議論の余地があるだろうと主張する。

4. 本研究が使用するコーパスと選定理由

Sort/kind of の分布の違い、および文法的・機能的な違いを調べるため、本研究では 2 つのコーパスを使用した。一つは、実際の対面会話の例や、フィクションや放送・紙媒体のニュースソースなど様々なジャンルからの例を含む COCA で、もう一つは、アメリカテレビ番組のメロドラマ（いわゆる「ソープオペラ」）のみを扱ったより特殊化された SOAP である。

COCA（『現代アメリカ英語コーパス』）を選んだ理由の一つは、そのサイズにある。4 億 1 千万語からなり、これまでの *sort/kind of* の研究（例 Gries and David (2007)）で既に使われている BNC（『イギリス英語コーパス』）と比べ 4 倍以上の大きさがある。その巨大さは、左／右の周辺部の *sort/kind of* のような低頻度の構文を調査するのに大きな利点となる。また、COCA はジャンル (genres) や使用域 (registers) の面でバランスの取れたコーパスである。

SOAP（『アメリカソープオペラコーパス』）もまた、ブリガムヤング大学のサーバーで Mark Davies (2011) が作製し管理しているコーパスであり、2000 年代初期からのアメリカソープオペラの台本 2 万 2 千本を含み、総語数は 1 億語にのぼる。台本作家は、メロドラマらしさを助長させるために、特に左の周辺部で *sort/kind of* の豊かな（間）主観的・テクスト的な可能性を引き出すのではないかということが考えられた。このデータベースを使うことで、語用論標識の基本的な特徴である「本来備わった」メタ言語的性質を越えたメタ言語的な使用が *sort/kind of* にあることが明らかとなる。

4.1 結果のまとめ

左の周辺部・右の周辺部・発話中に現れた *sort of* と *kind of* の分布を比較する表を、付録 1a（SOAP の場合）と付録 1b（COCA の場合）に挙げた。

COCAでは、*kind of*は*sort of*の2倍多い例が見られただけであるが、SOAPでは、*kind of*は*sort of*の5倍以上多く生起している。よりバランスの取れたCOCAでも*kind of*への強い選好が見られるが、それをはるかに凌ぐ*kind of*へのはっきりとした選好がソープオペラの台本作家にあることが示されている。Aijmer (2013: 124) が *actually* と *in fact* の研究で明らかにしたように、*sort of*と*kind of*は意味的には違いはない。それらは同じテクストタイプに現れるが、現れる頻度に違いがある。本章では十分な答えを得ることはできないであろうが、次の点は興味をそそる問題である。つまり、*sort of*は文法化がさらに進んでおり、台本作家が利用したくなるような魅力的な豊かな(間)主観的・テクスト的機能を持つと考えられるにもかかわらず、なぜSOAPでは*kind of*がそんなにもより頻繁に用いられるのかである。

　両コーパスの例において、*sort/kind of*の使われ方には顕著な類似点がある。それは、どちらも圧倒的に発話中で好まれて用いられていることである。その生起数は94%かそれ以上にのぼる。しかし、すべての位置での生起を合わせた*sort/kind of*の総計トークンの割合を見ると、*sort/kind of*はCOCAよりもSOAPにおいて、左の周辺部と右の周辺部の両方でより多く現れている。(付録1a, 1bを参照)。これは右の周辺部の*sort of*に特に顕著である (SOAPでは右の周辺部での生起は全体の4.67%であるのに対し、COCAでは0.53%である)。台本作家が(意識的であれ無意識的であれ)周辺部の*sort/kind of*の潜在的可能性に留意しており、以降で明かされる相互作用的・テクスト的な効果をもたらすためにそれらを利用していることを示唆している。またその割合は、COCAに含まれる実際の対面状況で使用される割合よりも高かった。(間)主観的に複雑であり、テクスト性により貢献すると思われるのは左の周辺部での使用であることを考えると、(少なくとも*sort of*に関して)右の周辺部で最も多く生起しているというのは興味深い事実である。

　COCAをジャンル別に見てみると(SOAPは1つのジャンルを扱っているため、この見方はできなかった)、すべての位置での生起を合わせた*sort of*と*kind of*のそれぞれの総頻度は、「フィクション(FICTION)」のジャ

ンルよりも「口語(SPOKEN)」のジャンルで3倍高かった。しかし、*sort of*の左／右の周辺部での生起は、(そこまで大きな差ではなくとも)「口語(SPOKEN)」のジャンルよりも「フィクション(FICTION)」のジャンルでより多く見られた(付録2を参照)。これは、ソープオペラの台本作家だけではなく、フィクション作家全般が*sort of*の左／右の周辺部での使用に注意を払っており、現実で使用されるよりも高い割合でそれを用いている証拠である。また、それが*sort of*には当てはまり、*kind of*には当てはまらないという事実は、*sort of*の文法化がさらに進んでいることの表れかもしれない。次節ではこの点について見ていく。

4.2 *Sort of* のより「進行した」文法化の証拠と位置が与える洞察

本稿の第2節で見たように、*sort/kind of*は文法化(Brems 2011; Denison 2002, 2005; Traugott 2008)の軌道にあり、部分的な使用から、程度の修飾要素や垣根言葉として、また他の語用論的に複雑な方法で同時に用いられる形式へと発達してきた。Binominal構造を起源とし、今では独立して用いられたり、左／右の周辺部で用いられることがごく普通になった。*Sort/kind of*が独立して使用される例の分布は、文法化の相対的なレベルを示す1つの基準となる。

表1 SOAP と COCA における「独立して使用される」*sort/kind of* の分布

SOAP		
	kind of	総生起の 0.08% (60,637 例中 50 例)
	sort of	総生起の 0.76% (10,650 例中 81 例)
COCA		
	kind of	総生起の 0.02% (190,753 例中 31 例)
	sort of	総生起の 0.16% (83,353 例中 132 例)

実際の生起数は少ないため、結論を控えめにせざるを得ないが、独立した使用には一貫して*sort of*が好まれる傾向があることがわかる。

独立して使用される場合と同じく、*sort/kind of*が左または右の周辺部に移

動する時、そこで純粋に外延的（denotative）な意味で用いられる例は事実上無いといえる。たとえ見つかったとしても、以下の注目すべき例が示すように、それらは発話中に生起するものとは著しく異なる。

(9) PETE: Whoa, no, Adam Chandler is a pretty scary guy. I mean, he's the **kind of** guy who says, "You're toast," and you're looking over your shoulder for the rest of your life.
COLBY: The **kind of** guy who collects enemies. **Kind of** guy people want to kill. (SOAP 2009 All my children)
＜ピート：落ち着け、いや、アダム・チャンドラーはかなり恐ろしいやつだ。つまり、彼は「ただじゃすまないぞ」なんて言う種の（kind of）やつで、これからの人生をビクビクして生きてくことになるぞ。
コルビー：ある種（kind of）敵を集めるやつ。ある種（kind of）人が殺したくなるやつだな。＞

　発話中で使用されている *kind of*〔訳注：2行目のPeteのkind of〕は、variety ofまたはtype ofという指示的意味を持つが、話順がColbyに移り、*kind of* が左の周辺部へと移動していくと、その指示的意味は完全には失われていないものの、テクスト的・社会的結束機能に劣ってしまっている。その他に見つかった左の周辺部の *sort/kind of* の例のほとんどすべてにおいては、退化した指示的意味すら持っていなかった。近似またはヘッジの意味、またテクスト的・間主観的な特徴が規範となっていた。それは、左の周辺部の *sort/kind of* に不定冠詞aで始まる名詞句が後続する場合でも同様であった。発話中でそのような名詞句が後続する場合、*sort/kind of* は高い確率で外延的意味を持つのである。
　発話中で使用される時、*kind of* は（*sort of* と比べ）より外延的意味――つまりvariety ofまたはtype ofの意味――を伝達しやすい。このことは、両者のうち *sort of* の方がより文法化された形式であることのさらなる証拠である。SOAPで発話中に現れた *kind of* の例6万637件のうち最初の100件を調べ

たところ、57 件 (57%) が type/variety of の指示的意味を持っていた。一方で、発話中に現れた *sort of* の例 1 万 650 件のうち最初の 100 件を調べてみると、たった 36 件 (36%) しか指示的意味を持っていなかった。

5. 位置が意味と機能に与える影響—*actually* と *in fact* との類似点

　Actually と *in fact* のテクスト的・語用論的機能の議論の中で、Aijmer (2013: 125) は、「位置はおそらく、解釈を制約している最も重要な形式的特徴である」と指摘した。これは *sort/kind of* にとっては誇張かもしれないが、位置が極めて重要な役割を果たすことについては疑う余地はない。それは、以下の SOAP から見つかった左の周辺部の *sort of* の例から明らかである。

(10)　JESSE:　What is this, Tad?
　　　TAD:　　Uh, it's a coming-out party. **Sort of** a celebration to welcome you back to the land of the living.
　　　　　　　　　　　　　　　　　　　(SOAP　2008　All my children)
　　　＜ジェシー：これ何、タッド？
　　　タッド：あー、お披露目パーティーさ。言ってみれば (Sort of) 君の社会復帰祝いさ。＞

　もし "The coming-out party is sort of a celebration…" のように、*sort of* が発話中に位置する 1 つの発話として表現が再構成されたら、*sort of* は主として外延的な意味で理解されるであろう。しかし、左の周辺部に置かれることで、"coming-out party" は celebration として特徴づけされにくくなり、(間) 主観的な性質が増すこととなる。

　Tognini-Bonelli (1993) の研究を受け、Aijmer (2013: 112) は、*actually* は言われたことを言い換え、異なる見解を取るために戦略的に用いられると指摘する。左の周辺部 (必ずしもその位置でというわけではないが) の *sort/kind of* はまた、言い換え・話題転換・自己訂正に作用し、それはたいてい敵対的と

いうよりは協調的な仕方でなされる。以下の SOAP からの例がその一例である。

(11) VICTOR: I guess you're right. (Sighs) she was rather distant with me at the hospital. **Sort of** overjoyed to see Brad Carlton.
NICK: Well, of course. That's the way it should be.
(SOAP 2004 Young and Restless)
＜ヴィクター：君は正しいだろうね。(ため息)彼女は病院で僕に対してかなりよそよそしかった。何だか(Sort of)ブラッド・カールトンに会えてすごく喜んでいた。
ニック：ああ、もちろんさ。当然だよ。

Sort of は話題転換というより再焦点化しており、緩和するにはあまりにも極端な描写を皮肉っぽく和らげている。ここで興味深いのは、*actually* が *sort of* と代替でき、申し分のない交換がなされるが、しかしその場合、皮肉や、*sort of* が含意する特徴づけについて議論しようといった明白な誘いが生じなくなる点である。左の周辺部における *actually* 対 *sort/kind of* の選択は、台本作家または他のフィクション作家の文体的な理由によるところが大きいようである。*Actually* は意外さ(Oh 2000: 243)、*sort/kind of* は不明瞭さという異なる核心的意味を持つにもかかわらずである。この互換性は、発話中では文法的な観点から成り立たず、右の周辺部では、交換されるとたいてい発話が非常に不自然となり、発話を文体的に同じものと見なせなくなってしまう。これは、左の周辺部が特有の特徴を持つさらなる証拠である。といっても、左の周辺部では *actually* と *sort/kind of* の機能の仕方に重要な違いがないと言うのではない。一例を挙げると、左の周辺部の *sort/kind of* は、省略された人称代名詞(または随意的なコピュラあるいは法助動詞)を含み、人称直示や、それがもたらす前方照応関係を通して豊かなテクストの結束効果が生み出されるが(この点については、本稿で追って議論する)、*actually* の使用にはそのような省略表現は含まれない。

Aijmer (2013: 107) は、*actually* は意味というよりはむしろ「意味の潜在力」、つまり「意味・副次的意味・含意・卓立的／非卓立的意味・内包からなる豊かな意味表出」を持つのだと主張する。同じことが *sort/kind of* についても言えるだろう。次節では、結束機能と、それが複雑さやメタ語用論的機能に与える／によって与えられる影響との関連から、右の周辺部と左の周辺部における意味の潜在力について検証していく。

6. 台本作家による *sort/kind of* のメタ語用論的使用

語用論標識は、指標的であり、意味の展開がコンテクストに依存するというまさにその本質から、メタ言語的であると論じられる。しかし、ここで議論するメタ言語的レベルとは、対話者たちが語用論標識それ自体を議論の対象として持ち出す場合のものである。これはメタ語用論的(metapragmatic)(Jaworski et al. 2004: 62)と呼ぶことができる。

自然発生的な状況における対話について興味深いのは、*sort/kind of* が言いにくい事実をはぐらかしたり、イライラさせるくらいどっちつかずの態度を維持したり、あるいは単に応答を最小限にするための方略として用いられている時でさえ、その使用がめったに意義申し立てを受けないことである。対話者によるそのような意議申し立ては、それらの表現が特定のコンテクストで用いられる適切性を明示的に焦点化する。そのような例は、成人間インタラクションを含む話しことばの例の中には一例も見られなかった。COCAでは、テレビ放送されたインタビューの中で一例だけ見つかった。そこでは、インタビューを受ける子供が質問にはっきりと答えず、繰り返し *sort of* に(時には独立して使用される *sort of* が発話全体を形成し)訴えていることを記者にからかわれていた。ことによると、互いにフェイスを救済する目的に志向し、*sort/kind of* の使用を論点とすることを避ける会話の暗黙のルールがあるのかもしれない。

しかし、SOAPでは、以下の例のように対話者が *sort/kind of* の使用に苛立ちやフラストレーションを感じ、その表現自体がインタラクションの焦点と

なる例は容易に見つかった。

(12) ABBY: Yeah. But, like I said, I mean, I'm seeing someone, **kind of**.
　　　JED: How "**kind of**" is "**kind of**"?
　　　ABBY: Well, you know, not hot.
　　　JED: **Kind of**.
　　　ABBY: Right. **Kind of** understood.
　　　JED: Hard to compete with "**kind of** understood."
　　　　　　　　　　　　　　　　　（SOAP　2007-02-27　Days of Our Lives）
　＜アビー：うん。でも、言ったように、つまり、付き合ってる人がいるの、ある種(kind of)。
　ジェド：ある種(kind of)ってどうある種(kind of)？
　アビー：ええと、だから、燃えるような感じではないの。
　ジェド：ある種(Kind of)。
　アビー：そう。ある種(Kind of)ね。
　ジェド：「ある種(kind of)ね」には対抗できないな。＞

右の周辺部の *kind of*〔訳注：1行目の Abby の kind of〕が引き金となって行われる確認チェック〔訳注：2行目の Jed の発話〕では、範疇的(categorical)な応答が期待され、*kind of* の尺度的(scalar)な性質への話し手の（したがってまた台本作家の）メタ言語的な理解が示されている。Jed の質問が "Are you or aren't you seeing someone?" といったよりフェイスを脅かす（Brown and Levinson 1987: 61）質問にもなり得たことを考えると、実際の "How "kind of" is "kind of"?" という質問は、その *kind of* の尺度的な含意に「付き合ってあげている」というふうにも見ることができる。また、それはひょっとしたらふざけて浮ついた感じでなされているのかもしれない。台本作家は右の周辺部の *kind of* を相互作用を促進させる資源として捉え、ドラマチックな効果を生み出すのに利用している。しかし、COCA の入念な調査によって明らかとなったが、実際のコミュニケーションではこのレベルのメタ語用論的

な気づきはほとんど見られなかった。右の周辺部の *sort/kind of* がフィクションで用いられるという事実は、それらが自然発生的な談話で見つかった際、そのほとんどは発話中から移動してきものだという主張への反論となる。それらは明らかに、単に認知処理のための表現として作り出されたもの以上のものだからである。

次の例では、対話者はより協調性に欠け、*kind of* の考えうる尺度的な解釈は楽しまれず、その表現の矛盾が見過ごされない。実際、その表現のばからしさは、それが真似され繰り返されることで茶化されている。ここでも、台本作家が右の周辺部の要素を用いてメタ語用論的な遊びをしていることは、右の周辺部がその標識に対して持つ潜在的可能性について彼らが認識していることを示している。

(13) ATTENDANT: Their mother, a Miss China Lee, left us your name in case of emergency. You're the boys' stepfather?
NICK: Technically, **kind of**.
ATTENDANT: You've married the boys' mother?
NICK: Technically, **kind of**.
ATTENDANT: Then technically, **kind of**, they're your children, sir.
（SOAP　2007-08-17　Days of Our Lives）
＜係員：彼らの母親、チャイナ・リーさんは、緊急時に備えてあなたの名前を残しました。あなたは、その男の子の継父ですか？
ニック：厳密には、そんな感じです(kind of)。
係員：その男の子の母親と結婚していましたか？
ニック：厳密には、そんな感じです(kind of)。
係員：では厳密には、そんな感じで(kind of)、彼らはあなたのお子さんです。＞

それぞれの対話者によって"Technically, kind of."が繰り返されることで、対話をテクストとして、話者たちを意味の交渉者として結びつける語彙的結束

性がもたらされている。次節では、左の周辺部の *sort/kind of* を取り巻く文法的結合装置、特に指示と省略の重要性について取り上げる。

7. 左の周辺部における結束性、一貫性、複雑なテクスト機能

　テクスト言語学(de Beaugrande 1980; van Dijk 1972)の主な関心は、省略・代名詞・結束性・一貫性といった文文法が対処することのできない側面であるが、その関心は、談話標識あるいは語用論標識としての *sort/kind of* が焦点となる際に表面化する。Enkvist (1976: 65) を引用し、Hasselgård (2004: 65) は、結束機能はしばしば文頭または発話頭に位置する要素に見られると述べる。

　Fetzer (2012: 447)は、一貫性(coherence)は論理的な一貫性と連結に関わる一方、結束性(cohesion)は談話のセグメント間の意味関係を示す言語使用に関わると指摘する。文法的結束性は、省略・指示・接続・代用といった問題に関わり、一方語彙的結束性は、連語・反復・メトニミー・同意性・反意性と関係が深い。

　以降の左の周辺部の *sort/kind of* の議論では、反復(repetition)の結束機能についても手短に取り上げるが、主な関心は文法的結束性にある。Fetzer (2012: 457)が、左の周辺部の *sort/kind of* は「ボトムアップに処理され、重要な指標的機能を果たし、談話の部分的な領域を広域的な領域へと結びつける」と説明していることからもわかるように、それらの表現は談話連結詞(discourse connectives)の機能を果たす。

　省略(ellipsis)と直示(deixis)は、特に左の周辺部の *sort/kind of* の議論に関わる。なぜなら、純粋にフィラーとして機能する比較的稀な左の周辺部の使用を除いて、人称代名詞(it を含む)や随意的なコピュラ・法助動詞が省略されているからである。それにより、対話者、聴衆、またその他の観察者は、結束的脈絡を追うことによって一貫性を作り出すことが求められる。

　直示は、he・there・now といった人称・場所・時間を表す表現について言及するものであるが、左の周辺部の *sort/kind of* を取り巻く直示のタイプは

ほとんど必ず人称直示であり、人、もの、あるいは命題がコンテクストから推論される必要がある。おこがましいかもしれないが、本稿では、省略された代名詞(＋／− コピュラあるいは法助動詞)は、左の周辺部の *sort/kind of* の意味化(semantizations)と見なすこととする。その位置に現れる *sort/kind of* を分析する時、省略されている項目は一貫して、また確実に推論可能である。それらの推論により、より広範囲の談話の中で前方照応(またより稀に後方照応)を突き止めることが可能となり、広く行き渡る豊かなテクスト性を味わうことができるようになる。誤解のないよう言っておくが、これは位置に特有の意味化である。

8. 複雑さの様々なレベルと、それらが連結性と一貫性に与えうる影響

　Baicchi(2004)とBruti(2004)は、イタリア語と英語の書きことば・話しことばのデータを使い、テクスト的・言語的な現象が持つテクストの複雑さを計る尺度を作り出そうと取り組んできた。Baicchi の研究は、標題や見出しに着目し、複雑さ・有標性・解釈可能性がどのように相互に関係しているかを示し、一方 Bruti は、後方照応装置の分析を行った。同じ目的を持つそれらの個々の研究に触発され、筆者は左の周辺部の *sort/kind of* の直示機能と照応関係の複雑さを判断する基準を考案しようと試みてきた。ここでの具体例の検討により、前節に挙げた点を明らかにできればよいと考える。これは試験的なものであり、決して徹底したものではない。

　複雑さ——それは難しさとゆるい相互関係にあると考えられる——を判断するために調べるべき基準は、次のようなものとなる。

1) 省略された直示要素は、一語／一概念を表すか、それとも命題全体を表すか。
2) 含意はどの程度複雑であるか(例えば、因果関係または他の論理的関係が推論される必要があるかどうか)。

3) 前方照応的推論ではなく、後方照応的推論である。
4) 指示対象は左の周辺部の *sort/kind of* からどれくらい離れているか——それと関連して、指示はその話順内で行われているか、それとも別の話順へと及んでいるか。

以下、より単純なものから複雑なものへという順に例を挙げていく。いくつかの基準が同じ例で適用される場合もある。複雑さが増すにつれ、テクストの豊かさが増していくという大まかな対応がある。

8.1　一語／一概念 vs. 命題全体

　最初の例は、複雑さの尺度の最も低い極に位置づけられる例である。左の周辺部の *sort of* の直前に前方照応の指示対象〔訳注："smell"〕があり、推論されるのは命題全体ではなく一語／一概念である。

（14）　I was only vaguely aware of it. But aware enough to be puzzled.
　　　It was an unpleasant smell. **Sort of** sweet but putrid.
　　　　　　　（COCA　FIC: Postmortem　Author: Patrucua Daniels Cornwell
　　　　　　　　　　　　　　　　　　Publisher: Charles Scribner's Sons）
　　　＜私はぼんやりとしかそれがわかりませんでした。しかし戸惑いました。不快な臭いがしました。何か（Sort of）甘い、でも腐った臭いでした。＞

次の例のように、指示がかなり直接的と思われる場合でも、言語内照応（endophora）と外界照応（exophora）が組み合わさることで、含意の複雑さが増す。

（15）　BUZZ:　　The church is pretty, though. **Sort of** gives you a new way of looking at weddings.
　　　OLIVIA:　Can I ask you a personal question?

(SOAP　2005-11-23　Guiding Light)
＜バズ：素敵な教会だね、でも。何か(Sort of)結婚式の新しい見方ができるね。
オリヴィア：個人的な質問してもいい？＞

一見、省略された直示代名詞 it〔訳注：Sort of の前に省略されている it のこと〕は "church" を前方照応していると思われるが、素敵な(pretty)もの・場所が人の見方を変えるかもしれないという知識があることで、テクスト内・外からの資源が必要となり、複雑さが増すこととなる。

8.2　含意された因果関係

　以下は、「彼が出かけた理由は、緊急な事のためであった」という因果関係を推論する必要がある点で、やや複雑な含意を持つ。緊急事態の成り行きについての一般的な知識があることから、そこまで難しい推論ではないが、複雑さは確かに増している。

(16)　LIZZIE:　Josh. Where's the reverend?
　　　JOSH:　　Hi. He had to run out. **Sort of** an emergency thing.
　　　　　　　　Are you okay?　　(SOAP　2007-07-18　Guiding Light)
　　　＜リジー：ジョシュ。牧師はどこ？
　　　ジョシュ：やあ。彼は出かけなければならなかったんだ。何か(Sort of)緊急の用事で。大丈夫かい？＞

8.3　後方照応的指示

　以下の例に見られる含意はよりずっと複雑であり、特に対話者に関する詳細な背景知識がない場合には難しい。

(17)　OCTAVIO:　Sonia – more beautiful than ever. I guess you know why I'm
　　　　　　　　here.

SONIA:　　　Somebody's got to avenge Padilla's death. **Sort of** thought I'd see you sooner than this.
OCTAVIO:　　Good. Let's not make this hard.
（SOAP　2004-08-06　One Life to Live）
＜オクタビオ：ソニア、これまでにないほど美しいよ。なぜ僕がここにいるかわかるね。
ソニア：誰かがパディリャの死の敵を討たなければならない。まあ（Sort of）もう少し早くあなたに会えると思っていたけど。
オクタビオ：よし。簡単に済ませよう。＞

　ここで含意されているのは、Octavio が Padilla の死の敵討ちに来て、来るのに時間がかかったということである。この含意には Octavio がどのような人物か〔訳注：Padilla の死の敵討ちをするはずの人物ということ〕についての知識が必要であり、それがなぜ彼が来のかということに結びつく。*Sort of* の指示対象が I（つまり Sonia）であることは推論できないため、これは後方照応的指示である〔訳注：Sort of の前に I が省略されており、その指示対象が後出の "I'd see you..." の I（Sonia）であることは、sort of が発話された時点ではわからない〕。Sonia は "Sort of thought [you'd walk right into this bar, did you?]" と言おうとしていたのかもしれない〔訳注：その場合、Sort of の前には you が省略されており、その指示対象は後出の you（Octavio）となる〕。つまり、後方照応の指示対象が発話されてはじめて、その表現（*sort of*）の意味が理解され始めるのである。
　以上、*sort/kind of* が左の周辺部で持つ複雑なテクスト機能について、またそれらがいかに社会的結束性（間主観性）と関係しているかについて例証した。

9. 右の周辺部における *sort/kind of* の注目すべき修辞的使用についての簡潔な解説

　COCAにおける右の周辺部の *kind of* の例の大半が、原稿のある報道ニュースと、より自然発生的な報道ニュースの両方の中で見つかった。自然発生的なものの場合、*kind of* はしばしば発話中からかなりランダムに移動しているように見え、認知処理の必要性か、またさらには話し方の癖が動機となっているように思われる。以下はその例である。

(18) 　CAITLIN: 　I remember one time, I was going up to get a math sheet, and there was this person who I thought was beginning to be my friend **kind of**. And I was going up to get a sheet, and she touched my elbow which was really dry and rough at that time. And she, like, yelled really loud, ew.
　　　　　　　　　　　　　（COCA　SPOK: NPR—Skin Deep　15/04/09）
＜ケイトリン：ある時のことを覚えているわ、数学のシートをもらいに行って、そこに友達になってきたと思っていた子がいたの、ある種の（kind of）。それでシートをもらいに行って、彼女はその時すごく乾燥して荒れていた私の肘に触ったの。それで彼女、その、本当に大きな声で叫んだの、うわっ、て。＞

しかし、原稿のあるニュース、あるいは新聞や雑誌の中の書き起こされたインタビューでは、*sort/kind of* はこれから述べられることが前の内容にいくらか矛盾することを示す修辞的装置として使用されている。以下はその例である。*Sort of* は発話中から計画的に移動されている。

(19) 　He and his now ex-wife, Lesly, a fitness instructor, would take Svein and his older brother up to a ski hill for days on end in their motor home. They

were in full support, **sort of**.

"I was thinking what any other mother would think. It was pretty frightening,"

Lesly said. "I was worried about him…"

　　（COCA　NEWS: Denver Post: An example of Tuft love　09/02/27）
＜彼と、今や彼の前妻であるフィットネス・インストラクターのレスリーは、よくスヴェインとその兄をキャンピングカーで何日も続けてスキー場に連れて行った。彼らは全面的にサポートされていた、ある意味（sort of）。
「私は他の母親が考えるであろうことを考えていました。それは本当に恐ろしかったです」
とレスリーは言った。「私は彼が心配でした。…」＞

　右の周辺部の *sort of* は、"They were *sort of* in full support" のように発話中に位置づけられることもできただろう。しかし、自然発生的な会話では、*sort/kind of* がある表現の中間に位置づけられることは珍しくないが、ニュース記事では、その位置づけは明確に有標（marked）となる。発話中に生起していたらもっぱら主観的な（態度を示す）機能を持つであろうが、右の周辺部で用いられると、読み手の方へシフトしようというコミュニケーションが意図され、間主観的となる。それは "with a caveat that will now be explained" と言い換えられるだろう。*Sort/kind of* が左の周辺部で成し遂げることと比べると、この使用はむしろ部分的な談話を標識する（テクスト的な）影響力を持つ。こういった右の周辺部の *sort of* の例は、ニュース記事では珍しくはない。そのような修辞的使用の例の多くを、原稿のある報道ニュースや、新聞記事や雑誌の中の書き起こされたインタビューの中で見つけることができる。

　以下のように、原稿のない例では、原稿のある例で見つかった修辞的で談話を標識する使用は見つからなかったが、日本語の終助詞「ね」に似た明白な間主観的機能が見られた。

（20） WHITFIELD: Welcome back to the NEWSROOM where really right now it's the chat room, which means you join Jacqui and I in a little chitchat about all kinds of interesting novel things going on. I guess our selection, they're all kind of economy-related **sort of**.
JACQUI-JERAS: A little bit.
　　（COCA　SPOK: CNN Newsroom　Duct Tape Prom　09/03/15）
＜ホイットフィールド：再び「ニュースルーム」です。現在はチャットルームの時間です。ジャッキーと私が、現在起こっている様々な面白く新しい事柄についておしゃべりします。我々のセレクション、それらはすべてまぁ言ってみれば経済に関するものになりそうですね（sort of）。
ジャッキー＝ジェラス：多少。＞

（20）の終わりの sort of は、前に出てきた（同じ文中の）kind of を単に繰り返したものであり、kind of と同じく緩和機能を持つように思われる。この例の sort of は、（19）で右の周辺部で用いられていた sort of とは完全に異なる。後者では、後続するものがちょうど今表現されたものを無効にする、言い換えれば、予想の裏切りを示す明白な談話機能が書き手によりもたらされていた。

10．結論

　本章では、時折左／右の周辺部に現れる、一般的に遭遇する談話／語用論標識を分析した。COCA で見つかった sort/kind of の例の 99％ は発話中に位置しており、SOAP では、左／右の周辺部への位置づけはやや多かったものの、それでも極めて少なく、94％ から 99％ の例が発話中に生起していた。Chomsky（2016）は、以下のように述べる。

言語学において、われわれは皆、自身が問うている種の現象がしばしば風変わりであることを知っている。それらはほとんど起こらない現象である。実のところ、それらは最も興味深い現象である。なぜなら、直接に人を基本原理へと導くからである。

（In linguistics we all know that the kind of phenomena that we inquire about are often exotic. They are phenomena that almost never occur. In fact, those are the most interesting phenomena, because they lead you directly to fundamental principles.）

Sort/kind of のそうした稀な位置づけを調査することは価値があったと言える。なぜなら、新たに生じた使用や意味を示し、語用論標識が周辺部へと移動して担う共通の特徴について光明を投じるからである。

コーパスでは、*kind of* と *sort of* の分布に明白な違いが見られた。SOAP では、*kind of* は *sort of* の5倍以上多く生起していたが、COCA では、*kind of* は *sort of* の2倍多い例が見つかっただけであった。ここから、ソープオペラの台本作家には *kind of* へのはっきりとした選好があるという結論が導ける。

位置に関しては、左／右の周辺部の *sort/kind of* は、COCA よりも SOAP でより多く見られ、それは特に右の周辺部の *sort of* に顕著であった。*Sort/kind of* が周辺部でどのように作用するのかについて台本作家が注意を払ってきたこと、そして、テクスト的・対人的な効果をもたらすためにそれらの構文を利用していることが示されている。

フィクションと自然発生的な状況における *sort/kind of* の機能には明白な違いが見られた。フィクションでは、*sort/kind of* の使用は時に対立〔訳注：対話者間の対立〕を招いていたが、成人間インタラクションを含む話しことばの例では、対話者による *sort/kind of* の使用への異議申し立ては見つからなかった。

最後に、台本作家による右の周辺部の *sort/kind of* を用いたメタ語用論的な遊びもまた、それらの語用論標識の潜在的可能性への鋭い気づきを示すものである。しかし、その創造力は自然発生的な状況では未だ存在せず、おそら

く今後も決して存在しない機能の考案に過ぎないのかもしれない。

参考文献

Aijmer, Karin. (2002) *English Discourse Particles: Evidence from a Corpus* 10. Amsterdam: John Benjamins.

Aijmer, Karin, and Anna-Brita Stenström. (2004) Discourse Patterns in Spoken and Written Corpora. In Karin Aijmer and Anna-Brita Stenström (eds.) *Discourse Patterns in Spoken and Written Corpora. Vol. 120*, pp. 1–13. Amsterdam: John Benjamins Publishing.

Aijmer, Karin. (2008) Modal Adverbs in Interaction–Obviously and Definitely in Adolescent Speech." In Terttu Nevalainen, Irma Taavitsainen, Päivi Pahta and Minna Korhonen (eds.) *The Dynamics of Linguistic Variation: Corpus Evidence on English Past and Present*, pp. 61–83. Amsterdam: John Benjamins.

Aijmer, Karin. (2013) *Understanding Pragmatic Markers: A Variational Pragmatic Approach.* Edinburgh: Edinburgh University Press.

Baicchi, Annalisa. (2004) The Cataphoric Indexicality of Titles. In Karin Aijmer and Anna-Brita Stenström (eds.) *Discourse Patterns in Spoken and Written Corpora. Vol. 120*, pp. 17–38. Amsterdam: John Benjamins Publishing.

Bazzanella, Carla. (1990) Phatic Connectives as Interactional Cues in Contemporary Spoken Italian. *Journal of Pragmatics* 14 (4): pp. 629–647.

Beeching, Kate, and Ulrich Detges. (eds.) (2014) *Discourse Functions at the Left and Right Periphery: Crosslinguistic Investigations of Language Use and Language Change.* Leiden: Brill.

Brems, Lieselotte. (2011) *Layering of Size and Type Noun Constructions in English (Vol. 74).* Berlin: Walter de Gruyter.

Brown, Penelope, and Stephen C. Levinson. (1987) *Politeness: Some Universals in Language Usage* 4. Cambridge: Cambridge University Press.

Bruti, Silvia. (2004) Cataphoric Complexity in Spoken English. In Karin Aijmer and Anna-Brita Stenström (eds.) *Discourse Patterns in Spoken and Written Corpora. Vol. 120*, pp. 39–64. Amsterdam: John Benjamins Publishing.

Chafe, Wallace. (1986) Evidentiality in English Conversation and Academic Writing. In Wallace L. Chafe and Johanna Nichols (eds.) *Evidentiality: The Linguistic Coding of Epistemology*, pp. 261–273. Norwood, N.J.: Ablex.

Chalker, Sylvia. (1996) *English Guides 9: Linking Words.* London: Harper Collins.

Davies, Mark. (2010) More than a Peephole: Using Large and Diverse Online Corpora. *The Bootcamp Discourse and Beyond: Special Issue of International Journal of Corpus Linguistics* 5

(3): pp. 412–418.
De Beaugrande, Robert. (1980) *Text, Discourse, and Process: Toward a Multidisciplinary Science of Texts.* Norwood (NJ): Ablex.
Denison, David. (2002, September) History of the Sort of Construction Family. In *Second International Conference on Construction Grammar,* Helsinki 7, pp. 279–304.
Denison, David. (2005) The Grammaticalisations of Sort of, Kind of and Type of in English. Paper presented at *New Reflections on Grammaticalization (NRG): 3*, University of Santiago de Compostela, 3, pp. 17–20.
Enkvist, Nils Erik. (1976) Notes on Valency, Semantic Scope, and Thematic Perspective as Parameters of Adverbial Placement in English. *Reports on Text Linguistics: Approaches to Word Order.*
Fetzer, Anita. (2012) Textual Coherence as a Pragmatic Phenomenon. In Keith Allan and Kasia M. Jaszczolt (eds.) *The Cambridge Handbook of Pragmatics*, pp. 447–467. Cambridge: Cambridge University Press.
Gries, Stefan Th, and Caroline David. (2007) This is Kind of/Sort of Interesting: Variation in Hedging in English. Volume 2: Towards Multimedia in Corpus Linguistics. In *Studies in Variation, Contacts and Change in English 2: Towards Multimedia in Corpus Studies.* Helsinki: Research Unit for Variation, Contacts and Change in English (VARIENG).
Hasselgård, Hilde. (2004) The Role of Multiple Themes in Cohesion. In Karin Aijmer and Anna-Brita Stenström (eds.) *Discourse Patterns in Spoken and Written Corpora. Vol. 120*, pp. 66–87. Amsterdam: John Benjamins Publishing.
Hopper, Paul J., and Elizabeth Closs Traugott. (2003) *Grammaticalization.* Cambridge: Cambridge University Press.
Jaworski, Adam, Nikolas Coupland, and Dariusz Galasinski. (eds.) (2004) *Metalanguage: Social and Ideological Perspectives (Vol. 11).* Berlin: Walter de Gruyter.
Kitzinger, Celia. (2013) Repair. In Jack Sidnell and Tanya Stivers (eds.) *The Handbook of Conversation Analysis*, pp. 229–256. Hoboken (New Jersey): Wiley-Blackwell.
Nuyts, Jan. (2001) *Epistemic Modality, Language, and Conceptualization: A Cognitive-Pragmatic Perspective. Vol. 5.* Amsterdam: John Benjamins.
Oh, Sun-Young. (2000) Actually and in Fact in American English: A Data-Based Analysis. *English Language and Linguistics* 4 (02): pp. 243–268.
Onodera, Noriko. (2014) Setting Up a Mental Space: A Function of Discourse Markers at the Left Periphery (LP) and Some Observations about LP and RP in Japanese. In Kate Beeching and Ulrich Detges (eds.) *Discourse Functions at the Left and Right Periphery: Crosslinguistic Investigations of Language Use and Language Change*, pp. 92–116. Leiden: Brill.

Quirk, Randolph, Sidney Greenbaum, Geoffrey Leech, Jan Svartvik and David Crystal. (1985) *A Comprehensive Grammar of the English Language (Vol. 397)*. London: Longman.
Schiffrin, Deborah. (1988) *Discourse Markers*. Cambridge: Cambridge University Press.
Tognini-Bonelli, Elena. (1993) Interpretative Nodes in Discourse: Actual and Actually. In Mona Baker, Gill Francis and Elena Tognini-Bonelli (eds.) *Text and Technology: In Honour of John Sinclair*, pp. 193–212.
Traugott, Elizabeth Closs. (1982) From Propositional to Textual and Expressive Meanings: Some Semantic-Pragmatic Aspects of Grammaticalization. In W.P. Lehmann and Y. Malkiel (eds.) *Perspectives on Historical Linguistics*, pp. 245–271.
Traugott, Elizabeth Closs, and Richard B. Dasher. (2002) *Regularity in Semantic Change*. Cambridge: Cambridge University Press.
Traugott, Elizabeth Closs. (2008) Grammaticalization, Constructions and the Incremental Development of Language: Suggestions from the Development of Degree Modifiers in English. In Regine Eckardt, Gerhard Jäger and Tonjes Veenstra (eds.) *Trends in Linguistics: Variation, Selection, Development*, pp. 219–250.
Van Dijk, Teun A. (1972) *Some Aspects of Text Grammars: A Study in Theoretical Linguistics and Poetics*. The Hague: Mouton.
Verstraete, Jean-Christophe. (2001) Subjective and Objective Modality: Interpersonal and Ideational Functions in the English Modal Auxiliary System. *Journal of Pragmatics* 33 (10): pp. 1505–1528.
Chomsky, Noam. (2016) "On linguistics and limits of big data." Lecture presented at conversations on linguistics and politics with Noam Chomsky. <http://www.rochester.edu/newscenter/ conversations-on-linguistics-and-politics-with-noam-chomsky-152592/> 2016.7.8
Davies, Mark. (2008–) *The Corpus of Contemporary American English (COCA): 520 million words, 1990-present*. <http://corpus.byu.edu/coca/>
Davies, Mark. (2011–) *The Corpus of American Soap Operas: 100 million words*. <http://corpus.byu.edu/soap/>
OED Online. "sort, n.2". Oxford University Press. <http://hawking2.agulin.aoyama.ac.jp:2166/view/Entry/184953?redirectedFrom=sort+of> 2016.6.27
The British National Corpus, version 2 (BNC World). Distributed by Oxford University Computing Services on behalf of the BNC Consortium. <http://www.natcorp.ox.ac.uk>

付録 1a

SOAP（Corpus of American Soap Operas：『アメリカソープオペラコーパス』）

Sort of
- 生起数/100万語あたりの頻度: 10650 / 106.5
- 左の周辺部（トークン）/100万語あたりの頻度: 139 / 1.39 （全体の 1.31%）
- 右の周辺部（トークン）/100万語あたりの頻度: 497 / 4.97 （全体の 4.67%）
- 発話中（トークン）/100万語あたりの頻度: 10014 / 100.14 （全体の 94.03%）
- 発話中での生起に対する左の周辺部での生起の割合：1:75.62
- 発話中での生起に対する右の周辺部での生起の割合：1:20.43
- 周辺部に生起した *sort of*：総計 636 トークン（100万語あたり 6.36 − 総生起中の 5.79%）

Kind of
- 生起数/100万語あたりの頻度: 60637 / 606.37
- 左の周辺部（トークン）/100万語あたりの頻度: 712 / 7.12 （全体の 1.17%）
- 右の周辺部（トークン）/100万語あたりの頻度: 199 / 1.99 （全体の 0.33%）
- 発話中（トークン）/100万語あたりの頻度: 59726 / 597.26 （全体の 98.50%）
- 発話中での生起に対する左の周辺部での生起の割合：1:83.88
- 発話中での生起に対する右の周辺部での生起の割合：1:300.13
- 周辺部に生起した *kind of*：総計 911 トークン（100万語あたり 9.11 − 総生起中の 1.50%）

付録 1b

COCA（Corpus of Contemporary American English：『現代アメリカ英語コーパス』）

Sort of
- 生起数/100万語あたりの頻度: 83353 / 15.84
- 左の周辺部（トークン）/100万語あたりの頻度: 337 / 0.06 （全体の 0.40%）
- 右の周辺部（トークン）/100万語あたりの頻度: 442 / 0.08 （全体の 0.53%）
- 発話中（トークン）/100万語あたりの頻度: 82574 / 15.69 （全体の 99.07%）
- 発話中での生起に対する左の周辺部での生起の割合：1:245.03
- 発話中での生起に対する右の周辺部での生起の割合：1:186.82
- 周辺部に生起した *sort of*：総計 779 トークン（100万語あたり .15 − 総生起中の 0.93%）

Kind of
- 生起数/100万語あたりの頻度: 190753 / 36.24
- 左の周辺部（トークン）/100万語あたりの頻度: 618 / 0.12 （全体の 0.32%）
- 右の周辺部（トークン）/100万語あたりの頻度: 196 / 0.04 （全体の 0.10%）
- 発話中（トークン）/100万語あたりの頻度: 189939 / 36.09 （全体の 99.57%）
- 発話中での生起に対する左の周辺部での生起の割合：1:307.34
- 発話中での生起に対する右の周辺部での生起の割合：1:969.08
- 周辺部に生起した *kind of*：総計 814 トークン（100万語あたり 0.15 − 総生起中の 0.43%）

付録 2

左の周辺部・右の周辺部・すべての位置における SORT OF – COCA(『現代アメリカ英語コーパス』)

ジャンル	左の周辺部：481 生起			右の周辺部：813 生起			すべての位置：83353 生起		
	頻度	サイズ (M)	百万語あたり	頻度	サイズ (M)	百万語あたり	頻度	サイズ (M)	百万語あたり
SPOKEN	139	109.4	1.27	234	109.4	2.14	49140	109.4	449.21
FICTION	216	104.9	2.06	349	104.9	3.33	14237	104.9	135.72
MAGAZINE	62	110.1	0.56	111	110.1	1.01	8194	110.1	74.42
NEWSPAPER	59	106.0	0.56	105	106.0	0.99	7338	106.0	69.25
ACADEMIC	5	103.4	0.05	14	103.4	0.14	4444	103.4	42.97

左の周辺部・右の周辺部・すべての位置における KIND OF – COCA(『現代アメリカ英語コーパス』)

ジャンル	左の周辺部：652 生起			右の周辺部：302 生起			すべての位置：190753 生起		
	頻度	サイズ (M)	百万語あたり	頻度	サイズ (M)	百万語あたり	頻度	サイズ (M)	百万語あたり
SPOKEN	285	109.4	2.61	170	109.4	1.55	96076	109.4	878.28
FICTION	262	104.9	2.5	99	104.9	0.94	30856	104.9	294.14
MAGAZINE	69	110.1	0.63	14	110.1	0.13	24504	110.1	222.54
NEWSPAPER	31	106	0.29	17	106	0.16	24593	106	232.09
ACADEMIC	5	103.4	0.05	2	103.4	0.02	14724	103.4	142.37

あとがき

　総研プロジェクトには、大学の中の学科を超えた共同研究を促すという目的があったと理解しているが、今回、この国際的共同研究の機会を与えられ、発話の周辺部というテーマについて、英日語の双方から精察を行った。何よりメンバーの研究への熱意に支えられ、今日まで議論を続けてきた。

　本プロジェクト「英日語の「周辺部」とその機能に関する総合的対照研究」において、これまで研究者間で統一されていなかった「周辺部の定義づけ」ができた(本書第I部第1章、第II部第2章 Traugott氏論文にて報告)ことは、2年間のプロジェクト後の総合研究所によるヒアリングでも高く評価していただいた。プロジェクトの目的に掲げていた「周辺部における形式・機能の対応づけ」に関する観察は各論文の中で報告している。「類型論的に異なる英日語の周辺部における類似点・相違点」といった課題については十分に考察しきれなかったが、これらの課題は「発話のはじめと終わり」という研究テーマにおける今後の潜在的意義となろう。

　私たちの用いる言語は、コミュニケーションのために用いられている。そのために、人は発話のはじめと終わりで、何を言い、何をしているのか。決まった表現(言語形式)とは、コミュニケーションの中で長い年月をかけ成立し、定着するものだろうが、本研究がそのプロセスとメカニズムの解明の一部に寄与する点を含んでいるとするならば、プロジェクトメンバー一同にとり、望外の喜びである。

2017年3月

青山学院大学　2014-2015総研プロジェクト
「英日語の「周辺部」とその機能に関する総合的対照研究」
代表　小野寺典子

索引

A

actually　204, 205
adjuster　193
ambiguity　56
anaphoric　205, 210
anaphor　208

B

Bank of English　191
binominal　202, 231, 237
binominal 構文　227
binominal construction　192
binominal structure　196
BNC (British National Corpus『イギリス英語コーパス』)　187, 221, 235

C

cataphoric　211
cataphoric device　209
cataphor　208
CI 表現　35, 36
COCA (The Corpus of Contemporary American English『現代アメリカ英語コーパス』)　187, 190, 199, 214, 221, 225, 235, 251
coherence　207
cohesion　207
cohesive function　205
confirmation check　206
construction　65, 67
constructional schema　65, 66, 67
construction grammar　56, 60, 193, 196
construction grammar perspective　192
copular and auxiliary verb　208

D

degree modifier　192, 195, 202
deictic　199, 209, 210
deixis　205, 208
diachronic　188, 193
diachronically　196
discourse marker/particle　193
discourse structuring marker　60, 69
downtoner　197
downtoning　204

E

elided personal pronoun　205
ellipsis　207
endophora　210
epistemic modality　197
evidential　199, 234
exophora　210

F

face threatening　206
Fischer　65
free adjunct　193

G

grammaticalization　189, 192, 193, 194, 196, 200, 201

H

hedge　202
hedging　203

I

implicature　210
(inter)subjective　200
(inter)subjective function　199
intersubjective　213
IPrA (国際語用論会議)　22, 23

L

lexical cohesion　207

M

metalinguistic　188, 191, 200, 205, 206
metapragmatic　57, 63, 64, 205, 206, 207
metapragmatic functions　67
metatextual　57, 63, 64, 67

modal auxiliary 197

O
OED（オックスフォード英語辞典） 189, 190, 194, 224, 225, 229

P
phatic function 199
phonologically reduced form 191
phonological reduction 198
polysemy 61
pragmatic marker 57, 68, 69

R
repetition 208
rhetorical 212, 213

S
Schiffrin (1987) の談話モデル 19, 20, 110
scope 58
scriptwriter 187, 188, 200, 214, 215
self-correction 204
SOAP (The Corpus of American Soap Operas『アメリカソープオペラコーパス』) 200, 214, 235, 251
stance marking 213
synchronically 196
syntactically detachable 198

T
textual 213
textual function 200
textuality 201
topic shift 204
turn-taking 62

い
言いさし 101, 103, 127
位置（site） 86
一貫性 244

お
～おる 169
音韻的縮約 226, 233

か
外界照応（exophora） 210, 246
貝殻名詞 39
貝殻名詞構文 39
開始位置語用論標識構文（onset-pragmatic marker construction) 91
階層構造モデル 27
概念構造 110
概念的構造 19
会話的推意 33, 156
垣根言葉（ヘッジ） 202, 237, 238
含意 246, 247
慣習的推意 22, 33, 34, 35, 156
（間）主観化 3, 15, 16, 17, 99
間主観化 16, 17, 18, 103, 108, 109, 234
（間）主観的 200, 213, 234, 236, 239
間主観的（intersubjective） 4, 26, 101, 109, 114, 238, 250
緩和語（downtoners） 197, 232

き
協調の原理 33, 34

く
～くさる 163, 168

け
形式名詞 104, 105, 106, 108, 109, 112, 113, 115
結束性 244
言語変種 15
言語内照応（endophora） 210, 246
言表内容 33, 156

こ
語彙的結束性 243
行為 19, 20, 21, 22, 123, 127
後域（post-field） 83
行為構造 19, 21, 23, 30, 110, 111, 112, 120, 138, 139
交感的（phatic） 234
広義の文法化 16
構文（construction） 30, 37, 65, 67, 103, 109, 115, 136

構文化
　（constructionalization）
　　24, 30, 99, 106,
　　109, 115, 227
構文体（construct）　31,
　　136
構文的変化（constructional
　　change）　30
構文文法（construction
　　grammar）　31, 56,
　　60, 193, 196, 227, 228,
　　231
後方照応（cataphor）
　　208, 245, 248
こと　　104, 105, 106, 107,
　　108, 109, 110, 111, 112,
　　113
ことば共同体　15
コピュラ　244
コミュニケーション
　　14, 16, 20
語用論化　103
語用論標識（pragmatic
　　marker）　16, 21, 24,
　　57, 68, 69, 119, 227,
　　241
コンテクスト　14

さ

～さがる　154, 169
～さらす　163
参加者構造　20, 110

し

自己訂正　239
社会的ダイクシス　146
自由付加詞（free adjunct）
　　193, 227
修辞的　249, 250

終助詞化　136
終助詞的用法　129, 133
結束機能　241
従属節の主節化
　（insubordination）
　　127
終了位置語用論標識構
　　文（closure-pragmatic
　　marker construction）
　　91
主観化　16, 17, 18, 103,
　　108, 109, 170
主観的（subjective）　4,
　　26, 101, 109, 114, 250
主語下位待遇型　148
使用の中での言語
　（language in use）
　　14
上下関係　16, 17
情報構造　20, 110, 111
省略　244
省略された人称代名詞
　　240
叙述　40

す

推意　33
遂行的（performative）
　　40
スキーマ（schema）　31

せ

接続詞　120, 128, 129
接続助詞　120, 128, 129
前域（pre-field）　83
前方照応（anaphor）
　　208, 240, 245, 246

そ

相互作用　3, 4
ソ系指示詞　128, 129,
　　133

た

体言罵詈表現時代　164
対者敬語　17, 18
対人機能　127
態度的（attitudinal）　40
台本作家（scriptwriter）
　　187, 188, 200, 214, 215,
　　221, 222, 236, 252
『太陽コーパス』　130
対話的（dialogual）　25,
　　114
脱主観化　171
談話標識　16, 20, 21, 23,
　　125, 232
談話構造化標識（discourse
　　structuring marker）
　　60, 69, 81
談話標識の文法化　16
談話標識／談話詞
　（discourse marker/
　　particle）　193, 227
談話マネージメント標識
　（discourse management
　　marker）　81
談話ユニット（discourse
　　unit）　10, 86

ち

注意喚起標識（attention
　　getter）　81
中断節（suspended clause）
　　127
直示（deixis）　205, 208,

234, 240, 244, 245, 247
陳述　40

て

程度の修飾要素 (degree modifier)　192, 195, 202, 227, 230, 237
テクスト性　236
テクスト的　236, 238, 250
〜(て)けつかる　163

と

統語的複合動詞　150
動詞罵詈表現時代　164
投射詞 (projector)　81
倒置文　132
独話 (monologual)　25

に

二者の視点的 (dialogic)　25, 40, 114
認識様態的法 (epistemic modality)　197, 232

は

場 (field)　83
発話の概念空間　10
発話の終結形式　104
話しことば　3
話しことば研究　3
反復 (repetition)　208, 244

ひ

卑語的意味の発生メカニズ

ム　172
非主語下位待遇型　148
左の周辺部　4, 8, 20
一つの視点的 (monologic)　25, 40
卑罵語　147, 148
標準的な配列　89

ふ

フェイスを脅かす　242
副詞類の連続的推移　12
文法化 (grammaticalization)　3, 15, 16, 17, 99, 105, 106, 108, 109, 110, 115, 189, 192, 193, 194, 196, 200, 201, 223, 228, 236, 237
文末辞 (final particle)　39

ほ

法助動詞 (modal auxiliary)　197, 232, 244
〜ほざく　163
補文標示階層　6, 7
ポライトネス　104, 108

み

右の周辺部　5, 8, 20
ミクロ構文 (microconstruction)　31, 137
ミスマッチ　32, 138
南モデル　7, 28

め

名詞化節　101, 103, 104
名詞化　108
メタ言語　222, 225, 235, 241, 242
メタ語用論的 (metapragmatic)　57, 63, 64, 205, 206, 207
メタ語用論的構文　10, 11, 137, 138
メタテクスト的構文　10, 11, 137, 138
面子保持　21, 22

や

〜やがる　149, 150, 154
役割・指示文法　5
やりとり構造　19, 21, 22, 23, 30, 110, 111, 112, 113, 114, 120, 138, 139

よ

〜よる　156, 163

れ

歴史語用論　3, 22
歴史語用論的・談話的アプローチ　7

わ

話順 (turn)　121
話順移行に適切な場所 (transition-relevance place)　88

話順交代 (turn-taking)
　　19, 20, 22, 23, 30, 62,
　　83, 113, 120
話題転換　　111, 239
話題方向付け標識（topic orientation marker）
　　81

執筆者・訳者紹介(*は編者)

小野寺典子*(おのでら のりこ)
青山学院大学文学部英米文学科教授
主な編著書――*Japanese Discourse Markers: Synchronic and Diachronic Discourse Analysis* (Pragmatics & Beyond New Series Volume 132, John Benjamins, 2004), Special Issue of *Journal of Historical Pragmatics. Historical Changes in Japanese: Subjectivity and Intersubjectivity*〔共編著〕(John Benjamins, 2007)など。

東泉裕子(ひがしいずみ ゆうこ)
青山学院大学文学部英米文学科非常勤講師
主な著書・論文――*From a Subordinate Clause to an Independent Clause: A History of English Because-clause and Japanese Kara-clause*(ひつじ書房、2006)、"Periphery of Utterances and (Inter)subjectification in Modern Japanese" (*New Directions in Grammaticalization Research*, John Benjamins, 2015)など。

澤田淳(さわだ じゅん)
青山学院大学文学部日本文学科准教授
主な論文――「ダイクシスからみた日本語の歴史―直示述語、敬語、指示詞を中心に―」(『日本語語用論フォーラム1』ひつじ書房、2015)、「日本語の直示移動動詞「行く／来る」の歴史―歴史語用論的・類型論的アプローチ―」(『認知言語学論考 No.13』ひつじ書房、2016)など。

Elizabeth Closs Traugott(エリザベス・クロス・トラウゴット)
Professor Emerita of Linguistics and English, Stanford University, USA
Recent articles: "Toward a Constructional Framework for Research on Language Change" (*Cognitive Linguistic Studies* 1, John Benjamins, 2014), "On the Rise of Types of Clause Final Pragmatic Markers in English" (*Journal of Historical Pragmatics* 17 (1), John Benjamins, 2016).

柴﨑礼士郎（しばさき れいじろう）
明治大学総合数理学部准教授
主な編著書・論文―『言語文化のクロスロード―沖縄からの事例研究―』（文進印刷、2009）、"More Thoughts on the Grammaticalization of Personal Pronouns" (*Grammaticalization – Theory and Data*, John Benjamins, 2014) など。

Joseph V. Dias（ジョセフ・V・ディアス）
Professor at Aoyama Gakuin University, Faculty of Literature, English Department; formerly at Kitasato University
Main Publications――"Designing listening tasks: Lessons learned from needs analysis studies" (*Teaching Listening: Voices From the Field*, TESOL, 2010), "A Web of Controversy: Bringing Critical Thinking Skills Online" (*Adult language learners: Context and innovation*, TESOL, 2009), etc.

岩井恵利奈（いわい えりな）
青山学院大学大学院文学研究科
主な論文―― "Initiator for Generating Successive Applause: Verbal Techniques in George W. Bush's Address"（『紀要』56、青山学院大学文学部、2014）、「英語 Still の語用論的機能の発達」（『大会発表論文集』11、日本語用論学会、2016）など。

青山学院大学総合研究所叢書

発話のはじめと終わり―語用論的調節のなされる場所
Periphery: Where Pragmatic Meaning is Negotiated
Edited by Noriko Onodera

発行	2017年3月16日　初版1刷
定価	3800円+税
編者	小野寺典子
発行者	松本功
組版所	株式会社 ディ・トランスポート
印刷・製本所	株式会社 シナノ
発行所	株式会社 ひつじ書房
	〒112-0011 東京都文京区千石2-1-2 大和ビル2階
	Tel.03-5319-4916　Fax.03-5319-4917
	郵便振替 00120-8-142852
	toiawase@hituzi.co.jp　http://www.hituzi.co.jp/

ISBN978-4-89476-843-7　©Aoyama Gakuin University 2017

造本には充分注意しておりますが、落丁・乱丁などがございましたら、小社かお買上げ書店にておとりかえいたします。ご意見、ご感想など、小社までお寄せ下されば幸いです。

[刊行書籍のご案内]

日本語語用論フォーラム　1
加藤重広編　定価 4,800 円＋税

今までの日本語の文法や談話の研究の中には、場面や文脈など語用論的な観点が既に含まれ、客観的に見て「語用論」的なものが多くあった。一方、語用論研究では欧米の研究の摂取を主軸にしており、日本語の「語用論」的な研究と触れあうことが少なかった。本書は、日本語の研究と語用論の研究が通じ合う広場（フォーラム）となることを目指し、新しい研究成果を紹介する。

執筆者：天野みどり、尾谷昌則、呉泰均、加藤重広、澤田淳、首藤佐智子、滝浦真人、名嶋義直、山泉実

語用論研究法ガイドブック
加藤重広・滝浦真人編　定価 2,800 円＋税

一見とっつきやすいかに見える語用論研究の鍵は「方法」にある。本書は、理論・枠組み・方法論などの基礎を正しく理解して研究を進めるためのガイドブックとして企画された。総説、ダイクシス、社会語用論、対照語用論、実験語用論、会話分析、応用語用論、統語語用論、語用論調査法にわたり、第一線の専門家が詳しく実践的に解説する必携の一冊！

執筆者：澤田淳、椎名美智、堀江薫、松井智子、清水崇文、熊谷智子、木山幸子、加藤重広、滝浦真人

[刊行書籍のご案内]

歴史語用論の世界　文法化・待遇表現・発話行為
金水敏・高田博行・椎名美智編　定価 3,600 円＋税

時代や文化の異なる社会で、人は場面に応じて言葉をどう使い分けてきたのか？　その言葉の使用法は時代と共にどう変わってきたのか？　この問いに答えるべく本書では、文法化と待遇表現について論じたあと、人を取り調べる、人を説得する、人に伝えるという観点から英語史・日本語史・ドイツ語史におけるトピックを掘り起こし、新たな研究へと誘う。
執筆者：小野寺典子、福元広二、森山由紀子、椎名美智、高田博行、諸星美智直、片見彰夫、中安美奈子、芹澤円、森勇太、高木和子

言語学翻訳叢書　17
歴史会話研究入門
イェルク・キリアン著　細川裕史訳　定価 4,000 円＋税

「歴史会話研究」、すなわち虚構の会話もふくめた「あらゆる年代の（文字化された）会話」を対象とした言語研究のための手引き書。本書の内容は、第1章と第2章が歴史会話研究における術語や概念の紹介、第3章から第6章が具体的な分析例の紹介となっている（会話の言語構造、語用論的機能、規範、歴史的変遷）。先行研究や分析例が豊富に紹介されているため、過去におこなわれた会話に関心のあるすべての学生・研究者にとって有意義といえる。

[刊行書籍のご案内]

Hituzi Linguistics in English No.23
On Peripheries Exploring Clause Initial and Clause Final Positions
Anna Cardinaletti・Guglielmo Cinque・Yoshio Endo 編　定価 14,000 円+税

本書は、科学研究費の補助によるワークショップの成果等をまとめた論文集である。内容は、最先端のミニマリズムからカートグラフィー研究に及び、トピックは、認知科学における言語、複合語、発話行為、視点、ラベリング、凍結原理、局所性、テンス、トピック、フォーカス、名詞句の内部構造と多岐に渡る。日本語研究の指南となる解説も含む。

執筆者：Anna Cardinaletti, Guglielmo Cinque, Luigi Rizzi, Alessandra Giorgi, Liliane Haegeman, Ur Shlonsky, Taisuke Nishigauchi, Mamoru Saito, Hiromi Sato, Yoshio Endo, Virginia Hill, Bartosz Wiland, Marco Coniglio